Pletícha
Deutsche Geschichte

Deutsche Geschichte

Band 4

Vom Interregnum
zu Karl IV.
1254–1378

Herausgegeben von
Heinrich Pleticha

BERTELSMANN
LEXIKON VERLAG

Die Autoren dieses Bandes:
Manfred Firnkes, Johannes Glanz, Siegfried
Grißhammer, Lothar Häusler, Dr. Günter Merwald,
Dr. Hanswernfried Muth, Prof. Dr. Heinrich Pleticha,
Dietger Reinhold, Winfried Stadtmüller,
Dr. Roland Vocke

Zeichnungen und Karten:
Hermann Schäfer

Redaktion: Margarete Schwind
Schlußredaktion: Birgit Willmann
Graphische Gestaltung: Hans Roßdeutscher

Druck und Verarbeitung: Elsnerdruck – Ein Mohndruck-Betrieb
Printed in Germany. ISBN 3-570-03758-4

Inhalt

Ein Wort zu diesem Band

1254 war nach nur vierjähriger Regierungszeit der letzte staufische König Konrad IV. gestorben, zwei Jahre blieb der Gegenkönig Wilhelm von Holland noch unangefochtener Herrscher in Deutschland, dann wurde er von den Friesen erschlagen. Mit dem Tod dieser beiden Männer und den nachfolgenden zwanzig Jahren des sogenannten Interregnums, der kaiserlosen Zeit, lassen die Geschichtsschreiber im allgemeinen das »Hohe Mittelalter« enden und fassen dann die folgenden zwei Jahrhunderte unter dem Begriff des »Späten Mittelalters« zusammen. Damit ergibt sich auch eine klare Abgrenzung für Band vier und fünf der »Deutschen Geschichte«. Der dritte Band des Gesamtwerkes schloß mit dem Ende der staufischen Zeit und der vorliegende beginnt mit dem Interregnum. Schwieriger ist es allerdings, die Grenze zum folgenden fünften zu finden; denn das 14. und 15. Jahrhundert sind eine Zeit des Übergangs mit einer manchmal geradezu verwirrenden Fülle von Eindrücken im politischen, sozialen und kulturellen Bereich.

Deshalb konzentriert sich die Darstellung der politischen Geschichte im folgenden auf zwei Hauptabschnitte, von denen einer die neue Festigung des deutschen Königtums mit und unmittelbar nach König Rudolf I. von Habsburg umfaßt, während im Mittelpunkt des anderen zwei Herrschergestalten stehen, die mit ihren längeren Regierungszeiten die deutsche und europäische Politik des 14. Jahrhunderts weitgehend geprägt haben, nämlich der Wittelsbacher Ludwig IV. und der Luxemburger Karl IV. Drei kleinere Kapitel mit speziellen Themen ergänzen dann diese beiden Hauptabschnitte und die darin aufgezeigten Linien und führen teilweise schon weiter in das 15. Jahrhundert hinein, das allerdings erst im fünften Band ausführlich behandelt wird: die Anfänge der Schweizer Eidgenossenschaft, die ja noch aufs engste

verbunden sind mit der Reichsgeschichte, dann Aufstieg und Fall des Deutschen Ritterordens in Ostpreußen und schließlich Wirtschaft und Politik der Hanse, jenes größten deutschen Städtebundes, der zu einem Faktor der deutschen wie der europäischen Geschichte wurde. Theologie, Philosophie, Literatur und – heute würde man sagen – »politische Theorie« in der Zeit des Übergangs vom Mittelalter zur Neuzeit werden in den beiden Abschnitten über Scholastik und Mystik und über die Entwicklung des Frühhumanismus in Deutschland dargestellt und erläutert. Auf die Entfaltung eines neuen künstlerischen Stilempfindens in Architektur, Plastik und Malerei geht das Kapitel über die Kunst der Gotik ein. Es wird ergänzt durch einen kleinen Abschnitt über die Bauhütten, jene Werkstätten, deren Arbeiter die gotischen Dome des Spätmittelalters planten und bauten. Sie waren zugleich Genossenschaften der Bauleute und erlangten seit dem 12. Jahrhundert zunehmende Bedeutung. Dieser Abschnitt räumt gründlich mit romantisierenden und verfälschenden Darstellungen der Hütten aus dem 19. Jahrhundert auf und bildet eine Klammer zwischen dem kunstgeschichtlichen Überblick und dem im fünften Band folgenden Kapitel über Handwerker und Zünfte.
Die Pest, die um die Mitte des 14. Jahrhunderts ganz Deutschland bedrohte und zahlreiche Opfer forderte, vor allem aber die durch sie ausgelösten Massenhysterien der Geißlerfahrten und Judenpogrome sind derartig interessante und fesselnde Phänomene, daß ihnen ein eigener Abschnitt gewidmet wird. Ebenfalls ein eigenes Kapitel erfordert die Entwicklung der offiziellen Kirche und die Veränderungen der Volksfrömmigkeit im Spätmittelalter, ergaben sich doch hier Probleme, die auch für die spätere deutsche Geschichte von Bedeutung sein sollten.
Zur Abrundung bringt das Buch noch zwei kulturgeschichtliche Überblicke. Der eine beschäftigt sich mit der Mode, die ja seit dem frühen Mittelalter verhältnismäßig konstant geblieben war, dann aber um die Mitte des 14. Jahrhunderts unmittelbar nach Abklingen der Pestwelle einen erstaunlichen Wandel erlebte, der andere schließlich behandelt Essen und Trinken, eigentlich genauer gesagt, die Eß- und Trinkgewohnheiten einer kleinen Bürger- und Adelsschicht; denn die erschreckend eintönige und ärmliche bäuerliche Mahlzeit eines Großteils der Bevölkerung hätte keiner eigenen Hervorhebung bedurft und sich in wenigen Zeilen beschreiben lassen.
Allen Kapiteln wurden Informationskästchen beigegeben, die für die jeweilige Zeit wichtige Begriffe und Vorgänge hervorheben und erläutern. Ebenso findet der Leser am Ende eines jeden Kapitels spezielle Literaturhinweise und am Ende des Buches eine Übersicht über allgemeine und weiterführende Literatur.

Bei der Illustration wurde angestrebt, jeweils authentisches Material aus der Zeit zu bringen. Dabei sind zahlreiche Bauwerke und Beispiele aus dem Kunstschaffen heute nicht mehr zu »Deutschland« gehörender Gebiete: Buchmalereien aus einer prachtvoll ausgestatteten Schweizer Chronik, Burgen der Deutschritterorden im heutigen Ostpreußen, herrliche Malerei, Architektur und Plastik aus Böhmen und nicht zuletzt Kunst aus dem kleinen Luxemburg. All diese Gebiete spielten damals politisch eine wichtige Rolle und zogen deshalb originelle Künstler und Bauleute an. Mögen die Karten, Zeichnungen und Übersichten zusätzlich helfen, diese Zeit zu erschließen.

Herausgeber und Verlag

Sigel:
M. F. = Manfred Firnkes
S. G. = Siegfried Grißhammer
G. M. = Günter Merwald
H. M. = Dr. Hanswernfried Muth
H. P. = Prof. Dr. Heinrich Pleticha
D. R. = Dietger Reinhold
R. V. = Dr. Roland Vocke

K: verweist auf Informationskästchen mit Erläuterungen wichtiger und für die Zeit symptomatischer Begriffe oder Vorgänge.

Hinter den Herrschernamen werden in der Regel die Regierungsdaten angegeben, hinter sonstigen Namen die Lebensdaten. Im Einzelfall erfolgt auch Angabe des Geburts- oder Todesjahres; Klammerangaben in Übersichten geben zusätzlich zu den Regierungsdaten, wo es interessant erscheint, auch die Lebensdaten.

DIETGER REINHOLD

VOM INTERREGNUM BIS HEINRICH VII.

Tod Friedrichs II. und die Folgen – Die kaiserlose Zeit – Das deutsche Königtum im Brennpunkt ausländischer Interessen – Ottokar II. von Böhmen und seine Rolle als Reichsfürst – Wahl Rudolfs von Habsburg zum König – Weitere Pläne und Tod – Adolf von Nassau und Albrecht von Österreich – Wahl Heinrichs von Luxemburg zum König – Heinrichs VII. politisches Konzept: Italienpolitik – Kaiserkrönung und letzte Regierungszeit Heinrichs VII. – Die Schweiz wird allmählich selbständig – Gründung der Eidgenossenschaft – Sage von Wilhelm Tell – Die Geschichte des Deutschen Ritterordens und seine Leistungen – Gründung des ersten ›modernen‹ Staates: Das Deutschordensland – Die Händler und Fernkaufleute organisieren sich zur Hanse – Politische und wirtschaftliche Ziele und Leistungen der Hanseorganisation – Geistiges Leben im Spätmittelalter im Zeichen von Scholastik und Mystik – Albertus Magnus und Thomas von Aquin – Mystische Versenkung – Meister Eckhart.

Erzbischöfe als Königsmacher. *Siegfried von Eppstein, dargestellt bei der Krönung der Könige Heinrich Raspe und Wilhelm von Holland. Mainz, Dom.*

Seit 1239 hatte es zwischen Staufern und Kurie kein Pardon mehr gegeben: Friedrich II. hatte versucht, Italien zu einem kaiserlichen Zentralstaat zu machen, um so zumindest die weltliche Machtbasis des Papsttums »auszutrocknen«, der Papst hatte zurückgeschlagen, Friedrich zum Ketzer erklärt und zum Kreuzzug gegen ihn aufgerufen; dies hieß, daß die Kurie alle religiösen und kirchenrechtlichen Minen gegen den Staufer springen ließ. Viele Menschen gerieten so in Gewissensnot, da kein Eid, und war er noch so gerecht, gegenüber dem Kaiser gelten sollte, da dies Loyalität gegenüber dem ›Antichristen‹ bedeutet hätte. Die unmittelbare Folge in Deutschland war, daß die dortigen geistlichen Fürsten zwei Gegenkönige auf den Thron hoben, von denen der zweite, Graf Wilhelm von Holland, auch den Nachfolger Friedrichs II., Konrad IV. (1250–1254), um zwei Jahre überlebte. Als Wilhelm, der seit 1254 als Alleinherrscher regierte, 1256 in Friesland fiel, bestand in diesem Augenblick keine Aussicht, daß ein deutscher Kandidat zum Zuge kommen könne.
Nach fast zwei Jahrhunderten erbitterten Streites hatte das Papsttum die Oberhand behalten – für einen hohen Preis: Seine auf religiöser Basis beruhende Autorität war bei vielen Christen in Mißkredit geraten, da sie oft zu hemmungslos für weltliche Machtziele eingesetzt worden war!

Die kaiserlose Zeit 1250–1273

1256 gab es im Reich keine zentrale politische und administrative Gewalt, was den meisten Fürsten eigentlich recht war, da sie jetzt ihr durch Generationen zäh verfolgtes Ziel erreicht hatten: die volle, von nahezu jeder lehnsrechtlicher Fessel gelöste Selbständigkeit als unabhängige Territorialherren, als »domini terrae« (lat., ›Herren des Landes‹), die sie ja juristisch bereits seit 1221 und 1231 durch die großen Privilegien Friedrichs II. geworden waren. Bedarf an einem König hatten sie schon noch, aber eben nur insoweit, als man ihn als Quelle neuer Privilegien, als Reichsnotar und -büttel benutzen konnte.
Im Interregnum eine völlig rechtlose Epoche zu sehen ginge aber zu weit; es gab zwar noch kaum ein zentral und systematisch ausgeübtes königliches Recht, sehr wohl aber neben dem »Faustrecht« viele örtliche, freilich oft usurpierte »Rechte«, die ursprünglich nur der König ausüben und vergeben durfte. Auch widersetzten sich im Reich bestimmte Kräfte der »fürstlichen Anarchie« oder versuchten dies zumindest dort, wo es noch keine geschlossenen Territorialherrschaften gab, was immer noch in manchen Teilen des Reiches der Fall war. An-

Deutsche und europäische Geschichte in Daten

	Deutschland	Übriges Europa
1254–1257	Rheinischer Städtebund	
1256–1273	Interregnum	
1261		Konstantinopel wird wieder griechisch
1268	Hinrichtung Konradins	
1268–1302		Ende der Kreuzfahrerstaaten nach dem Fall von Jaffa, Antiocheia, Tripolis, Akkon
1273–1291	König Rudolf I. von Habsburg	
1278	Schlacht bei Dürnkrut auf dem Marchfeld	
1282	Rudolfs I. Söhne werden mit Österreich belehnt	
1285–1314		König Philipp IV., der Schöne, von Frankreich
1291	»Ewiger Bund« der drei Urkantone (Uri, Schwyz, Unterwalden)	
1292–1298	König Adolf I.	
1298–1308	König Albrecht I.	
1302		Schlacht bei Kortrijk in Flandern; Papst Bonifatius' VIII. Bulle »Unam Sanctam«: päpstlicher Anspruch auf Allgewalt
1308–1313	König Heinrich VII. von Luxemburg	
1309	Der Deutsche Orden erwirbt Pommerellen	
1309–1377		Päpste in Avignon
1310	Böhmen fällt an die Luxemburger	
1310–1313	Heinrich VII. Italienzug und Kaiserkrönung	
1314	Doppelwahl	
1315		Schlacht bei Morgarten

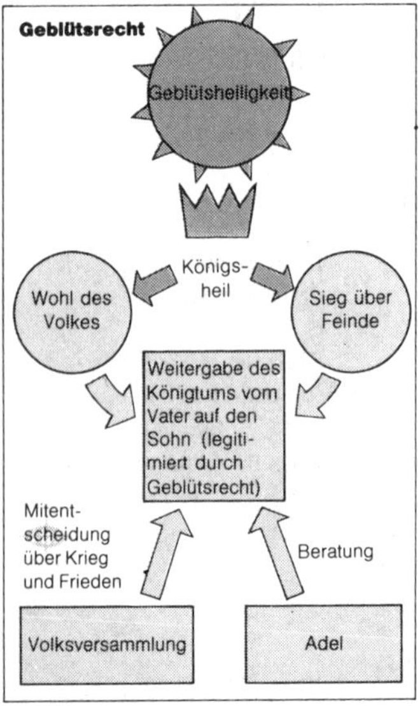

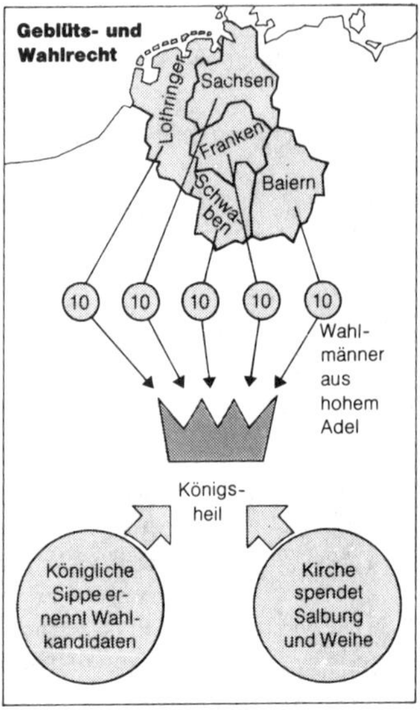

sonsten beschreibt ein rheinischer Chronist die Zustände folgendermaßen: »Damals stand es in Deutschland und besonders am Rhein so, daß der jeweils Stärkste den Schwächeren je nach Lust und Können in den Sack schob. Die Ritter und Edelleute besorgten sich ihren Unterhalt aus dem Sattel ihres Streitrosses, ermordeten, wen sie trafen, legten sich an Straßen und Hohlwegen in den Hinterhalt und warteten auf diejenigen, welche damals aus beruflichen Gründen reisen mußten.« Hier wird das soziale Absinken eines Teiles der Ritterschaft zu Straßenräubern, zum Raubrittertum beschrieben, eine der größten Landplagen dieser Zeit, wovon besonders der Reisekaufmann, aber auch der Bauer betroffen wurde – mitunter aber auch prominente Persönlichkeiten; so wurde 1254 die Gattin des deutschen Königs, Wilhelms von Holland, der auf dem Reichstag von Oppenheim gerade über das Raubritterunwesen verhandelt hatte, auf dem Heimweg im Pfälzer Wald von einem solchen Gesellen überfallen, ausgeplündert und mit der Forderung nach Lösegeld gefangengesetzt.
Viele und wichtige handeltreibende Städte des Rheingebietes, Westfalens, aber auch Süddeutschlands, schlossen sich deshalb im sogenannten »Rheinischen Städtebund« zusammen und versuchten, zumindest in ihrem Bundesgebiet die wichtigen Königsaufgaben der Friedens- und Rechtswahrung zu erfüllen; etwa zur selben Zeit entstand in Ham-

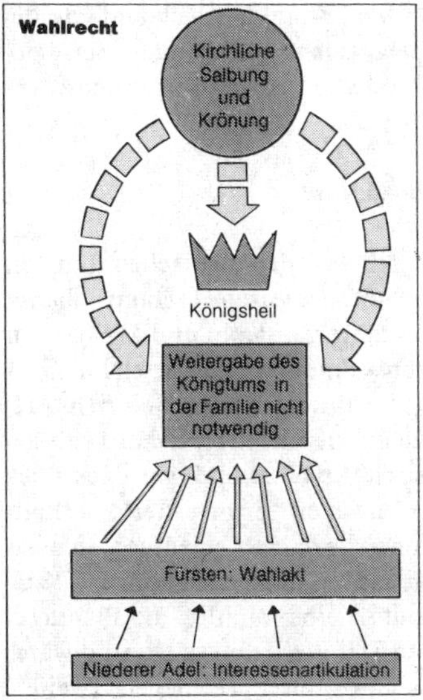

***Entwicklung der Königswahl.** Zwischen dem 8. und dem 14. Jahrhundert änderten sich die Bedingungen grundlegend, unter denen ein neuer König gefunden und bestimmt wurde. Konnte der Herrscher anfänglich recht unabhängig einen Sohn zum Nachfolger auf dem Thron ernennen, so dauerte es nicht lange, bis die Herzöge sich ein gewisses Beratungs- und Zustimmungsrecht gesichert hatten. Diese Entwicklung ging im ausgehenden Mittelalter schließlich so weit, daß die Fürsten sich ein verbrieftes Recht der Königswahl erstritten hatten.*

burg und Lübeck die Urzelle des später so mächtigen hanseatischen Städtebundes. Überhaupt waren ganz allgemein in den Städten, aber auch im Bauernstand die königstreuen Kräfte zu finden, da deren Lebensschicksal und ihr Gedeihen von einer Zentralgewalt abhing, welche im ganzen Reich geordnete Zustände und die Gangbarkeit der Handelswege garantieren konnte; letztere wurden nämlich nicht nur von den Raubrittern, einer verarmten Adelsschicht, die sich auf diesem Weg ernähren mußte, sondern auch von den Territorialherren gefährdet, die ihre Herrschaftsgebiete aus engstirnigem Eigeninteresse durch willkürliche Zollschranken abschotteten und durch vielerlei Abgaben Handel und Wandel finanziell stark belasteten, ja zum Teil sogar unrentabel machten; von »Freihandel« hielten diese Fürstlichkeiten noch nicht viel – er ist erst eine Einrichtung des entfalteten Kapitalismus im 19. Jahrhundert! Jetzt, im Interregnum, wurde auch auf diesem Sektor so richtig offenbar, in welch exzessivem Maße die Fürsten seit Heinrich IV. königliche Rechte (Regalien), wie z. B. das der Zollerhebung, an sich gerissen hatten. Diese leidige Entwicklung konnte, solange das Reich bestand, nie mehr rückgängig gemacht werden, woraus auch resultiert, daß Deutschland niemals einen zusammenhängenden Wirtschaftsraum darstellte und seine ökonomische Entwicklung immer mehr gegenüber Frankreich und England ins Hintertreffen geriet. Erst im 19. Jahrhundert konnte Deutschland von der Last seiner Binnenzölle befreit werden, welche großzügige, überregionale Wirtschaftsaktivitäten sehr behinderten, ja oft ›abwürgten‹.

Fürsten und Krone

Doch zunächst wurde das Königsamt von den deutschen Fürsten meistbietend versteigert: Durch generös bemessene »Handsalben«, d.h. Bestechungsgelder, an die Erzbischöfe von Köln und Mainz, den Herzog von Baiern und andere »interessante« Fürsten erreichte Graf Richard von Cornwall (1257–1272), der Bruder König Heinrichs III. von England, 1257 seine Wahl zum deutschen König; Richard galt als bedeutender und vor allem überaus reicher Fürst und war dazu über seine Gemahlin mit Friedrich II. verschwägert. Er investierte deshalb so hohe Summen in die deutsche Krone, die damals eigentlich nicht so viel wert war, weil er über sie zum römischen Kaisertum und somit zur Herrschaft über Italien kommen wollte; seine Familie, die Plantagenets, besaß England und einen großen Teil Westfrankreichs und wäre, hätte das deutsche Unternehmen Richards durchgeschlagen, zweifellos zur beherrschenden Dynastie Europas aufgestiegen. In Deutschland aber konnte sich Richard von Cornwall mit all seinem Reichtum, der ihm aus den Zinn- und Bleigruben Cornwalls zugeflossen war, nur im Rheingebiet als Herrscher etablieren – für die östlichen Reichsteile existierte er praktisch nicht, obwohl er immerhin 15 Jahre lang die Krone trug! Auch bekam der Engländer sehr schnell einen Konkurrenten im Amt, nämlich Alfons von Kastilien, über seine Mutter Beatrix ebenfalls mit den Staufern verwandt. Seine Kandidatur wurde von Frankreich gesteuert und gefördert, welches damals mit England um seine nationale Einheit kämpfte; in Deutschland favorisierte ihn der Erzbischof von Trier – dieser war vorher mit Richard über die Höhe seiner Handsalbe nicht einig geworden – sowie der Herzog von Sachsen und der Markgraf von Brandenburg. Allen diesen Fürsten hatte Alfons viel Geld versprochen, und 1258 wählte diese ›französische‹ Fürstenfraktion den Spanier tatsächlich zum König, so daß jetzt die Heimat der staufischen Dynastie schließlich zwei Ausländer als Herrscher hatte, ja sich in der Rolle eines Objekts der außenpolitischen Ambitionen Englands und Frankreichs wiederfand – dabei war Kaiser Heinrich VI. noch keine zwei Menschenalter tot!
Die Möglichkeiten, die deutsche Königswahl vom Ausland her zu beeinflussen, waren inzwischen auch dadurch erleichtert worden, daß die Wahl zum Monopolrecht einiger weniger – nämlich sieben – »Kur-

fürsten« (Kur, Kür mhd. für ›Wahl‹) geworden war, die bereits vor dem Wahlakt ihren Kandidaten detaillierte Wahlbedingungen (sogenannte Wahlkapitulationen) zusammen mit diversen finanziellen ›Zugaben‹ abverlangten und die zukünftigen Könige auch programmatisch auf eine bestimmte, den Wählern genehme Politik festzulegen suchten. Im Ausland wußte man nun genau, an wen man sich zu halten hatte: Man brauchte sich ja jetzt nur noch der Mehrheit eines kleinen Kollegiums zu versichern, was sicherer war und auch per Saldo billiger kam! Für die Kurfürsten ihrerseits wurde das Wahlrecht zu einer fast regelmäßigen Einnahmequelle, die um so öfter sprudelte, je öfter man wählte – ganz abgesehen von den neuen Rechten, Privilegien und Regalien, die man dem Kandidaten dazu noch abpreßte. Allmählich bildete sich für das Kurfürstenkollegium eine feste Zusammensetzung heraus: die Erzbischöfe von Mainz, Trier und Köln, der Pfalzgraf bei Rhein, der Herzog von Sachsen, der Markgraf von Brandenburg und ab 1289 der König von Böhmen.
Alfons von Kastilien blieb noch bedeutungsloser als Richard von Cornwall, denn der Trierer Kandidat kam überhaupt nie nach Deutschland. Gelockt hatte ihn ebenfalls die Kaiserkrone, an der das staufische Erbe in Italien zu hängen schien. Diese Doppelwahl von 1257/58 verschlimmerte die deutsche Misere noch insofern, als über ihr der Rheinische Städtebund in die Brüche ging, welcher sehr wohl zu einem politischen Kräftezentrum im Reich hätte werden können.

König Ottokar II. und seine Rolle als Reichsfürst

Das ganze Interregnum über hatte das Reich unter seinen Fürsten einen Königskandidaten von europäischem Rang, nämlich Ottokar II. Przemysl, König von Böhmen, mütterlicherseits ebenfalls ein Stauferabkömmling. Er überragte bereits Ende der fünfziger Jahre alle Fürsten an Besitz und Reichtum und hatte im Jahre 1260 durchaus reelle Chancen, noch erheblich dazuzubekommen. Bereits 1251 – damals war er noch Markgraf von Mähren – war er in Wien als Landesherr Österreichs und Nachfolger der Babenbergerherzöge eingezogen, gerufen vom Adel des Landes, und 1261 gewann er auf dem Schlachtfeld an der March das Herzogtum Steiermark dazu und wurde 1268 vom kinderlosen Herzog von Kärnten, der bereits 1269 starb, als Erbe eingesetzt. 1270 herrschte der »Goldene König«, wie er genannt wurde, über Böhmen, Mähren, Österreich, Steiermark und Kärnten; er war Vogt des Erzbistums Salzburg und Vikar aller rechtsrheinischen Länder. Besonders in Böhmen tat er sehr viel für den Landesausbau, rief

Ottokar II., König von Böhmen. *Noch auf seinem Grabmal imponiert die selbstbewußte Herrscherpose des erfolgsgewöhnten Przemysliden. Prag, Veitsdom, Sächsische Kapelle.*

deutsche Siedler ins Land, welche in ihren Städten nach magdeburgischem Stadtrecht lebten; unter ihnen blühte der Silberbergbau in Kuttenberg und Iglau auf. Ottokars II. Machtbereich erstreckte sich vom Riesengebirge bis an die Adria vor die Grenzen der venezianischen Republik und erbrachte sehr große Einkünfte. Hier zeichneten sich bereits ganz deutlich die Umrisse des künftigen Reiches der Habsburger ab, dessen Vorläufer Ottokar II. ohne Zweifel war – auch, was das komplizierte Verhältnis zwischen den österreichischen Habsburgern und dem Königreich Ungarn betraf, denn Ottokars II. Aufstieg vollzog sich in ständigen Auseinandersetzungen mit der Stephanskrone. Die

Gewinner im deutschen Thronstreit: Karl von Anjou. *Kniend empfängt der mit Sizilien Belehnte den Segen von Papst Clemens IV. Fresko in Pernes (Frankreich), Tour Féraude.*

Hofhaltung des Böhmenkönigs war wohl die glänzendste in Europa, hatte deutsches Gepräge und war ein Hort der ritterlichen Kultur; dynastisch bestanden Beziehungen zu vielen führenden deutschen Fürstenhäusern.

Wenn man nun die Karriere Ottokars II. betrachtet, der sicher zu den fähigsten und erfolgreichsten Herrschergestalten seines Zeitalters zählte, auf dessen Impuls hin im Südosten ein neuer, tragfähiger Machtkern entstand, fragt man sich unwillkürlich: warum wurde dieser glänzende Reichsfürst nicht deutscher König? Ihn zu wählen, war öfters versucht worden, doch nie wurde etwas daraus: 1255/56 griff

Ottokar II. bei einem Angebot nicht zu, weil er seine guten Beziehungen zu Rom nicht gefährden wollte: Der Papst war, wie Ottokar II. sehr wohl wußte, gegen eine böhmische Kandidatur, und ohne den Heiligen Stuhl im Rücken hätte der Böhmenherrscher 1251 auch nicht die Babenberger beerben können; auch war dem Przemysliden klar, daß sein Anhang unter den übrigen Reichsfürsten nicht gerade dicht gesät war. Vielmehr schien dem Böhmen damals der Ausbau seiner Stellung im Südosten lohnender und ertragreicher, was ihn aber nicht daran hinderte, zwischen 1262 und 1266 im Zusammenspiel mit der Kurie »alle Pläne zu einer Königswahl zu hintertreiben, die ihn nicht selbst getroffen hätte«, mutmaßt der Historiker Richter zu Recht. 1272, nach dem Tod Richards von Cornwall, schien Ottokar II. schon eher geneigt, ein entsprechendes Angebot anzunehmen, da sich hinsichtlich der deutschen Frage in der päpstlichen Politik eine Schwenkung abzeichnete: Rom war nun wieder an einem handlungsfähigen deutschen König interessiert, da die Machtpolitik des Hauses Anjou in Süditalien dem Papsttum ebenso gefährlich wurde wie einst der Normannen- und Stauferstaat; auch im Kardinalskollegium drohte ein französisches Übergewicht – kurz, der Papst benötigte jetzt eine Balance gegen den wachsenden Einfluß Frankreichs, mußte jedoch einsehen, daß die deutschen Kurfürsten ihren übermächtigen Kollegen aus Böhmen nie wählen würden. So schied Ottokar II. auch diesmal und damit für immer aus dem Kreise der Bewerber aus. Es ist müßig, aber doch interessant, darüber zu spekulieren, wohin die weitere Entwicklung Deutschlands, Böhmens und Europas gegangen wäre, hätte 1273 der König von Böhmen den deutschen Thron bestiegen; die Länder der Krone Böhmens wären vielleicht voll in Deutschland integriert worden und die Geschichte, auch die neueste, des Kontinents hätte einen ganz anderen Verlauf nehmen können.

Die Wahl Rudolfs von Habsburg zum deutschen König

1272/73 drängte Papst Gregor X. energisch auf die Wahl eines Königs, den er auch für den neuen Kreuzzug brauchte, denn in Palästina lag das christliche Königreich Jerusalem in den letzten Zügen. Die Ambitionen des Königs von Frankreich, kraft seiner finanziellen Stärke einem Anjou die deutsche Krone zu »kaufen«, blockte Gregor X. aus verständlichen Gründen ab und verlangte ultimativ vom Kurkollegium einen Herrscher. So unter Zeitdruck gesetzt, wählte das Kollegium am 1. Oktober 1273 den Grafen Rudolf von Habsburg zum deutschen König; der mächtigste Reichsfürst, Ottokar II. von Böhmen,

RUDOLF VON HABSBURG

Dieser typische Vertreter einer kleinen spätstaufischen Dynastie entstammte einem alteingesessenen südwestdeutschen Adelsgeschlecht und wurde am 1. Mai 1218 in der Nähe von Breisach am Rhein geboren. Sein Vater Graf Albrecht III. war ein zuverlässiger Anhänger der Staufer und deckte für diese eine Reihe wichtiger Alpenpässe; auch Rudolfs Mutter kam aus dem Adel Südwestdeutschlands. Sein Taufpate war Kaiser Friedrich II., auf dessen Kreuzzug 1239 Rudolfs Vater den Tod fand. Somit wurde der spätere König mit knapp 22 Jahren Chef der gräflichen Familie, deren Interessen er das ganze Interregnum hindurch bestens zu wahren wußte. Im blutigen Geschäft der Fehde war er erfahren wie kaum ein zweiter; seine Siege errang er mehr durch kluge Planung als durch den Einsatz von Gewalt. Tüchtig, vom Glück begünstigt, überlegt und besonnen, wenn es um den Einsatz von Leben ging, dabei erfolgsorientiert und ritterlichen Bravourstückchen nicht abgeneigt, in der Jugend galanten Abenteuern zugetan, in reiferen Jahren ein frommer Christ und Marienverehrer voll Gottvertrauen mit ausgeprägtem Familiensinn.

Seine Sandstein-Grabplatte im Speyerer Dom mit einem der ersten ›realistischen‹ Bildnisse eines deutschen Herrschers zeigt uns eine hagere, sehnige Erscheinung mit einer beherrschenden Adlernase. Hart, nüchtern und schlau stand er als Politiker fest auf dem Boden der Tatsachen und vermochte doch durch seinen gesunden Menschenverstand, seine Genügsamkeit in den Genüssen des Lebens wie in Stunden des Triumphes und durch sein schlichtes, mit natürlicher Würde gepaartes Wesen die Sympathie der Menschen zu gewinnen.

Die Trauer bei seinem Tod 1291 war allgemein und tief, da man im ganzen Reich wußte, was man an ihm verloren hatte. Alle gesellschaftlichen Fronten brachen nun wieder unversöhnlich auf, da Rudolfs integrierende Persönlichkeit fehlte.

(D. R.)

nahm verärgert an der Wahl nicht teil, da er für sich keine Aussichten sah.

Als Territorialherr war der neue Herrscher (er stammte von der Schweizer Habsburg im Aargau) kein Unbekannter, sondern im Kreise seiner nichtfürstlichen Standesgenossen sogar einer der erfolgreichsten. Als er mit 55 Jahren – gemessen an der damaligen Lebenserwartung schon ein alter Mann – König wurde, hatte er sein Erbe nahezu verdoppelt: um 1270 waren nämlich das südliche Elsaß, der Breisgau, größere Teile der Nordschweiz und des südlichen Schwabens habsburgisch! Zu einem beträchtlichen Teil handelte es sich hier um sehr fruchtbare Landstriche, welche unter der gekonnten, ertragsorientierten Verwaltung Rudolfs I. gute Einkünfte abwarfen.

Unter dem Gesichtspunkt der allgemeinen Popularität bzw. der Fähigkeit Rudolfs, bei der großen Masse der Bevölkerung populär und beliebt zu werden, hatten die Kurfürsten eine sehr gute Wahl getroffen – ja man kann sogar sagen, daß dieser Graf, der als König das Interregnum beendete, auf alle Stände große Faszination ausübte und als Persönlichkeit den Idealvorstellungen der Zeit wahrscheinlich recht nahe kam. Davon zeugt eine große Anzahl von Anekdoten und Geschichten, die über ihn umliefen und von Mund zu Mund weiterkolportiert wurden. Eine dieser in der interessanten Ausgabe von W. Treichler gesammelten und interpretierten Anekdoten möge hier stellvertretend wiedergegeben sein, auch wenn Treichler sie als »politisch [. . .] kaum verwertbar« bezeichnet, was penibel gesehen ja stimmen mag. Trotzdem aber scheint diese Geschichte – mag sie sich nun wirklich so zugetragen haben oder nicht – in all ihrer Banalität, ja Vulgarität ein bezeichnendes Schlaglicht darauf zu werfen, was diesen Fürsten auszeichnete und vielen Leuten so sympathisch machte:

»Schon in seiner Zeit als Graf war Rudolf mit einem Zürcher Ritter namens Müller erbittert verfeindet. Eines Tages lief eben dieser dem Habsburger in einer Situation über den Weg, die ein Ausweichen unmöglich machte. In seiner Not sprang Müller flugs vom Roß, warf sein Schwert weg, ließ die Hose herunter und hockte sich mitten auf den Weg, wie um seiner Natur freien Lauf zu lassen. Der Graf und seine Trabanten machten sofort Anstalten, den Zürcher in Stücke zu hauen, worauf dieser in Todesangst den grimmen Herrn anflehte: Es ist nicht recht, Euer Gnaden, einen Mann beim Verrichten seiner Notdurft zu töten; laßt mir wenigstens Zeit, die Hose hochzuziehen! Als Rudolf Gewährung signalisierte, erklärte der Schlaukopf, daß von nun an keine Hose mehr seinen Hintern berühren werde. Darauf ließ der Graf seinen Intimfeind laufen und dieser wurde später ein enger Vertrauter des Habsburgers.«

Reichsapfel und Zepter. *Rudolf I. von Habsburg mit den Herrscherinsignien auf dem Thron sitzend. Rückseite eines Siegels. Urkunde vom 27. Dezember 1282. Wien, Österreichische Nationalbibliothek.*

Auf Rudolf I., den frisch gekürten deutschen König, warteten nun freilich Aufgaben von viel größeren Dimensionen. Doch genauso unverzagt, wie er seine Wahl akzeptiert hatte, ging er nun ans Werk. Dabei zeigt sich ungebrochen ein Handlungsmuster, dem Rudolf I. jahrzehntelang als mittlerer Territorialherr gefolgt war: Er sah die Situation und die Realitäten, das Konzept seiner Regierung ergab sich daraus von Fall zu Fall als logische Folge – nämlich Frieden mit Papst und Kirche, Wiederherstellung friedlicher und geordneter Zustände im Reich (Landfriedenspolitik) und Sicherung des Krongutes, wo dies politisch noch möglich war. Dieses ›Regierungsprogramm‹ hatte Rudolf

I. für seine Wähler offensichtlich akzeptabel gemacht. Kirche und Kurfürsten hatten sich einen ›nützlichen‹ Monarchen von überschau- und kontrollierbaren Dimensionen gewünscht, der frei von Ambitionen und Möglichkeiten war, die Pfade imperialer staufischer Politik nochmals zu betreten. Rudolf I. machte den Fürsten auch insofern die Sache leicht, als er in großzügiger Weise ihnen die ›Spesen‹ für Wahl und Krönung erstattete, eine Mißentwicklung, welche von da an immer tollere Blüten trieb und die Blöße der Käuflichkeit nur dürftig bedeckte; dazu kam ein fürstliches Mitspracherecht bei der Handhabung des Krongutes. So weit, so schlecht könnte man sagen, wären hier nicht Rudolfs I. Zielstrebigkeit und eine dritte gesellschaftliche Gruppe gewesen, die zwar von der Königswahl ausgeschlossen war, als Machtfaktor aber ständig an Bedeutung gewann: Die Rede ist von den unaufhaltsam wirtschaftlich aufsteigenden Städten, die sich dem begehrten Zugriff der Fürsten ausgesetzt sahen und deren Prosperität das adelige Fehde(un)wesen empfindlich störte.

König Rudolf I. und die Städte

Auch das städtische Bürgertum wünschte sich einen ›nützlichen‹ König, nützlich jedoch im Sinn von stark! Während sich also die Vorstellungen vom Charakter des Königtums bei Rudolf I. und seinen fürstlichen Wählern nur oberflächlich deckten, war das zwischen Rudolf I. und den Städten anders: Hier bestand zumindest zum Teil eine echte Interessenharmonie. Auch die Vorstellungen von der Rolle, die ein deutscher König spielen sollte, deckten sich annähernd, und so hatte Rudolf I. am Anfang seiner Regierung bei den Städten großen Rückhalt. Diese empfingen ihn begeistert, als er rheinabwärts von Basel, dessen Bischof er bekriegt hatte, nach Aachen zog; sie versorgten seinen Hofstaat und geizten auch sonst nicht mit finanzieller Unterstützung.

Der König revanchierte sich, indem er mit Privilegien nicht knauserte, den Städten den Lehnserwerb erlaubte und Städtebünde nicht nur gestattete, sondern unter königlicher Führung sogar anregte: Hier zeigte sich der mit allen Wassern gewaschene Politiker, der dies keineswegs ohne Hintersinn tat; einerseits nämlich war diese Politik geeignet, die Expansionsgelüste der Fürsten zu dämpfen und ihnen beim ›Erwerb‹ neuer Territorien Prügel zwischen die Beine zu werfen, andererseits war Rudolf I. weitblickender als manche seiner Standesgenossen und hatte erkannt, daß im Bürgertum eine neue gesellschaftliche Macht heranwuchs. Er wußte, daß ein deutscher König am Ende des 13. Jahr-

hunderts gegen die unwiderruflich gewachsene Macht der Fürsten mit der traditionellen Lehnspolitik nichts mehr ausrichten konnte und neue Wege beschreiten mußte. Eine Marionette der Kurfürsten, die als »Privilegienquelle« sowie ab und an als »Reichspolizei« fungierte, gedachte der Habsburger nicht zu werden.
Neben der Förderung von Städtebünden war Rudolf I. auch immer bestrebt, möglichst viele Städte zu Reichsstädten zu machen, die nur dem König unterstanden und so dem bischöflichen oder fürstlichen Zugriff entzogen waren. Diese Methode königlicher Innenpolitik wurde besonders im Oberrheingebiet und im Elsaß deutlich; exemplarisch hierfür ist die Geschichte der Stadt Basel, mit dessen bischöflichen Herren die Habsburger in Dauerfehde lebten: Unter Rudolf I. wurde hier aus einer Bischofsstadt eine Reichsstadt mit später großer historischer Bedeutung. Rudolf I. als ehemaliger Territorialherr wußte nur zu gut, wie es tatsächlich um die Macht eines deutschen Königs stand: Die Vergrößerung der königlichen Machtbasis über das hinaus, was ein Monarch als Eigenbesitz mitbrachte, der »Hausmachterwerb«, war durch das Veto, welches die Kurfürsten jederzeit einlegen konnten, sehr erschwert, nach wie vor verfügte die Krone über keine festen, einplanbaren Bargeldeinkünfte, ein funktionierendes Reichssteuerwesen gab es nicht, geschweige denn einen entsprechenden Beamtenapparat – und das zu einer Zeit mit nahezu ganz entfalteter Geldwirtschaft! Seine staufischen Vorgänger hatten sich hier noch etwas leichter getan, da sie auf die regelmäßig fließenden Gelder aus dem staufisch-normannischen Zentralstaat Süditaliens und Siziliens rechnen konnten. 1275 jedoch war ein deutscher König ärmer dran denn je, und der Habsburger konnte nur auf eine Kombination eigener Hausmacht und königstreuer Reichsstädte hoffen, die allein in der Lage waren, den Geldbedarf der Krone in etwa zu decken.

Rudolfs I. Hausmachtpolitik und der Krieg gegen Ottokar II. von Böhmen

1275/76 begann der König mit der Konsolidierung und Rückgewinnung der ohne Zustimmung der Kurfürsten im Interregnum der Krone ›entfremdeten‹ (d.h. widerrechtlich angeeigneten) Königsgüter; es verstand sich, daß die Kurfürsten, die oft selbst die fettesten Brocken geschluckt hatten, von dieser Aktion ausgenommen blieben, ja vielfach noch die unerbittliche Ausführung dieser Politik Dritten gegenüber betrieben. Rudolf I. selbst konzentrierte sich auf das ehemalige staufische Reichsgut im Südwesten, was auch einiges einbrachte. Be-

Urkundensiegel aus Wachs. *Ottokar II., König von Böhmen, Herzog von Österreich und Steiermark. Die zugehörige Urkunde wurde am 21. April 1275 ausgestellt. Nürnberg, Germanisches Nationalmuseum.*

zeichnend war jedoch, daß der König gegen den stärksten der dortigen Territorialherrn, den Grafen von Württemberg, nichts ausrichten konnte! Der eigentliche Adressat scheint jedoch Ottokar II. von Böhmen gewesen zu sein, dessen Erwerb von Österreich und Steiermark trotz Legalisierung, nämlich Belehnung durch Richard von Cornwall, umstritten war. Schon auf den Hof- bzw. Reichstagen von Würzburg und Augsburg 1275 waren aus der Steiermark besonders heftige Klagen gegen Ottokars II. »Usurpation« und harte Regierungsmethoden laut geworden; Philipp von Kärnten bestritt Ottokars II. Herrschaft über das ihm angestammte Herzogtum – und Rudolf I. gab dem Kärnt-

Rüstung für den Ernstfall. *Ein wuchtiger Topfhelm schützt den ritterlichen Schädel im Kampf. Steinplastik, um 1320 entstanden. Vorarlberg, Landesmuseum.*

ner recht! Vom Adel Steiermarks wurde der König rundheraus gefragt, wann er denn endlich gedenke, die Reichsrechte in diesem Herzogtum wieder durchzusetzen. Über dem Böhmen braute sich ein Gewitter zusammen, seine kurfürstlichen Kollegen rührten keinen Finger! So wunderte sich niemand, daß Ottokar II. noch 1275 geächtet und auch von der Kirche gebannt wurde, weil er keiner Ladung Folge geleistet und die umstrittenen Reichsländer auch nicht herausgegeben hatte. Ein Reichskrieg gegen ihn war unvermeidlich und begann 1276. Schon die Anfangsphase der kriegerischen Auseinandersetzung machte deutlich, daß Ottokars II. Herrschaft in vielen Gebieten ungesichert war,

da er als hart durchgreifender Mann verhaßt war: Steiermark und Kärnten fielen sofort von ihm ab, im Osten regten sich seine alten Feinde, die Ungarn, und auch der Adel seiner Stammlande Böhmen und Mähren muckte auf. Rudolf I., der vom Westen her gegen König Ottokar II. heranzog, liefen die Anhänger in Scharen zu, so daß der Böhmenkönig sich am 3. Dezember 1276 zum Frieden bequemen mußte, ohne daß ein ›heißer‹ Krieg wirklich stattgefunden hätte. Ottokar II. mußte die Herzogtümer Österreich, Steiermark, Kärnten und Krain abtreten, erhielt aber gegen die offizielle Huldigung an Rudolf I., der im Lederkoller auf einem Schemel sitzend den prunkvoll auftretenden Böhmenherrscher empfing, seine Kernländer Böhmen und Mähren als Reichslehen wieder.
Es zeigte sich jedoch bald, daß das Jahr 1276 keine wirkliche Entscheidung zwischen Rudolf I. und Ottokar II. gebracht hatte. Eine Ratifizierung des Friedens zwischen beiden scheiterte an der Durchführung von Einzeldetails, und Ottokar II. war sowieso zu einer neuen Auseinandersetzung entschlossen: Er ließ seine Silbertaler unter den Reichsfürsten rollen und die Reihen in Rudolfs I. Heer begannen sich schnell zu lichten – der Habsburger war auch in den Augen mancher Fürsten schon ein wenig *zu* erfolgreich! Auf dem Lande und bei den Städten litt in diesem Augenblick Rudolfs I. Beliebtheit auch, weil er um der hohen Kriegskosten willen die Steuerschraube sehr stark anziehen mußte. Als dann im Sommer 1278 die Feindseligkeiten erneut offen ausbrachen, konnte Rudolf I. nur auf Streitkräfte aus seinen eigenen Besitzungen und den Beistand der Ungarn rechnen. Im August standen sich dann beide Heere auf dem Marchfeld bei Dürnkrut gegenüber, die Schlacht wurde nach Ritterbrauch für den 26. August 1278 verabredet und geschlagen. Rudolf I. hatte sein Heer in vier Abteilungen geteilt: die ersten beiden bestanden aus Ungarn, die dritte aus Salzburgern, Schwaben, Steirern, Kärntnern und Krainern unter dem persönlichen Befehl des Königs und die vierte aus Österreichern. Auf Ottokars II. Seite kämpften Abteilungen aus Böhmen, Mähren, Sachsen, Thüringen und Niederbaiern. Das Gefecht war blutig und überaus verbissen; lange stand die Sache auf Messers Schneide – Ottokar II. und Rudolf I. waren immer mitten im Gewühl an den Brennpunkten zu finden. Nach geraumer Zeit wurden die Reihen Rudolfs I. durchbrochen und er selbst aus dem Sattel geholt; nur die Tapferkeit eines Getreuen, der den gestürzten König deckte, rettete hier den Habsburger, der schließlich doch den Sieg errang, weil er auf dem Höhepunkt des Kampfes aus einer verdeckten Stellung heraus eine bis dahin zurückgehaltene, frische Reserveabteilung in die Schlacht werfen konnte. Dies entsprach zwar nicht ganz dem ritterlichen Kampfesko-

dex, rettete Rudolf I. aber das Leben, ließ ihn die Schlacht gewinnen und leitete den Aufstieg seines Hauses zur späteren Weltmacht ein. Seinem Gegner, dem »Goldenen König«, war ein elendes Schicksal beschieden: Verwundet fiel er in die Hände steirischer Ritter, welche den Böhmenkönig aus persönlicher Rachsucht erledigten.

Doppelte Staatsbeute

Trotz dieses glänzenden Sieges blieb Rudolf I. klug und überspannte den Bogen nicht: Ottokars II. Erblande blieben seinem Sohn und Erben Wenzel II. erhalten, der mit einer der vielen Töchter Rudolfs I. vermählt wurde; damit wurde eine enge Familienbindung zwischen dem aufstrebenden Habsburgerhaus und der nach wie vor reichen und mächtigen Przemyslidendynastie hergestellt, was Habsburg noch einmal reiche Zinsen bringen sollte. Die Herzogtümer Österreich, Steiermark, Kärnten und Krain verwaltete Rudolf I. als erledigte Reichslehen zunächst selbst von Wien aus, wo er vier Jahre residierte, und bewies, daß er unter den damaligen deutschen Fürsten wohl der fähigste Administrator war. Gleichzeitig setzte er in der Städtepolitik seine neue Linie fort, denn trotz aller Trübungen des Verhältnisses gab es zwischen Städten und König nach wie vor ein starkes Band gemeinsamer Interessen: Eindämmung der Territorialfürsten und als Ergebnis Steigerung der königlichen Macht und größere wirtschaftliche Freiräume und Sicherheit für die Kommunen. Als Politiker mit nahezu ›bürgerlich‹ pragmatischem Verstand hatte Rudolf I. als erster deutscher König wirklich begriffen, daß mit dem ökonomisch orientierten und leistungsfähigen Bürgertum ein neuer Faktor in die Politik hineingekommen war, der für die Zentralgewalt viele Möglichkeiten bot. Freilich wußte der illusionslose Habsburger auch, daß er als König die innenpolitischen Entwicklungen des 12. und 13. Jahrhunderts nicht

Willebrief

Regierungshandlungen und -pläne der Könige erfordern seit der Ausbildung des Kurfürstenkollegiums die Zustimmung der Fürsten in Form eines schriftlichen Beschlusses: Willebriefe waren also zustimmende Urkunden, die Meinung und Absichten der fürstlichen Berater dokumentierten. Sie sicherten die Bindung der königlichen Aktionen an den Konsens (d. h. Zustimmung, in gewisser Weise auch Genehmigung) der Fürsten.

Der Zusammenstoß Rudolfs von Habsburg mit Ottokar von Böhmen
Dargestellt von dem Zeitgenossen Johann von Victring

Die Fürsten verhandelten 1273 nach altem Herkommen über die Wahl eines deutschen Königs. Sie faßten verschiedene Männer ins Auge, erwogen die Taten der einzelnen nach dem Ruf der Trefflichkeit, und dabei erinnerten sie sich auch des Grafen Rudolf von Habsburg. Und wie es dem Herrn gefiel, so wurden sie eines Sinnes und gaben alle ohne irgendwelche Widerrede ihre Stimme für Rudolf ab [Ottokar II. hatte allerdings nicht für Rudolf I. gestimmt!]. Dem Pfalzgrafen wurde aufgetragen, das Wort der Erwählung auszusprechen; er erhob sich und sagte: »Im Namen der Heiligen und unteilbaren Dreieinigkeit! Nachdem mir die Stimmen aller Wahlfürsten übertragen worden sind, verkünde und erwähle ich Rudolf, den Grafen von Habsburg, zum deutschen König!«
Sofort entsandten die Fürsten den Marschall mit den Insignien des Reiches und forderten Rudolf auf, die Belagerung von Basel aufzuheben, sich mit den Bürgern zu vertragen und unverzüglich mit seiner Gemahlin herbeizukommen, um die Krone zu empfangen.
Nachdem sich Rudolf mit den Baslern geeinigt hatte, fuhr er den Rhein hinab zu den Fürsten, die seiner harrten und ihm unter großen Freudenbezeigungen entgegenkamen. In der Stadt Aachen aber, wo alles Volk frohlockte und Gassen und Häuser durch Tücher und Gehänge geschmückt waren, wurde er, mit dem Zepter, dem weißen Obergewand, dem Mantel und den übrigen königlichen Abzeichen geschmückt, zusammen mit der Königin von der Pfalz zum Sitz Karls des Großen geleitet und dort gekrönt. [. . .]
1274 schrieb der König einen Hoftag nach Nürnberg aus, auf dem die Fürsten, Prälaten und Edlen des Reiches zusammenkamen.
König Ottokar [II. von Böhmen] kam nicht zu dem Hoftag und wurde daher nach Würzburg beschieden. Dorthin schickte er den Bischof Bernhard von Säckau, der sich inmitten der Fürsten erhob und nach Kräften bemühte, die Wahl Rudolfs mit vielen gleißenden Worten anzufechten. [. . .]
[Im Jahr danach rüstete Rudolf zum Kampf gegen Ottokar II., rückte in Österreich ein und erzielte dort militärische Erfolge.]
Ottokar erbat nun in seiner Bedrängnis durch die Vermittlung des Bischofs Bruno eine Unterredung mit dem König. So begab sich dieser mit einem glänzenden Gefolge von Österreichern und Steirern zu Ottokar und besprach sich in aller Freundlichkeit mit ihm. Jetzt endlich nahm Ottokar aus der Hand Rudolfs Böhmen und Mähren zu Lehen; alle anderen Länder aber gab er heraus, setzte die Adeligen in Freiheit, die er verhaftet hatte, und vereinbarte eine doppelte Familienverbindung mit Rudolf, indem sein Sohn eine Tochter Rudolfs, seine Tochter aber einen Sohn des Habsburgers heiraten sollte. So schieden sie, nachdem Ottokar dem Reich Treue geschworen hatte, in Frieden und bester Eintracht voneinander, indem sie zuvor noch die Zeit für die Hochzeiten festsetzten.
Rudolf entließ sein Heer, ging nach Wien und widmete sich den Geschäften des Reiches. Ottokar kehrte nach Böhmen zurück und berichtete der Königin, seiner

Gemahlin, von der Versöhnung, den Heiratsplänen und den übrigen. Vereinbarungen. Jene aber höhnte ihn und sagte spottend: »Was für ein großmächtiger König bist du, der du Rudolf, als er noch ferne war, feindlich wie einen Hund angekläfft hast, sobald er aber herankam, hast du ihm vier treffliche Provinzen zu Füßen gelegt, ihm, der einmal wünschte, dein Lehnsmann zu sein, und der jetzt im Kleide von grauer Wolle es unternimmt, den Ruhm der Könige zu vernichten!«
Ottokar, von Schamröte übergossen, stieß einen Wutschrei aus, der nichts Menschliches mehr an sich hatte, meldete sogleich Rudolf, indem er ihm in aller Form absagte, ihm sei Unrecht geschehen, und kündete ihm Krieg an, indem er die Länder, die er dem König zugestellt hatte, wieder zurückverlangte.
Rudolf aber rief den König von Ungarn, die Schwaben, Österreicher, Steirer und Kärntner auf und brachte im Nu ein starkes Heer zusammen. Aber auch Ottokar sammelte Truppen um sich und rückte bis in das Gebiet des Flusses March vor. Seine Heeresmacht wurde auf dreißigtausend Krieger geschätzt. Die Rudolfs umfaßte kaum den vierten Teil davon.
Bei dem Schloß Haimburg überschritt Rudolf die Donau und lagerte sich Ottokar gegenüber. Bei allen Schiffen kappte er die Ankertaue und ließ sie forttreiben, damit die Seinen nicht daran denken konnten, damit zu flüchten.
Ottokar bildete sechs Schlachthaufen und ließ eine Reserve unter Milot für den Notfall zurück. Die ungeheure Überzahl der Gegner aber schadete Rudolf nicht, weil das Heil nicht in der Zahl, sondern in der Tapferkeit liegt. Sein Heer ging vorsichtig und wohlgeordnet vor, Ottokar aber durchbrach, wie ein wütender Löwe angreifend, die Schlachtordnung Rudolfs.
Ein Thüringer sprang mit dem edlen Herrn von Vollenstein vor, sie hieben Rudolfs Streitroß nieder und brachten ihn selbst arg ins Gedränge. Aber Ulrich von Kapellen sprang jetzt zwischen die Streiter und rettete nicht nur den König, sondern stellte auch die fast verlorene Schlacht her, griff Ottokar an und brachte ihn so ins Gedränge, daß dieser nun seinerseits Milot und dessen Reserve herbeirufen ließ. Aber dieser beachtete den Ruf nicht und zog sich aus der Schlacht zurück. Dem König Ottokar aber wurde von den Seinen ein Strick um den Hals gelegt und er so unter seinem Helm, der das Gesicht bedeckte, abseits geführt und im Stich gelassen, bald aber von den scharfen Schwertern der Österreicher und Steirer aus Rache für das Blut ihrer Freunde, die er schuldlos getötet hatte, niedergestoßen.
Als Rudolf seinen Tod erfuhr, blieb er noch drei Tage auf dem Schlachtfeld lagern, dann beschloß er, während die Leiche Ottokars nach Laa in Mähren gebracht wurde, in Böhmen einzufallen, um die Kriegskosten herauszuschlagen.

Aus: Johanis abbatis Victoriensis »Liber certarum historiarum« II,1 ff (Johann von Victrings »Buch gewisser Geschichten«. – Johann war um 1312 Abt des Zisterzienserklosters Victring in Kärnten und häufig im Dienst der Herzöge von Kärnten tätig, † um 1345).
Bearbeitet nach der Übersetzung von W. Friedensburg

Städte bekennen sich zu Kaiser und Reich. *Politisches Programm, gerichtet gegen die Territorialherren: Kaiser Karl IV. und die sieben Kurfürsten auf einem geschnitzten Türklopfer. Lübeck, Rathaus.*

rückgängig machen konnte, wozu eben auch der »Leihezwang« gehörte. Er konnte hier nur versuchen, für das Königtum und seine Familie das Beste daraus zu machen, was dann auf dem Reichstag zu Augsburg 1282 auch geschah. Nachdem nach langem, aus ihrer Sicht durchaus verständlichem Zögern die Kurfürsten ihre *»Willebriefe« (K, Seite 33)* gegeben hatten, belehnte Rudolf I. seine Söhne mit den Herzogtümern Österreich, Steiermark, Kärnten und Krain. 1283 übernahm dann der älteste Sohn Albrecht, ein ›geborener Herrscher‹, die alleinige Regentschaft über diese Länder, deren Landstände sich gegen die Regentschaft von zwei Brüdern ausgesprochen hatten. Dadurch stand die Hausmacht der Dynastie auf zwei festen Beinen, von denen sich das südöstliche als das weitaus kräftigere bis zum revolutionären Sturz der Habsburgermonarchie im Jahre 1918 erweisen sollte.

Zukunftsweisende Politik im Innern, Außenpolitik auf alten Bahnen

1283 konnte der Habsburger auf eine schöne Erfolgsbilanz zurückblikken, doch war auch vieles noch ungetan geblieben. So hatte der Kampf mit Ottokar II. Rudolfs I. Bemühungen um den Landfrieden in Deutschland unterbrochen. Nun zog der König von Wien aus nach Nordwesten – eine feste Königsresidenz gab es ja immer noch nicht, nur waren an die Stelle der Kaiserpfalzen vielfach die Reichsstädte als Quartier getreten –, und überall sehen wir Rudolf I. neue Landfriedensgesetze verkünden: in Baiern, Franken, im Rheinland, in Thüringen und in Sachsen; den Höhepunkt bildete das allgemeine Landfriedensgesetz, das 1287 in Würzburg erging. Der König beließ es jedoch nicht nur bei pergamentenen Verkündigungen, sondern setzte diese selbst nach Kräften in die Tat um: Für Schnapphähne aller Art, seien es Raubritter oder Wegelagerer, begannen schlechte Zeiten. Rudolf I., in solchen Aktionen sehr erfahren, räucherte deren Raubnester und Schlupfwinkel aus, und mancher ›Ritter‹ machte mit dem Strick des Henkers nähere Bekanntschaft, wurde geköpft oder gar gevierteilt. Diese energischen Bemühungen hatten auch deutlichen Erfolg, und in den letzten Regierungsjahren Rudolfs I. herrschte auf Deutschlands Straßen eine seit langem ungewohnte Ruhe und Sicherheit, worauf des Habsburgers geradezu phänomenale Beliebtheit bei den Kaufleuten und besonders den ›kleinen‹ Leuten nicht zuletzt auch beruhte. Andererseits zeigt sich an der ›Zielgruppe‹ dieser Maßnahmen, daß sich die spätmittelalterliche Gesellschaft mehr und mehr differenzierte: Vom ›hohen‹ zum ganz ›niederen‹ Adel gibt es eine breite Skala, genauso wie der Unterschied zwischen hohem und niederem Klerus unvorstellbar ist! Der Historiker Joachim Leuschner konstatiert für das 13. Jahrhundert: »Im ganzen vertieften sich die sozialen Gegensätze sowohl innerhalb der einzelnen Gruppen wie zwischen diesen.«
Zwiespältig ist über Rudolfs I. andere Pläne und Unternehmungen zu berichten: So strebte er zweifellos nach der Kaiserkrone, und die Vorbereitungen zu einem Romzug begannen schon bald nach seiner Wahl. Jedoch kam immer wieder etwas dazwischen; da war einmal der chronische Geldmangel, ein auch in späteren Zeiten charakteristisches ›Leiden‹ des Habsburger Hauses, weswegen Rudolf I. sogar mehrmals

den Heiligen Stuhl um Darlehen angehen mußte – für Romzüge, die allesamt nicht zustande kamen: Entweder starb der Papst oder politische Verwicklungen mit der Grafenfamilie Anjou in Italien oder dem König von Frankreich vereitelten das Unternehmen, für das Rudolf I. durch Aufgabe deutscher Ansprüche in Italien erhebliche, zumindest juristische Vorleistungen erbracht hatte. Kurz und gut – die Kaiserkrone erlangte dieser erste Habsburger auf dem Königsthron nie, obwohl ihm an ihr schon aus Gründen der Festigung seiner Dynastie sehr viel gelegen war. Mit einem Papst soll er sogar Pläne für eine habsburgische Monarchie gegen entsprechende Zugeständnisse in Italien erörtert haben; doch dies blieben Pläne!

Ähnlich liefen die Dinge bezüglich des nominell noch immer zum Reich gehörenden Königreichs Burgund, auf dessen Thron Rudolf I. gern seinen Sohn Hartmann gesehen hätte, der aber schon 1281 umkam. Hier in Burgund stieß der König mit den Interessen Frankreichs zusammen, das unter Ludwig IX. und Philipp IV., dem Schönen, gewaltig erstarkt war. Es fehlte nicht viel, und es wäre zu einem deutsch-französischen Krieg gekommen! Obwohl in Burgund mit Hilfe Schweizer Kontingente gewisse militärische Erfolge errungen wurden, blieb das Ergebnis letztlich mager: Für die Vermehrung des habsburgischen Hausbesitzes sprang zwar einiges heraus, doch konnte ein weiteres Abdriften nicht verhindert werden.

Vielversprechende Verbindungen knüpfte Rudolf I. zu seinen alten Verbündeten gegen Ottokar II., den Ungarn – auch hier werden unter ihm Grundzüge der späteren habsburgischen Politik sichtbar; der Plan jedoch, Ungarn 1290 als Lehen seinem Sohn Albrecht zuzuschanzen, scheiterte am Veto der Kurie. So entspricht die außenpolitische Bilanz nicht der innenpolitischen, denn richtige Erfolge waren hier nicht zu verzeichnen. Ein »Außenpolitiker« großen Zuschnitts war dieser Mann auch seiner ganzen Veranlagung nach nicht. Er tat hier vielfach nicht einmal das Nötigste und riskierte nichts. Im Grunde bestand seine Außenpolitik im Süden und im Westen aus ›negativen‹ Arrondierungen. D.h. auf Reichspositionen, die kaum oder nur unter großem Aufwand und Risiko durchsetzbar waren, verzichtete Rudolf I., wenn er zum Schluß kam, das Ganze »koste« zu viel.

Vergebliche dynastische Politik vor Rudolfs Tod

Seine letzten Lebensjahre galten eigentlich den Bemühungen, die Krone in seiner Familie zu verankern; ihm ging es hier nicht anders als vielen seiner Vorgänger und Nachfolger, welche unendlich viel Zeit und Mühe auf dieses Ziel verwenden mußten – man vergleiche hier nur die Anstrengungen, welche Karl VI. noch im 18. Jahrhundert unternehmen mußte, um seiner Tochter Maria Theresia und somit der Habsburgerdynastie die Krone zu sichern (siehe Band 7). Nachdem sein Sohn Hartmann 1281 ertrunken war, bemühte sich Rudolf I. intensiv darum, den Kurfürsten die Wahl seines jüngsten Sohnes Rudolf, der noch kein großer Territorialherr war, schmackhaft zu machen, stieß dabei aber auf zähen, hinhaltenden Widerstand, der sich schlagartig verhärtete und unüberwindlich wurde, als der kleine Rudolf plötzlich 1290 starb und nur noch der tatkräftige, machtbewußte Sohn Albrecht als Nachfolger übrig war. Als Herr der österreichischen Länder und Alleinerbe des Hausbesitzes war er einer der mächtigsten Reichsfürsten überhaupt, viel mächtiger, als sein Vater jemals gewesen war, als er noch als Graf auf der Habsburg saß. Dies machte ihn unter anderem für das Kurkollegium inakzeptabel. Es war die gleiche Situation bzw. Konstellation wie vor der Wahl König Lothars III. von Supplinburg 1125 oder Konrads III. 1137, als die Fürsten bewußt jeweils den mächtigsten und fähigsten Kandidaten »aussparten«, um ihre eigenen Machtchancen nicht zu schmälern. Rudolf I. von Habsburg wußte dies schließlich und schickte sich drein. Im Bewußtsein seines nahen Lebensendes ritt er selbst noch von Germersheim nach Speyer, wo er am 15. Juli 1291 im Alter von 73 Jahren starb – bis zum Eintritt des Todes bei klarem Verstand. Nach seinem Wunsch fand er seine Ruhestätte neben den salischen und staufischen Kaisern im Speyerer Dom.

Ergebnis eines Machtkalküls: Adolf von Nassau, Nachfolger Rudolfs I. auf dem Thron

Rudolf I. lag kaum im Grabe, da rissen die alten fried- und ruhelosen Zustände wieder ein – »so«, wie ein zeitgenössischer Chronist sagt, »als hätte es König Rudolf nie gegeben!« Auch der Hochadel frönte sofort wieder seiner alten Leidenschaft: Er riß Reichsland und Privilegien an sich oder führte mit Rivalen um Besitz und Einkünfte erbitterte Fehden. In dieser Situation, als ein neues Interregnum, d. h. eine königs- oder kaiserlose Zeit, mit all ihrer Unbill vor der Tür zu stehen schien, begann man sich auf lokaler Ebene wieder fester zur Selbstverteidigung zusammenzuschließen, wie es auch die drei Schweizer Urkantone Uri, Schwyz und Unterwalden sofort nach Rudolfs I. Tod ohne zu zögern rasch taten (siehe Seite 70–75).

Mit der Wahl eines neuen Königs hatte es tatsächlich keine Eile; Ru-

***König von Gottes Gnaden.** Adolf I. von Nassau (1250–1298) wurde gegen die Interessen Habsburgs fast einstimmig 1292 in Frankfurt zum König gewählt. Herrschersiegel von 1297. Frankfurt, Stadtarchiv.*

dolfs I. Sohn, Albrecht von Österreich, wollte man nicht, ja man tat alles, um die Stellung dieses fähigsten aller Reichsfürsten zu erschüttern: In seinen Ländern schürten interessierte Kreise eine Aufstandsbewegung besonders des steirischen Adels, dem Albrecht ein etwas zu genauer Herr war. Drahtzieher in dieser Sache scheinen vor allem der niederbaierische Herzog und König Wenzel II. von Böhmen gewesen zu sein: beide hatten mehr als ein Auge auf die Habsburger Besitzungen geworfen. Als Begleitmusik kam ein allgemeiner Propagandakrieg hinzu, worin Albrecht als ehrgeiziger und machtbesessener Finsterling und Tyrann hingestellt wurde – ein Bild, welches bis in die jüngste Vergangenheit eifrig nachgemalt wurde und diesem Habsburger alles andere als Gerechtigkeit widerfahren ließ. Sicher, Albrecht war eine mehr ernste, verschlossene Persönlichkeit, und der gewinnende Charme seines Vaters ging ihm ab, dafür besaß er Intelligenz, Scharfblick, Treue, Selbstdisziplin und die seltene Fähigkeit, zu verzeihen. Trotz der Feindseligkeit, die ihm zunächst allenthalben entgegenschlug, wurde Albrecht des Aufstandes recht schnell Herr, wobei er klug Mäßigung statt Terror gegenüber den Besiegten walten ließ; darauf machte er sich mit seinem Heer nach Westen auf, wo der Pfalzgraf bei Rhein ihm als einziger im Kurfürstenkollegium die Stange hielt, mußte aber, dort angekommen, erfahren, daß die Kurfürsten am 5. Mai 1292 schließlich einstimmig den als Fürsten unbedeutenden Grafen Adolf von Nassau zum König gewählt hatten; dessen Krönung fand dann zwei Monate später in Aachen statt. Die Triebfeder bei dieser Wahlentscheidung war schlicht fürstlicher Eigennutz gewesen, die Arrangeure saßen auf dem erzbischöflichen Stuhl von Köln bzw. auf dem böhmischen Thron in Prag. Für Erzbischof Siegfried von Köln war diese Königswahl nur ein Geschäft, in dem die Verluste einer teuren Fehde mit dem Herzog von Brabant und der für ihn katastrophal verlaufenen Schlacht von Worringen ausgeglichen werden sollten; König Wenzel II. von Böhmen hingegen sah in der Wahl Graf Adolfs von Nassau die Möglichkeit, das Ergebnis der Schlacht von Dürnkrut zu revidieren und die an Habsburg verlorene Machtstellung seiner Dynastie wiederherzustellen. Darüber hinaus bestand im Kurkollegium – anfänglich mit Ausnahme des Pfalzgrafen bei Rhein – allgemeine Übereinstimmung, die Bildung einer Dynastie mit so starker Basis, wie sie der Habsburger Albrecht mitgebracht hätte, nicht noch weiter zu fördern.

Schlechte Chancen für den erwählten König

Als Ergebnis dieser kurfürstlichen Machenschaften drohte nun ein Bürgerkrieg, dem Albrecht von Habsburg jedoch aus dem Wege ging: Er huldigte Adolf I. von Nassau, übergab ihm die Reichsinsignien und zog sich in seine Länder zurück. Adolf I., vom Volksmund durch die Umstände seiner Wahl nicht zu Unrecht der Gruppe der »Pfaffenkönige« zugerechnet, genoß von Anfang an nur sehr geringes Prestige: Man wußte eben nur zu gut, daß er vor seiner Wahl den Kurfürsten immense Zugeständnisse hatte machen müssen, daß er im Grunde nichts anderes als deren gekrönter Kommissar war! Persönlich freilich war er eine einnehmende Erscheinung von guter Bildung und Manieren; vor allem aber hatte er sich in der Schlacht von Worringen, wenn auch auf seiten der Verlierer, als untadeliger Ritter, Soldat und Kavalier erwiesen. Als Politiker besaß er aber wenig Erfahrung, sein persönlicher Eigenbesitz und somit sein tatsächlicher Machtbereich waren unbedeutend. Doch ging die Sache noch halbwegs gut, solange Adolf I. in den von seinen Wählern vorgezeichneten Bahnen blieb, sich besonders am Rhein brav und auch mit gewissem Erfolg um den Landfrieden küm-

Schleswig-Holstein: Halligenküste

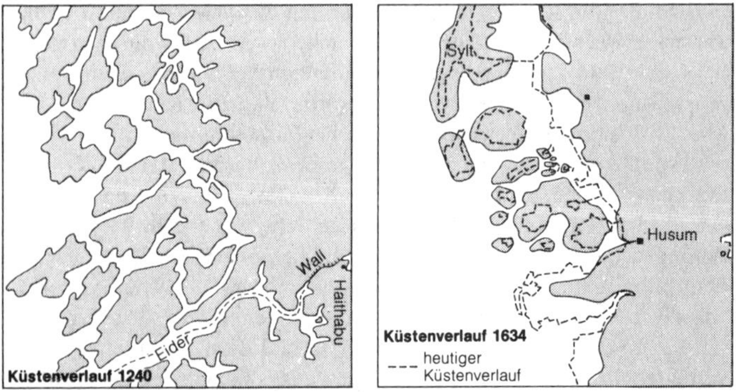

Ostfriesland: Entstehung des Jadebusens

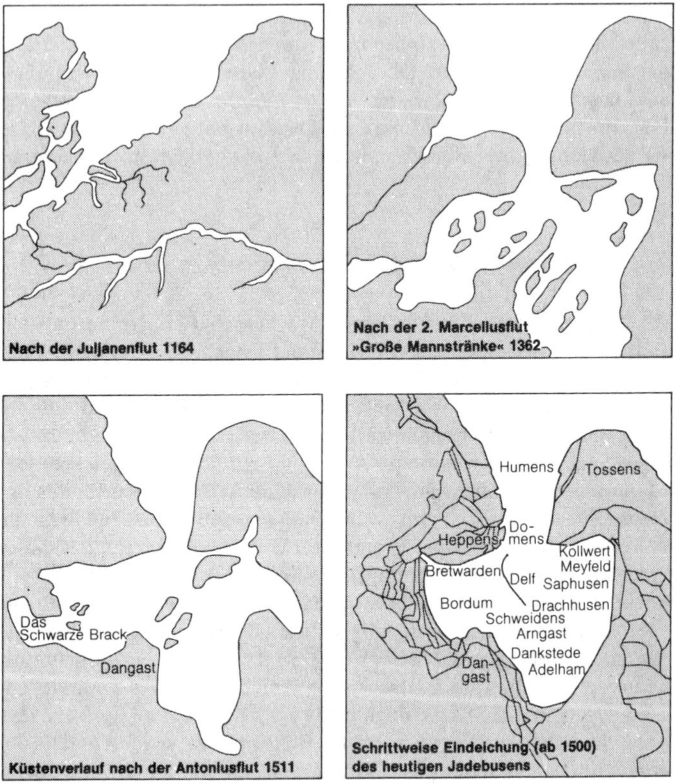

Veränderungen des Küstenverlaufs durch Sturmfluten im Spätmittelalter

merte und sich, soweit er dazu in der Lage war, gegen die wieder eingerissene ›Anarchie‹ stemmte. Mit mäßigem Erfolg versuchte er sich auch in der Heiratspolitik, um sich unter den Reichsfürsten einen gewissen loyalen Anhang zu verschaffen. Diese verhältnismäßig friedliche Szenerie änderte sich aber sofort, als der neue König sich in die ›große‹ Politik wagte, um sich aus der Abhängigkeit von den Kurfürsten zu emanzipieren. Schon der Versuch, im Bündnis mit England gegen das an der Westgrenze kontinuierlich vordringende Frankreich vorzugehen, endete mit einem Fiasko: Adolf I. verstrickte sich rettungslos in den Netzen der überlegenen französischen und kurialen Diplomatie, und die Engländer mußten die hohen Hilfsgelder – 20000 Pfund –, die sie an Adolf I. gezahlt hatten, abschreiben. Dieser Reichskrieg gegen Frankreich ging wie das »Hornberger Schießen« aus, was für König Adolf I. gleich doppelt schlimm war, da er doch auch sein Prestige hätte verbessern sollen.

Neue Koalitionen

Die Hausmachtpolitik stand unter einem ähnlichen Unstern: Zwar war es Adolf I. gelungen, mit den englischen Geldern ein Heer auf die Beine zu stellen und auch so manche Stadt auf seine Seite zu bringen – hier folgte er dem erfolgreichen Rezept Rudolfs I. – und, so gerüstet, sich in Meißen und Thüringen einen Hausmachtkomplex zu verschaffen, die er einzog, als ob sie erledigte Reichslehen wären. Doch stand dieser nicht auf sicherem Grund, denn in der Innenpolitik des Reiches hatte sich inzwischen der Wind gedreht: Albrecht von Österreich hatte sich mit Wenzel II. von Böhmen versöhnt, die Kurfürsten, besonders der Erzbischof von Mainz, waren durch Adolfs I. Hausmachtunternehmungen verärgert, und so fand sich der Nassauer plötzlich zwischen allen Stühlen wieder. Die im Frühsommer 1297 zu Prag versammelten Fürstlichkeiten kamen überein, sich des »unfähigen und nutzlosen« Königs Adolf I. zu entledigen. Die Hauptrolle bei diesem Komplott spielte Albrecht von Österreich, der am 2. Juli 1298 den mittlerweile von den Kurfürsten für abgesetzt erklärten König bei Göllheim in der Pfalz stellte und in einer der letzten echten Ritterschlachten besiegte; tapfer bis zum bitteren Ende kämpfend, fand der glücklose König Adolf I. dort den Tod auf dem Schlachtfeld. Sechs Jahre zuvor hatten ihn die Fürsten erst gewählt, dann – dies war neu – abgesetzt, *obwohl* er nicht einmal vom Papst gebannt worden war.
An einer Thronkandidatur Albrechts kam man nun nicht mehr vorbei. Allgemein gewählt und akzeptiert bestieg Albrecht den Thron.

Albrecht I., König der Römer. *Der Sohn Rudolfs I. von Habsburg kam erst nach dem Tod Adolfs I. an die Macht und wurde dann einmütig als König anerkannt. Nachzeichnung seines Königssiegels.*

König Albrecht I. – Guter Start mit außenpolitischem Bündnis

Die Wahl Albrechts I. war erstaunlicherweise – blickt man auf 1291/92 zurück – einstimmig gewesen, auch Böhmen hatte ihm die Stimme gegeben, obwohl die Kurfürsten wußten, daß mit Albrecht I. ein Mann mit ganz anderen Ambitionen und mit ganz anderer, besserer Ausgangsposition den Thron besteigen würde. Doch nach Albrechts I. Krönung in Aachen im August 1298 herrschten zwischen dem neuen König und den Kurfürsten Wonne und Einigkeit – man hatte sich ja auch von Albrecht I. kräftig die Hände vergolden lassen; besonders über Böhmen ergoß sich eine Flut königlicher Gnade, neuer Rechte, Privilegien und territorialer Zugeständnisse. Doch dauerte dieser ›Wonnemond‹ nicht lange. Als Albrecht I. erneut die Fäden der Weltpolitik aufnahm, die den schwachen und ungeschickten Händen seines Vorgängers entglitten waren, kam es bereits zu Reibereien, besonders mit den geistlichen Kurfürsten am Rhein. Albrecht I. war nämlich mit Philipp IV., dem Schönen, von Frankreich zu einer Art

›Gipfelkonferenz‹ bei Toul zusammengetroffen, in der nahezu alle zwischen dem Reich und Frankreich strittigen Gebietsfragen behandelt wurden; dabei war die Verhandlungsposition Albrechts I. nicht allzu stark, da sich die Machtverhältnisse an der Westgrenze Deutschlands eindeutig zugunsten Frankreichs entwickelt hatten. Albrecht I. hielt sich an die nüchterne Maxime seines Vaters, nur das zu halten, was tatsächlich zu halten war, und ansonsten für Besitztitel weder Energie noch Geld zu verschwenden, wenn sie nur auf dem Papier standen. Wichtig schien Albrecht I. eine grundsätzliche Übereinkunft mit Frankreich, die auch durch eine Familienbindung mit dem französischen Königshaus bekräftigt wurde. Albrechts I. Sohn Rudolf heiratete 1300 die Schwester des französischen Königs, in dessen Freundschaft Albrecht I. nicht zu Unrecht eine Garantie für den Weiterbestand der habsburgischen Dynastie und ein wirksames Gegengewicht zu den Kurfürsten sah. Es ist klar, daß man diese fein eingefädelte Politik in den Kurländern (d.h. in den Territorien der Kurfürsten) mit höchstem Mißtrauen und Mißfallen beobachtete. Bald wurde daraus offene Auflehnung und Rebellion, als der Habsburger versuchte, Holland als erledigtes Reichslehen einzuziehen und an ein Mitglied seiner Familie zu verleihen.

König, Kurie und Kurfürsten im Kampf um Einflußsphären

Die Kurfürsten beschlossen nun Albrechts I. Absetzung, hatten hier aber ihre Rechnung buchstäblich ohne den Wirt gemacht: Albrecht I. war nicht Adolf I. und verstand es, zurückzuschlagen. Die erste, schon empfindlich treffende Gegenmaßnahme des Königs bestand darin, alle von den Kurfürsten an der wichtigen rheinischen Wasserstraße seit 1250 widerrechtlich eingerichteten und erhobenen Zölle und Abgaben für ungültig zu erklären. Das traf einerseits die fürstlichen Geldbeutel schwer und brachte andererseits die rheinischen Städte nahezu geschlossen auf die Seite des Königs. Im Jahre 1301 ging er dann militärisch gegen seine Wähler vor; noch im gleichen Jahr mußten der Pfalzgraf und der Mainzer Erzbischof vor dem König kapitulieren und tatsächlich Gehorsam schwören! Die einträglichen Zölle aber blieben abgeschafft. 1302 mußten sich die Erzbischöfe von Köln und Trier unterwerfen und erhebliche Zugeständnisse an Albrecht I. machen. Bei den Handelsstädten und ihren Bürgern am Rhein, wo Auseinandersetzungen mit dem bischöflichen Stadtherrn schon eine lange Tradition hatten, löste der königliche Sieg großen Jubel aus, da der Rhein nun wieder für alle Schiffe als wichtiger Verkehrsweg offen und ein großes

Heraldische Regeln

Metall und Farbe: »Tinktur« der Wappen
(siehe auch Seite 50/51)

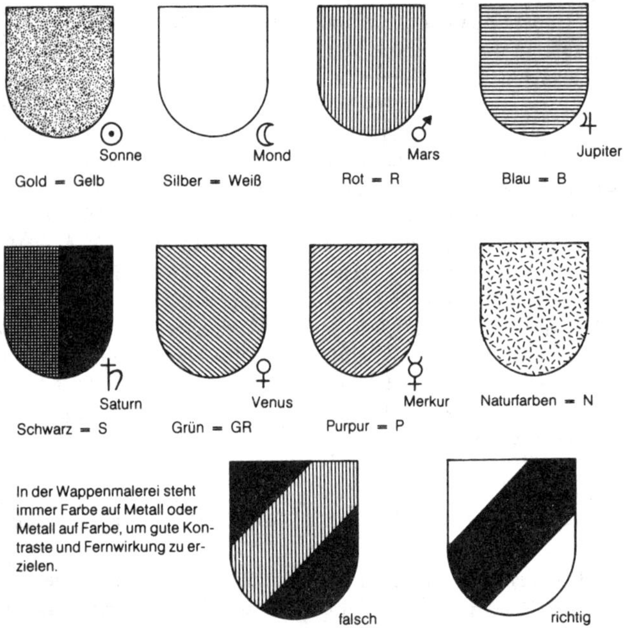

In der Wappenmalerei steht immer Farbe auf Metall oder Metall auf Farbe, um gute Kontraste und Fernwirkung zu erzielen.

Hindernis für die ökonomische Entwicklung der Städte dadurch beseitigt war.
Diese ganze Entwicklung war eine echte Sensation und schien die Tendenz der Reichsentwicklung umzudrehen: Albrecht I. hatte es jetzt in der Hand, das deutsche Königtum aus der Abhängigkeit von den Kurfürsten zu befreien und vielleicht sogar den Weg zum ›Einheitsstaat‹ einzuschlagen, auf dem Frankreich und England sich längst mit großem Vorsprung befanden. Doch blieb dies alles mehr oder minder ein Traum, den später wohl auch einmal ein Wallenstein träumte und dafür mit dem Leben bezahlte (siehe Band 7). Es gab nämlich noch einen Papst Bonifatius VIII., von dem Albrecht I. genau wußte, daß dieser eine Zerschlagung des Kurkollegiums niemals zulassen würde, und zur Zeit seines Sieges befand sich der König gerade in delikaten Verhandlungen mit dem Heiligen Stuhl zwecks seiner Anerkennung – so

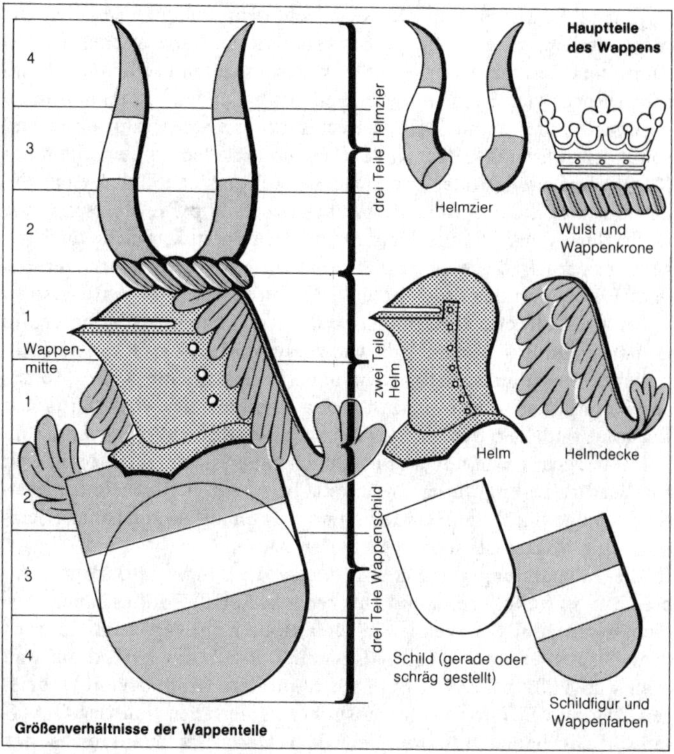

konnte er seinen Sieg keineswegs voll nutzen und mußte zurückhaltend taktieren. 1303 wurde Albrecht I. mit dem Papst handelseinig, indem er große Zugeständnisse machte. In einer dieser königlichen Konzessionen, nämlich daß der Papst bestimmten geistlichen und weltlichen Fürsten das Recht übertragen habe, den deutschen König zu wählen, saß versteckt ein gefährlicher Widerhaken: Die Kurfürsten hätten damit ihre Wahlbefugnis vom Papst verliehen bekommen. Konnte der Papst, wie schon öfters geschehen, deutsche Könige durch die Kurfürsten ›machen‹ lassen, so konnte er damit erst recht auch Kurfürsten einsetzen oder sie ihrer Kurwürde entkleiden! Besonders zupaß kam dem Papst auch, daß Albrecht I. als Preis für seine päpstliche Approbation (lat., Bestätigung) als König auch das so aussichtsreiche Bündnis mit Frankreich aufgeben mußte.
Bonifatius VIII. lag nämlich in einem erbitterten Kampf mit dem fran-

zösischen König Philipp IV., dem Schönen, wobei es letztlich um nichts anderes ging als um die Souveränität der französischen Krone. Zu diesem Zeitpunkt war Philipp IV. zusammen mit seinen im Römischen Recht versierten ›bürgerlichen‹ Räten dabei, Frankreich in einen nach klaren, einheitlichen Rechtsgrundsätzen organisierten und somit zentralistischen Königsstaat umzuschmieden, in dem allein der König ohne adelige oder kirchliche Konkurrenz Staat und Gesetz verkörpern sollte. Zu diesem Zweck betrieb Philipp IV. einerseits eine rücksichtslos zugreifende Finanz- und Steuerpolitik, welche auch gegenüber der Kirche keine Ausnahmen vorsah, während er andererseits den Handel und das produzierende Gewerbe gezielt förderte, also so etwas wie staatliche Wirtschaftspolitik versuchte. Dieser Monarch, im Guten wie im Bösen seiner Zeit weit voraus und gleichsam ein mittelalterlicher Vorläufer Richelieus, hatte erkannt, daß eine starke Monarchie künftig auf ihrer Finanzkraft und somit auf der wirtschaftlichen Leistungsfähigkeit des Landes beruhen würde. Rudolf I. und sein Sohn Albrecht I. wußten das auch, doch hatten sie nie die Möglichkeit zur Verwirklichung dieser Erkenntnis besessen, wofür viele französische Könige durch Jahrhunderte hindurch unauffällig in zäher Kleinarbeit die Voraussetzungen geschaffen hatten.

In diesen spannungsgeladenen Monaten des Jahres 1303 konnte Albrecht I., so weitblickend und kühl rechnend er als Politiker auch war, nicht wissen, daß der Weltherrschaftsanspruch des Papsttums kurz vor dem Zusammenbruch stand: Als nämlich Bonifatius VIII. drauf und dran war, Philipp IV. von Frankreich mit dem Kirchenbann zu belegen, was die Lösung der französischen Untertanen von der Gehorsamspflicht bedeutet hätte, und dem Herrscher Frankreichs das Schicksal Friedrichs II. bereitet hätte, da wehrte sich der französische König mit einem überraschenden, wie sich schnell zeigen sollte, äußerst erfolgreichen Schlag. Einer seiner vertrautesten Amtsträger, Wilhelm von Nogaret, hob den Papst samt Hofstaat im italienischen Städtchen Anagni aus und brachte ihn in französische Gewalt. Das übersteigerte Machtbewußtsein des Papstes verkraftete diesen rücksichtslosen, Philipps IV. Interessen jedoch sehr dienlichen Coup nicht; Bonifatius VIII. starb kurz danach als gebrochener Mann. Hierdurch erfuhr die politische Szenerie Europas eine abrupte Änderung: Albrecht I. hatte seinen Hebel gegen die Kurfürsten verloren und Philipp IV. nutzte machtpolitisch klug und skrupellos die Situation, indem er – des Bündnisses mit Albrecht I. nun nicht mehr bedürftig – geheime Verbindungen mit dem König von Böhmen anknüpfte, dem er große Summen versprach, wenn er Albrechts I. Sturz unterstützte. Doch wurde aus diesem Vorhaben Frankreichs, das langfristig den

Plan verfolgte, einen Angehörigen seines Königshauses auf den deutschen Thron zu bringen, zunächst nichts.

Brennpunkte: Ungarn, Böhmen, Thüringen

Albrecht I. blieb im Reich innenpolitisch weiter in der Offensive, weil sich dort in wichtigen Teil- und Randländern schwerwiegende dynastische Veränderungen ergeben hatten. 1301 starb das ungarische Königshaus der Arpaden aus, das Ungarn über 300 Jahre erfolgreich regiert hatte. Da Ungarn ein päpstliches Lehnskönigreich war, schickte der Papst einen Königskandidaten aus dem Hause Anjou ins Land, der jedoch nicht recht Boden gewinnen konnte. Maßgebende Teile des Adels boten nämlich dem Przemyslidenkönig Wenzel II. von Böhmen die Stephanskrone an; dieser bewog jedoch die Ungarn dazu, seinen zwölfjährigen Sohn Wenzel III. als König zu akzeptieren, und wieder herrschte die Familie Ottokars II. vom Riesengebirge bis zur Adria – jedoch nicht für lange. Der Papst erklärte Wenzels III. ungarisches Königtum für illegitim und hatte in dieser Sache auch Albrecht I. auf seiner Seite. Dem deutschen König konnte nämlich nicht viel daran gelegen sein, daß Wenzel und das Przemyslidenhaus, dessen Feindseligkeit er kürzlich erst wieder im Kampf mit den rheinischen Kurfürsten hatte erfahren müssen, nun in den Besitz einer so riesigen Landmasse kam; es handelte sich ja nicht nur um Ungarn, sondern auch um das Königreich Polen: Im Jahre 1300 war nämlich Wenzel II. schon zum polnischen König gekrönt worden, damals noch mit Zustimmung Albrechts I. Doch der Glanz der böhmischen Dynastie währte nicht mehr lange; 1305 starb Wenzel II. ganz überraschend, 1306 fiel sein Sohn Wenzel III., der vorher auf Ungarn verzichtet hatte, von Mörderhand. Damit war diese Dynastie plötzlich ausgestorben und Albrecht I. bot sich eine Riesenchance: Böhmen und Mähren waren die reichsten und wertvollsten Reichslehen und fielen jetzt an die Krone heim. Deshalb mußten sie neu verliehen werden. Albrecht I. tat dies auch prompt und belehnte seinen Sohn mit beiden Ländern, so daß Ottokars II. ehemaliger Länderkomplex sich nun nahezu ganz im Besitz der Habsburger befand. Das aber war noch nicht alles, denn Albrechts I. Sohn Rudolf III. hatte zur Untermauerung seiner böhmischen Ansprüche die Witwe Wenzels II. geheiratet, welche ihrerseits als Angehörige der polnischen Piastendynastie die Anwartschaft auf die Krone Polens dem Habsburger einbrachte. Desgleichen hatte Albrecht I. Aussichten, auch die Markgrafschaft Meißen an sein Haus zu bringen: So stand am Beginn des 14. Jahrhunderts der deutsche König Albrecht

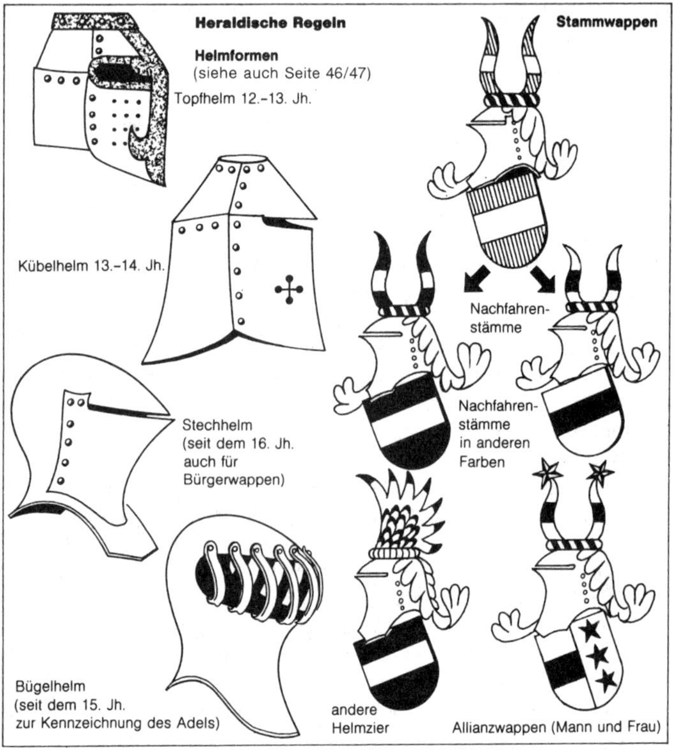

I. und sein Haus auf einem Machtgipfel, wie es seit dem Staufer Heinrich VI. nie mehr der Fall gewesen war:
Habsburg beherrschte inzwischen ein Territorium, welches etwa von der Tagliamentomündung an der nördlichen Adria bis nach Polen im Nordosten und Mitteldeutschland reichte; auch im Südwesten, den alten Stammlanden des Hauses, hatte Albrecht I. in aller Stille für eine erhebliche Ausweitung des dortigen Besitzes – meist durch Zukauf – gesorgt. Das Papsttum war, da es ja unter französischer Kuratel stand, derweilen als Gegner nahezu ausgefallen, und die Kurfürsten waren durch Albrechts I. Erfolge buchstäblich hinter ihre Grenzpfähle verwiesen.
Im Moment jedenfalls war noch niemand in Sicht, der den Habsburger an der Errichtung einer stabilen und dauerhaften Erbmonarchie hätte hindern sollen und können. Aber es kam anders.

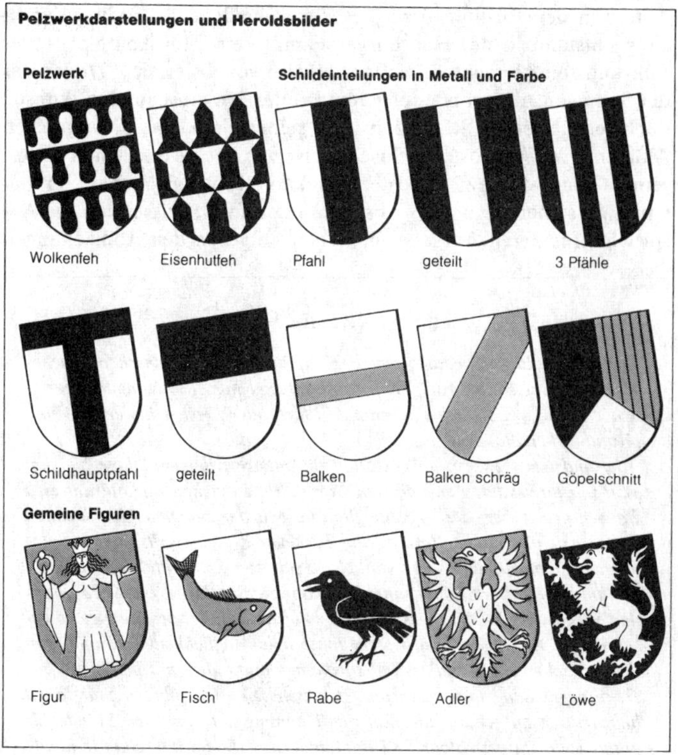

Die letzten Monate des Königs

Denn 1307 starb überraschend Albrechts I. Sohn Rudolf III., und der König war gezwungen, die Erbansprüche Habsburgs militärisch zu verteidigen, da die böhmischen *Stände (K, Seite 52)* Herzog Heinrich von Kärnten als neuen König ins Land riefen, hinter dem sich seinerseits eine Koalition deutscher Fürsten gruppierte, die entschlossen waren, dem stetigen Aufstieg der Habsburger einen Riegel vorzuschieben. Es war vorauszusehen, daß dieser Kampf um Böhmen zu einem allgemeinen Entscheidungskrieg zwischen Zentralgewalt und Fürstenopposition werden würde. Hierbei sprachen Albrechts I. Fähigkeiten als Politiker und Militär sowie seine solide Machtbasis für einen königlichen Sieg, welcher die deutsche Geschichte in völlig andere Bahnen hätte lenken können. Doch wieder sollte es ganz anders kommen:

Mitten in den Rüstungen zu dieser entscheidenden Auseinandersetzung entstand in der Habsburger Familie ein Mordkomplott unter Führung von Albrechts I. Neffen, Johann von Österreich. Dieser war der Sohn von Albrechts I. jüngerem Bruder, der einst auf den Wunsch der österreichischen Stände hin 1283 (siehe Seite 33, 60, 61) zugunsten Albrechts auf die österreichischen Herzogsrechte verzichtet hatte; seine Gattin war eine Tochter Ottokars II. von Böhmen. Im Bewußtsein seiner erlauchten Abstammung und im Wissen um die Ansprüche, für deren Aufgabe sein Vater entgegen den Abmachungen

Stand

Mit diesem Begriff werden seit dem Spätmittelalter Menschen gleicher Herkunft bezeichnet (Adel, Freie, Unfreie), gleicher Ausbildung und beruflicher Stellung (Geistliche, Beamte, Militärs) oder gleicher Erwerbsstellung (Handwerker, Bauern).
Adel und Geistlichkeit, ausgestattet mit allen Privilegien, bilden bis zum 10./11. Jahrhundert den obersten Stand. Ihnen stehen nur die unfreien Bauern gegenüber, der »Zweite Stand«. Mit der zunehmenden sozialen Differenzierung, dem Heraufdrängen neuer Gesellschaftsgruppen, v. a. aber mit dem Aufblühen der Städte tritt seit dem Spätmittelalter das Bürgertum als »Dritter Stand« zunehmend auf die Bildfläche. Im 19. Jahrhundert wird dann die Arbeiterschaft als »Vierter Stand«, der um gleiche gesellschaftliche Rechte und bessere materielle Möglichkeiten kämpft, von den herrschenden Ständen als Bedrohung empfunden und bekämpft.
Denn der Ständestaat beschränkt Herrschaft auf die oberen Stände, ist hierarchisch aufgebaut und hält die Trennung der einzelnen Stände für gottgewollt, unverzichtbar und unabänderlich. Eheverbot, Standesideale und Standesethik schotten die Mitglieder der einzelnen Stände voneinander ab, verhindern gesellschaftlichen Auf- oder Abstieg, also soziale Mobilität. Der moderne Staat der Neuzeit kennt keine Standesgrenzen mehr, zumindest nach dem Gesetz nicht. Jedoch haben sich viele Tendenzen, die bestimmte gesellschaftliche Gruppen voneinander trennen, z. B. hinsichtlich Sozialprestige oder Einkommen, erhalten.

Stände *(auch Landstände)*

Gesamtheit aller im Landtag vertretenen Stände: Prälaten (Bischöfe und Äbte), landsässiger Adel, Vertreter der Städte und mitunter sogar der Bauern. In den einzelnen Territorien setzten sich die Stände unterschiedlich zusammen.

Chorstuhlwangen. *Erzbischof Balduin von Trier (1285–1354) und sein Bruder König Heinrich VII. in prächtiger Gewandung, holzgeschnitzt. Trier, Bischöfliches Diözesanmuseum.*

keine Entschädigung erhalten hatte, forderte jetzt Johann von Albrecht I. die Beteiligung an der Herrschaft. Albrecht I. scheint dies nicht rundheraus abgelehnt zu haben, doch befriedigte seine Antwort den jungen Mann nicht, der damals unter dem Einfluß einiger adeliger Desperados stand, die hofften, im Kielwasser eines königlichen Neffen ihren zerrütteten Vermögensverhältnissen aufhelfen zu können. Am 1. Mai 1308 schritten die Mörder zur Tat: Nachdem man im Familienkreise gegessen hatte, wollte Albrecht I. seiner Gemahlin entgegenreiten, die ihr Kommen angesagt hatte. Am Flußübergang über die Reuß gelang es den Verschwörern, mit Albrecht I. allein in die Fähre

hineinzukommen, so daß der König am anderen Ufer ohne weiteren Schutz seinen Mördern ausgeliefert war; diese vollbrachten ihr blutiges Werk, als das bewachsene Ufergelände sie den Blicken des übrigen Gefolges entzog. Johann von Österreich legte dabei selbst entscheidend mit Hand an und trug seitdem den Namen »Johann Parricida« (lat., Vatermörder). Ob Johann allein aus Motiven persönlicher Rache handelte oder ob die rheinischen Kurfürsten, die Erzbischöfe von Köln, Mainz und Trier, sich die Erbitterung des Prinzen zunutze machten, blieb ungeklärt. Fest steht jedenfalls, daß es das Kurkollegium und die Fürsten waren, welche aus dieser Tat den größten Nutzen zogen; sie bekamen jetzt wie ein Geschenk des Himmels die Möglichkeit, durch eine neue Königswahl die für sie unter Albrecht I. so ungünstig verlaufene Entwicklung in ihrem Sinne zu korrigieren.
Für das Reich als ganzes, aber auch für die europäische Politik war der Mord an Albrecht I., welcher den König so völlig ahnungslos getroffen hatte (es gab freilich Gerüchte, welche besagten, Albrecht sei von einem wohl eingeweihten Familienmitglied gewarnt worden, habe dies aber in den Wind geschlagen), ein großes Unglück, da mit diesem erst dreiundfünfzigjährigen Habsburger eine der wichtigsten Konstanten des politischen Kräftefeldes plötzlich ausfiel; dem Reich stand zum zweiten Mal innerhalb von nicht einmal 20 Jahren eine Periode der Unsicherheit und des Unfriedens bevor. Die Rolle des politischen Seismographen spielten wiederum die schweizerischen Urkantone am Vierwaldstätter See, für die Albrechts I. Tod einen entscheidenden Wendepunkt in ihrer politischen Entwicklung bedeutete (siehe folgendes Kapitel).

Luxemburg, ein kleines Land im Brennpunkt deutsch-französischer Interessen

Die Ermordung Albrechts I. wirkte auf die politische Szenerie Europas wie ein Donnerschlag, und im Moment wußten wohl auch die wirklich großen politischen Drahtzieher nicht genau, wer den verwaisten Thron schließlich besteigen würde. Sicher – in Umrissen war der von Frankreich langfristig betriebenen »Personalpolitik« unter den geistlichen Kurfürsten am Rhein anzusehen, daß Philipp IV., der Schöne, ernsthaft das Projekt betrieb, seinen Bruder Karl von Valois auf den deutschen Thron zu lancieren und somit Deutschland der französischen Einflußsphäre einzuverleiben; als Instrument hierfür war die ›franzosenfreundliche‹ Partei im Kurkollegium ausersehen – eben jene drei geistlichen Kurfürsten von Mainz, Köln und Trier! Die

***Ankunft Erzbischof Balduins in Trier.** An Pfingsten reitet er auf seinem Apfelschimmel in die Stadt ein, wo ihn Mönche, Kanoniker und Nonnen begrüßen. Codex Balduinensis. Koblenz, Staatsarchiv.*

Schlüsselfigur unter ihnen war der blutjunge Trierer Erzbischof Balduin aus der Familie Luxemburg. Der Erzbischof war der jüngere Bruder des regierenden Grafen Heinrich von Luxemburg.

Dieses kleine, am Habsburger Hausbesitz gemessen völlig unbedeutende Ländchen, hatte schwere Zeiten hinter sich und war gerade dabei, sich unter der fähigen Leitung seines Regenten wieder etwas hochzuarbeiten: Luxemburg war nämlich genauso wie Nassau auf der Seite des Kölner Erzbischofs in eine große Fehde mit dem Herzogtum Brabant hineingezogen worden, welche auf dem Schlachtfeld von Worringen am Niederrhein 1288 entschieden wurde. In diesem überaus blutigen Treffen, eine der letzten reinen Ritterschlachten überhaupt, fiel Heinrichs Vater, der damals regierende Graf von Luxemburg. Seine Grafschaft hatte genauso wie das Kölner Erzbistum finanziell schwer an dieser Niederlage zu tragen, hatte jedoch – im Gegensatz zu Köln – nicht die Möglichkeit, sich im Zuge einer Königswahl finanziell wieder aufzuhelfen; so fand der junge Graf, der nach einer gewissen Zeit mütterlicher Regentschaft die Nachfolge seines Vaters antrat, recht

›beengte‹ Verhältnisse vor, die sich erst besserten, als 1292 eine vollkommene Aussöhnung zwischen dem Herzog von Brabant, dem Sieger von Worringen, und Luxemburg zustande kam, die am 9. Juni 1292 durch die Heirat des jungen Grafen Heinrich von Luxemburg mit der Tochter des reichen Brabanter Herzogs besiegelt wurde.
Diese Versöhnung und das daraus resultierende Ehebündnis war eine hochpolitische Sache, in der die französische Diplomatie ein gewichtiges Wort mitzureden hatte. Einerseits nämlich bedeutete diese Ehe die Aussöhnung der Häuser Brabant und Luxemburg, verbunden mit einem erheblichen Machtzuwachs des sowieso schon reichen Brabant, zum anderen wurde die Bindung Brabants und Luxemburgs an Frankreich erheblich enger, da die Verschwägerung zweier bisher verfeindeter Fürstenhäuser an Frankreichs Ostgrenze wichtige Interessen von Frankreichs »Ostpolitik« berührte und deshalb ohne ausdrückliche Zustimmung der französischen Krone gar nicht stattfinden konnte, auch wenn zunächst nach außen der Schein gewahrt wurde, als handle es sich lediglich um eine Familienangelegenheit, in der die französische Königin die Rolle der umsichtigen, gütigen Heiratsvermittlerin spielte. Als dann aber schließlich auch Philipp IV., der Schöne, seine Zustimmung zu dieser Ehe gab, wurde spätestens durch die daran geknüpften Bedingungen und Kompensationen auch der Öffentlichkeit klar, daß Frankreich die betroffenen Territorien als zu seiner Einfluß- und Sicherheitssphäre gehörig betrachtete! Daß dann seit 1294 der Graf von Luxemburg auch Lehnsträger Frankreichs und Pensionsempfänger Philipps IV. wurde, erhält so seine eigene Logik.
In den folgenden Jahren betätigte sich der Luxemburger Graf als umsichtiger, treusorgender Landesvater, bekämpfte erfolgreich das Räuberunwesen in den Ardennen und gelangte nach anfänglichen Reibereien in ein ausgezeichnetes Verhältnis zu den Bürgern der Stadt Trier. Immer aber blieb er dabei in enger Verbindung zu Frankreich und zum Papst, der seit den Ereignissen von Anagni gleichsam Wachs in Philipps IV. Händen war. Für das Haus Luxemburg sollte dieses enge Verhältnis bald reiche Zinsen tragen: 1308 gelang Heinrich nämlich das Kunststück, seinem erst zweiundzwanzigjährigen Bruder Balduin den erzbischöflichen Stuhl von Trier und somit den Kurhut zu verschaffen. Ein deutlicher Wink Philipps IV. an den Papst in Avignon genügte, und die päpstliche Altersdispens wurde erteilt, welche Balduin zum Erzbischof machte. Der begabte und hochgebildete junge Mann verwaltete sein Bistum musterhaft und in der deutschen Politik ließ seine Stunde nicht lange auf sich warten: Nach dem Tode Albrechts I. mobilisierte Philipp IV. von Frankreich seine »französische« Partei im Kurkollegium, wobei Erzbischof Balduin sowohl als Vertrauensmann zum

französischen Hof fungierte bzw. dort dafür gehalten wurde als auch in engster Verbindung zum Papst stand; die Interessen von Papst und französischem König aber waren in dieser Sache keineswegs so homogen, wie es schien: Philipp IV. peilte im Laufe der Verhandlungen sein Ziel immer deutlicher an; es bestand darin, seinen Bruder Karl auf den deutschen Thron zu hieven. Der Papst und sein Schüler Balduin von Trier hingegen und in dessen Schlepptau der Erzbischof von Mainz spielten mit verdeckten Karten. Nach und nach begannen sich nämlich zwei Kandidaturen abzuzeichnen: die des Karl von Valois, die bis jetzt nur der Kölner Erzbischof auf französisches Drängen hin offen favorisierte und propagierte, und die eines nur recht nebelhaften Kandidaten der weltlichen Kurfürsten. Der Papst hatte sich – allerdings nur für Uneingeweihte erstaunlich – nur zu einer etwas wachsweichen Empfehlung herbeigelassen, die man auf Karl von Valois auslegen konnte, aber nicht mußte! Der Kandidat, den Trier und Mainz ›in petto‹ hatten, war aber niemand anderes als Heinrich von Luxemburg; nur hielt man damit so lange hinter dem Berge, bis klar war, daß weder Karl von Valois noch irgendein anderer deutscher Kandidat die nötigen Stimmen auf sich vereinigen konnte. Als dies feststand, die Wahl sich also ›festgelaufen‹ hatte, ging die ganze Sache verhältnismäßig einfach über die Bühne: Mainz und Trier legten in einem überraschenden Coup die Luxemburger Kandidatur auf den Tisch, und am 27. November 1308 erhielt der als Fürst völlig unbedeutende Graf von Luxemburg sechs Stimmen bei einer Enthaltung und war deutscher König: der ›kleine‹ Bruder aus Trier hatte glänzend Regie geführt! Auch der Papst war mit dem Ausgang der heiklen Aktion insgeheim sehr zufrieden, denn ein Valois auch noch auf dem deutschen Thron hätte ihm wohl nicht mehr als die Rolle eines französischen ›Oberbischofs‹ verschafft.

Kurswechsel: Heinrich VII. von Luxemburg 1308–1313

Für die Kurfürsten war Heinrich VII. eigentlich eine glänzende Wahl, denn außer seiner Persönlichkeit und seiner sympathischen Erscheinung hatte der neue Monarch kaum reale Macht hinter sich. An Albrecht I. gemessen war hier Heinrich VII. geradezu ein Zwerg! Dazu kam noch, daß die Kurfürsten, wie schon üblich, sich ihr Votum wieder verschwenderisch hatten vergolden lassen: dafür mußte viel Königsgut versilbert und auch dem nicht gerade üppigen Eigenvermögen des Luxemburgers empfindlich zu Leibe gerückt werden.

Aber immerhin, die Anfänge Heinrichs VII. als König ließen sich so

HEINRICH VII. VON LUXEMBURG

Dieser Monarch entstammte einem alten Adelsgeschlecht an der Westgrenze des Reiches, das dort schon lange die kleine, zweisprachige Grafschaft Luxemburg regierte.

Er verkörperte in Vollendung jenen Fürstentyp, der juristisch gesehen zwar zum Deutschen Reich gehörig, in mannigfacher, besonders kultureller Weise aber an Frankreich gebunden war: Heinrich erblickte 1279 im französischen Valenciennes das Licht der Welt, seine Mutter war eine geborene Gräfin von Avesnes; mit seinem jüngeren Bruder Balduin zusammen lebte er dann längere Zeit am französischen Königshof, wurde dort erzogen und erhielt aus den Händen Philipps IV. persönlich den Ritterschlag. So verwundert es gar nicht, daß Heinrich zwar deutsch sprach, sich aber mit Vorliebe des Französischen bediente: Über Sitzungen, welche Heinrich später als Graf von Luxemburg mit seinen Räten abhielt, wurde ohne Ausnahme in Französisch Protokoll geführt. Die Quellen überliefern uns das Bild eines eleganten, außerordentlich hübschen Kavaliers, der seine Umgebung mit seinem guten Aussehen und seinen stets geschliffenen Manieren erfreute.

In den Schranken der Turnierplätze Europas glänzte er als einer der besten Kämpfer. Doch hinter dieser verdächtig schimmernden Fassade steckte noch erheblich mehr, nämlich ein fester Charakter, Verantwortungsbewußtsein, eine erstaunlich gute Bildung und solide Fähigkeiten als Verwalter und Offizier. Ohne Zweifel war Heinrich VII. ein vielseitig talentierter Mann, und ein Hauch von Renaissance wird bei ihm schon spürbar, auch wenn manche Historiker seiner späteren Politik eine eher rückwärts gewandte Tendenz glauben attestieren zu müssen. In ihm aufgrund finanzieller Zuwendungen eine von Frankreich ferngesteuerte Marionette zu sehen, wäre deshalb auch völlig verfehlt.

Viele Stationen seines Lebens hält der in diesem Band teilweise abgedruckte »Codex Balduinensis« realistisch fest. *(D. R.)*

Heiligenverehrung. *Heinrich VII. und seine Gemahlin vor dem Kölner Dreikönigsschrein (oben) und bei der Vermählung ihres Sohnes Johann mit Elisabeth von Böhmen (unten). Koblenz, Staatsarchiv.*

Landstände oder Stände

Vorläufer:	*Das Land als ganzes wird auch im ›tiefsten‹ Mittelalter niemals nur von seinem Landesherrn verkörpert, denn es gab stets noch genügend ›Große‹, die dem Herrn vor allem in der Rechtsetzung und -sprechung zur Seite standen und dies auch aus verwaltungstechnischen Gründen unbedingt mußten. Auch hatten sie bei Minderjährigkeit eines Herrschers eine wichtige Funktion; sie traten dann stets völlig selbständig handelnd auf, ausgestattet mit allen Rechten. Im normalen politischen Tagesgeschehen hingegen war ihre Funktion auf »Rat und Hilfe« beschränkt.*
Landtage	*im heutigen Sinn gab es im Mittelalter allerdings nicht. Dafür bildeten sich im 14./15. Jahrhundert Einigungen der Stände heraus: Dienstmannen und Lehnsleute trafen sich schon in den vorhergehenden Jahrhunderten auf eigene Faust und berieten Angelegenheiten, die sie alle angingen: Teilungen, Erbschaftsfragen und Kriegskosten. Über diese Themen wurde auch mit Vertretern von Klöstern und Städten verhandelt.*
Bündnisse gegen den Landesherrn	*waren diese Bündnisse ihrer Tendenz nach allesamt, ganz gleich, ob man sich »Lüneburgische State« (1392), »Tiroler Falkenbund« (1407) oder »Preußischer Bund« (1440) nannte.*

schlecht nicht an. Günstig für ihn war vor allem, daß mit dem mächtigen Habsburgerclan überraschend schnell ein Ausgleich erzielt wurde und die allgemeine Stimmung des Reichsadels dem neuen König durchaus gewogen war, da dieser die Bürger nicht besonders liebte und die Städte dies auch fühlen ließ: Erziehung, Denk- und Lebensweise versperrten Heinrich VII. einen geistigen Zugang zum Bürgertum, er unterschied sich hierin grundlegend von den ersten Habsburgern. Auch bei der Vergrößerung seiner Hausmacht hatte der Luxemburger Glück: In Böhmen war man mit dem dort residierenden Heinrich von Kärnten überhaupt nicht zufrieden und wünschte sich einen anderen Herrn. Es war nun wohl der Erzbischof von Mainz, welcher nun eine folgenreiche politische Heirat einfädelte. Heinrichs VII. noch minderjähriger Sohn Johann heiratete Elisabeth, die Tochter des Przemyslidenkönigs Wenzel II., und erwarb so einen Erbanspruch. Die

Ziele:	*Bewahrung althergebrachter Rechte und Freiheiten, vor allem in steuerlicher Hinsicht. Dieses System funktionierte allmählich so gut, daß die Könige ohne Zustimmung der Landstände keine grundsätzlichen Veränderungen durchdrükken konnten. Allerdings erreichten die deutschen Landstände nie so weitgehende Zusicherungen wie die englischen: Hier mußte König Johann ohne Land 1215 feierlich dem Adel in der Magna Charta Rechte verbriefen, die man als Vorstufe des englischen Parlamentarismus interpretieren kann. Im Deutschen Reich wandten sich am radikalsten die in der »Lüneburgischen State« zusammengeschlossenen Landstände gegen die fürstliche Macht: Ihnen gelang es, sich ein Widerstandsrecht gegen fürstliche Willkürakte verbriefen zu lassen.*
Institutionalisierung:	*All diese Einzelaspekte und Elemente sogenannter »ständiger Freiheit« werden im spätmittelalterlichen Territorialstaat formalisiert und systematisch integriert, d. h. vor allem ihrer antifürstlichen Spitze beraubt: der Landtag wird zur Institution mit fixierter Geschäftsordnung und festgelegten Aufgaben. In der Regel besteht er aus einer vorgeschriebenen Zahl von Geistlichen, Rittern und vornehmen Städtern in einem bestimmten Verhältnis, die zunehmend weniger danach streben, eigene Interessen zu verfolgen als an der Landesherrschaft zu partizipieren.*

böhmischen *Landstände (K, Seite 60, 61)* entledigten sich darauf des ungeliebten Kärntners, den sie sich vorher freilich selbst anstelle eines Habsburgers geholt hatten, und 1310 wurde der Königssohn Johann feierlich mit Böhmen belehnt, wodurch die luxemburgische Hausmacht sich mit einem Schlag vervielfachte; außerdem brachte ja Elisabeth noch die Ansprüche auf die Krone Polens mit, welche sich das Przemyslidenhaus erworben hatte. Für den vierzehnjährigen Johann regierte Erzbischof Peter von Mainz das Land recht erfolgreich, da er sich als ehemaliger Kanzler König Wenzels II. dort bestens auskannte. Die Gedanken des neuen Königs jedoch gingen freilich schon ganz andere Bahnen. Alles, was in den zwei Jahren seiner Regierung im Reich mit Glück erreicht wurde, sollte ihm die Mittel für *sein* großes Vorhaben verschaffen: die Kaiserkrone und die Wiederherstellung der Reichsmacht in Italien, wo diese unter den nüchternen, in den Augen

Heinrichs VII. wohl sehr ›hausbacken‹ denkenden Habsburgern überhaupt nicht mehr präsent gewesen war. Hinter diesen Italienplänen, welche vielfach als Hirngespinst eines überspannten »Romantikers« – wie wir heute sagen würden – bezeichnet wurden, stand schon ein politisches Kalkül, das aber auf klarer Lagebeobachtung und nicht nur auf Schwärmerei fußte. Es ist nicht anzunehmen, daß durch seine Wahl zum deutschen König, welche der Papst 1309 förmlich anerkannte, sich die Persönlichkeit des Königs grundlegend geändert hätte; Heinrich VII. hatte ja seine Grafschaft sehr gut verwaltet und als mittlerer Territorialherr auf der konfliktträchtigen Grenzscheide zwischen zwei Reichen trotz der Worringer Hypothek, an deren materiellen Folgen sein Land schwer zu tragen hatte, eine realistische und kluge Politik betrieben. Auch sein Bruder Balduin hatte sich trotz seiner Jugend als ein sehr klarsichtiger, gewiegter Politiker erwiesen und trug jetzt die Italienpläne des Königs mit. Auch schien bei näherer Betrachtung der Zeitpunkt, die Reichsbelange in Italien wieder geltend zu machen, gar nicht so schlecht gewählt: Das Papsttum war dort als Machtfaktor nahezu ausgeschaltet, und selbst einem frankophilen Papst mußte daran gelegen sein – schon um der Unabhängigkeit, Macht und Souveränität seiner Stellung wegen –, daß jemand in Italien das Vakuum füllte und so ein Gegengewicht zur immer bedrohlicher anwachsenden Macht Frankreichs schuf. Die Kurie hatte die Staufer niedergerungen und dafür einen hohen Preis bezahlt. Dafür wollte sie jetzt nicht zu einer Figur auf dem Schachbrett der französischen Interessenpolitik degradiert werden!

Der Griff nach der Kaiserkrone – Eine Bilanz von Kosten und Nutzen

Im Herbst 1310 zog Heinrich VII. über die Alpen, seine Truppenmacht war klein und nur wenige Reichsfürsten begleiteten ihn, von denen sich der Herzog von Österreich schon bald wegen Krankheit zurückzog. In Italien jedoch war eine wohlwollende Aufnahme des Königs ziemlich sicher, da dort nach dem Zusammenbruch der päpstlichen Macht ähnliche Zustände eingerissen waren wie in Deutschland während des Interregnums. Papst Clemens V. richtete ein eigenes Sendschreiben an die Städte der Lombardei und der Toscana, worin er diese aufforderte, »sich innerlich auf den angekündigten König nicht mit Waffenlärm, Bürgerkrieg und schrecklicher Selbstzerfleischung vorzubereiten, sondern sich zu bemühen, die Wege der Gerechtigkeit und die lustvollen Pfade des köstlichen Friedens zu wandeln und dem

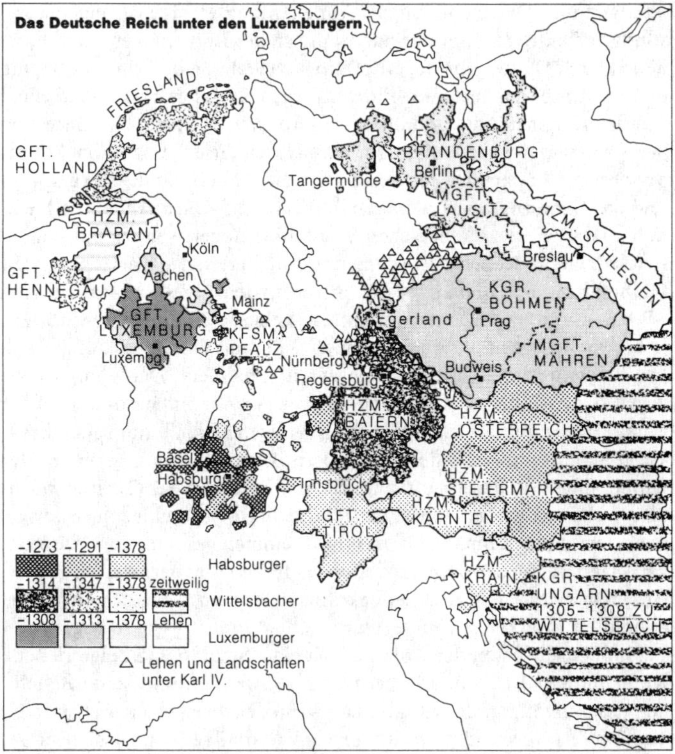

König nach Schuldigkeit und mit bereitwilligem Herzen alles zur Verfügung zu stellen, damit dieser die Unbotmäßigen wieder zum Gehorsam führen und den verschleuderten Besitz der Kirche und ihre widerrechtlich usurpierten Rechte wiederherstellen könne«. Auch der Florentiner Dichter Dante Alighieri, tief verstört über die Zerrissenheit seines Vaterlandes Italien, sah in König Heinrich VII. einen gottgesandten Friedensbringer, den er mit Enthusiasmus und Rührung begrüßte; mit Heinrich VII. komme die ersehnte Stunde, die Trost und Frieden verheiße, Italien als Braut solle sich freuen über den vom barmherzigen Gott gesandten König Heinrich, den erlauchten Caesar! Heinrich als Bräutigam Italiens werde die Bosheit verscheuchen und die Missetäter mit scharfem Schwert bestrafen.

Den Boden Italiens betrat Heinrich VII. auch mit den besten Absichten und konnte als Einer und Friedensstifter über dem Gewirr der Parteiungen und Dynasten einige schöne Anfangserfolge verbuchen. Besonders die große Zahl der aus politischen Gründen Verbannten, zu denen auch Dante gehörte, erhofften sich viel von ihm; ihre Zahl ging in die Tausende, und sie bildeten einen sozialen bzw. politischen Zündstoff, der ständig und überall zu lokalen Explosionen führte. Italien glich in gewisser Weise dem klassischen Griechenland im 4. Jahrhundert v. Chr., als sich die einzelnen Städte auch ständig bekämpften und das Land zugrunde richteten. Doch nur allzu schnell wurde Heinrich VII. in diesen italienischen Strudel hineingerissen, da bei seinem Erscheinen die Kämpfe zwischen den Anhängern des Kaisertums, den Ghibellinen, und denen des Papsttums, den Guelfen – auch kurz »Weiße« und »Schwarze« genannt –, keineswegs einfach aufhörten; ja die Kampfeswut wurde sogar noch schlimmer, und was auf gar keinen Fall hätte geschehen dürfen, trat leider bald ein: Der König wurde gegen seinen Willen zur Parteinahme gezwungen und besonders in der Lombardei in blutige Kämpfe verstrickt, welche nicht nur seine Streitkräfte dahinschmelzen ließen, sondern ihn auch zum Oberhaupt der Ghibellinen und damit automatisch zum Todfeind der Guelfen machten. Dabei wurde er von rivalisierenden Adelsgeschlechtern ausgenutzt, um dann, einmal zu harten Maßnahmen gezwungen, als Barbar verketzert zu werden, den es wieder aus Italien hinauszuwerfen gelte! Aus dem erträumten, blumenbekränzten Romzug, auf dessen Gipfel dann die Kaiserkrone winkte, wurde ein mühseliges Unterfangen, dessen immense Kosten der König durch neue Steuern und beigetriebene Kontributionen decken mußte, was sein Ansehen und seine Beliebtheit auch nicht gerade erhöhte. Der »Friedensbringer« geriet so in einen Teufelskreis und erreichte erst im Mai 1312 Rom, wobei er gezwungen war, die feindlichen Sperren in der Toscana mit Hilfe der königstreuen Pisaner und ihrer Flotte zu umgehen. Der Empfang in der Stadt Petri war frostig bis feindselig – dafür sorgte schon der Anjoukönig Robert von Neapel mit seinen Emissären (lat., Gesandte) und seinem Geld. Die einzelnen römischen Stadtviertel befanden sich in den Händen verschiedener Adelscliquen (die wichtigsten waren die Colonna und die Orsini), welche es teils mit Heinrich VII., teils mit Robert von Neapel hielten. Auch durch erbittert geführte Straßenkämpfe war an die Peterskirche nicht heranzukommen, und so erging es Heinrich VII. wie Lothar III. von Supplinburg: Er mußte sich von zwei Kardinalslegaten in der Lateranbasilika krönen lassen und die Stadt nach einigen Wochen schnell wieder verlassen. Auch Papst Clemens V. hatte nicht helfen können, denn der König von Frankreich ließ dies nicht zu. Philipp IV., der Schöne, hatte seine Niederlage bei der deutschen Königswahl nicht vergessen.

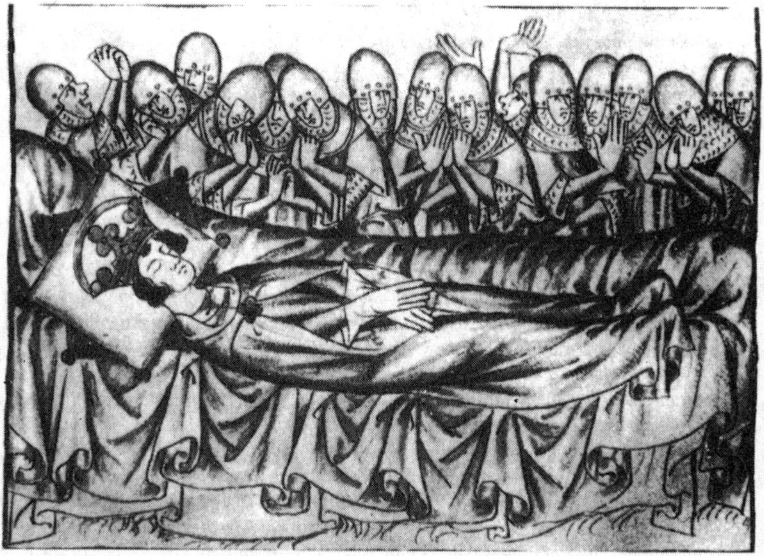

Tod Heinrichs VII. auf der Italienfahrt. *In Buonconvento verlassen ihn die Kräfte, ein Dominikanermönch reicht die Letzte Ölung, am 24. August 1313 stirbt der Kaiser. Koblenz, Staatsarchiv.*

So sah sich Heinrich VII. bald von allen möglichen Seiten blockiert und vor allem von Deutschland und dessen Hilfsquellen abgeschnitten. Als auch der Versuch, Florenz, das Zentrum des guelfischen Widerstandes, einzunehmen, gescheitert war, da Heinrich VII. einfach über zu wenig Truppen verfügte, mußte der Kaiser sich in das treue Pisa zurückziehen, um erst einmal Atem zu schöpfen. Sein Plan war jetzt, König Robert von Neapel, den er als Hochverräter betrachtete, im Bündnis mit dem aragonesischen Herrscherhaus Sizilien auszuschalten. Ein kaiserliches Gericht entkleidete Robert aller Rechte und Würden und verurteilte ihn zum Tode durch das Schwert; handfester war da schon die Hilfe, welche der König von Sizilien dem Kaiser zuteil werden ließ: Er ließ nämlich eine Heeresabteilung in Süditalien einrücken, und seine Flotte attackierte die Küsten Kalabriens; auch wurde ein Ehebündnis zwischen den Luxemburgern und dem sizilischen Königshaus vereinbart. Kurz nachdem dann auch der Kaiser zu einem neuen Feldzug nach Süden aufgebrochen war, starb er am 24. August 1313 überraschend bei Siena. Genauso wie beim Tod Ottos III.

Heinrich VII. in Italien
Nach Johannes de Cermenate

Damals [1313] kam es zu einem erstaunlichen Kampf, in dem eine Handvoll Streiter eine feindliche Übermacht bewältigte. 300 florentinische Reiter, die mit 900 Fußsoldaten von Volterra kamen, erblickten eine kleine Schar deutscher Reiter [. . .], nämlich 40 Deutsche und 12 verbannte Florentiner. Als sie sich einander näherten, sprengten die Guelfen voller Verachtung gegen die kleine Schar unter lautem Kampfgeschrei auf diese ein. Durch die Zahl der Anstürmenden erschreckt, gaben die Verbannten mit Ausnahme von dreien sogleich den Pferden die Sporen und verließen die Gefährten in der Gefahr. Diese aber [. . .] versuchten nicht etwa nur den Feinden Stand zu halten, sondern stürzten sich mit Blitzesschnelle in dichtgedrängtem Schlachthaufen auf die Feinde, zerrissen deren Reihen und warfen sie auseinander. Schmählich wandte sich die guelfische Schar [. . .] in die Flucht, die Deutschen aber kehrten mit Gefangenen, Rossen und Waffen und anderer Beute, die sie rühmend zeigten, ins Lager zurück.
Inzwischen plünderte das stumpfsinnige deutsche Kriegsvolk, das von Natur aus allzusehr auf Beute erpicht war und weder Disziplin halten, noch Menschen schonen konnte, weit und breit die Höfe der Umgebung und selbst die größeren Flekken [. . .] auch wenn diese sich friedlich verhielten, und es unterwarf und brannte nieder, was es nicht als Beute davonführen konnte. So hörte ringsum aller Ackerbau auf, und im Lager des Kaisers nahm der Mangel an Lebensmitteln so überhand, daß man gezwungen wurde, seinen Aufenthaltsort zu ändern. Der Kaiser verließ deshalb zu Frühlingsbeginn Poggibonsi [in der Toscana, . . .] und begab sich nach Pisa. Hier verteilte er unter seine Krieger alles Geld, das er auftreiben konnte. Sodann befahl er, in den Häfen von Pisa und Genua Flotten zu sammeln. Auch sandte er Boten nach Deutschland an seine Lehnsleute und Getreuen und befahl auch seinem Sohn, dem Böhmenkönig, überall Truppen aufzubieten und mit ihnen nach Italien zu kommen. In der Lombardei aber mahnte er seine Freunde und Untertanen unablässig durch Boten und Briefe, sie möchten ihm so schnell als möglich nach besten Kräften Reiter zu Hilfe senden; endlich sandte er auch Nachricht an König Friedrich von Sizilien, teilte ihm seinen Plan mit und bat, er möge schnell eine Kriegsflotte und ein Heer rüsten, um den Plan auszuführen, über den sie sich verständigt hatten. Sie wollten nämlich König Robert mit aller Macht zu Lande und zu Wasser bekriegen. Ehe der Kaiser Pisa verließ, fällte er gegen Robert ein Urteil, das über ihn als Rebellen und Hochverräter die Todesstrafe aussprach und ihn für einen Reichsfeind erklärte.
Auch gegen die Stadt Pavia und deren Bürger, die als Feinde und Rebellen des Reiches galten, ließ er in Gegenwart seiner Fürsten und einer großen Menge des pisanischen Volkes ein grausames Urteil ergehen und schriftlich niederlegen, indem er unter anderem befahl, die Stadtmauern samt Türmen und Toren sollten auf Kosten der Stadt selbst zerstört, die Gräben und Wälle im Umkreis der Stadt eingeebnet und ausgefüllt werden. Den Boden der Stadt aber solle der Pflug durchwühlen, und ohne Zustimmung des Kaisers dürfe sie nicht wieder aufgebaut

werden. Auch erkannte er den Bürgern alle Privilegien und Freiheiten ab [. . .] und zog alle Güter der Gemeinde ein. Ihre Rechtsgelehrten, Advokaten und Notare enthob er ihrer Ämter und erklärte sie für ehrlos. Gegen eine große Zahl der Bürger aber erging ein härteres Urteil, indem sie als Anführer der Empörung und der Majestätsbeleidigung für schuldig erkannt und für alle Zeiten aus dem Gebiet des Heiligen Römischen Reiches verbannt wurden, während ihre Güter und deren Erträge dem Fiskus anheimfielen. Auch nahm er ihnen außer ihren Privilegien und Freiheiten jegliche Ehrenrechte; falls aber einer von ihnen dem Kaiser in die Hände falle, so solle er am Galgen den Tod erleiden. [. . .]
Am gleichen Tage fällte er auch gegen viele andere Italiener, die zum großen Teil völlig unschuldig waren, das Verdammungsurteil. So kam es, daß diejenigen, die sich dem Hoflager angeschlossen hatten, den einen oder anderen aus Mißgunst oder persönlichem Haß als Rädelsführer bei einer Empörung darstellten, selbst wenn die Betreffenden vielleicht den Abfall ihrer Stadt schmerzlich bedauerten. Auch glaube ich nicht, daß diese Prozesse dem Kaiser von großem Nutzen gewesen sind, denn durch die Ächtung wurden die Feinde nur noch feindseliger gestimmt, und zum anderen soll das Vorgehen des Kaisers alte Feindschaften gegen das Reich neu erweckt haben.

Aus: »Historia de . . . Mediolanensium gestis sub imperio Heinrici VII.« (Geschichte Mailands unter der Herrschaft Heinrichs VII.) des Johannes de Cermenate (seit 1313 Syndikus von Mailand, einer »der naivsten und vortrefflichsten Geschichtsschreiber Italiens«). Kap. 59 u. 60.
Bearbeitet nach der Übersetzung von W. Friedensburg

Stichworte zum Interregnum, den Anfängen der Habsburger und Luxemburger

König und Papst im 13. Jahrhundert: Endkampf um die Universalherrschaft, Pyrrhussieg des Papsttums, auf dessen Triumph das Exil von Avignon und das Ende der europäischen Universalität folgen: Aufstieg der Nationalstaaten, »neue« staatskirchliche Tendenzen.
Entstehung der fürstlichen Landesherrschaft: Katastrophe der Staufer ebnet den Weg für den fürstlichen Territorialstaat, Deutschland im Interregnum auf dem Weg zu einer chaotischen »Fürstenrepublik« (Karl Bosl): Gewalttätige und friedlose Zustände wecken tiefe Friedenssehnsucht, königliche Landfriedensbewegung mit Schwerpunkt in den aufblühenden Städten. Deutschland als Objekt ausländischer Ambitionen, Umorientierung der Wertvorstellungen und Verunsicherung des religiösen Bewußtseins, Abschied von der »imperialen« Stauferpolitik und Niedergang der ritterlichen Kultur. Der Wunsch des Papstes nach einem Gegengewicht zu Frankreich führt zur Königswahl Rudolfs von Habsburg.
Konsolidierung in neuer Umgebung auf neuen Wegen: Rudolf I. und sein Sohn Albrecht I. setzen neue Marksteine: geduldig-listige Hausmacht-, Fiskal- und Arrondierungspolitik im Inneren, Beschränkung der Außenpolitik aufs unbedingt Nötige und Nächstliegende. Bewußter Einbezug der Städte und des Bürgertums als neuer gesellschaftlicher Machtfaktor ins Kalkül der königlichen Politik. Die Handlungsmuster von König und Territorialfürsten nähern sich an, die Interessengegensätze dauern aber an, die Macht der Fürsten bleibt im Kern ungebrochen, wird aber halbwegs in Schach gehalten. Adolf I. und Heinrich VII. bleiben übergroße Erfolge aufgrund drückender gegnerischer Koalitionen im In- und Ausland weitgehend, aber nicht gänzlich versagt. Trotz der politischen Konsolidierung gewinnt das Reich seine alte Stellung in Europa nicht zurück, entwickelt sich aber wieder zu einem gewichtigen Faktor.

entstand schnell das Gerücht, Heinrich VII. sei einem Giftanschlag politischer Gegner zum Opfer gefallen – an Motiven hätte es ja in der Tat nicht gefehlt. Doch die nähere Umgebung des Monarchen wußte dies besser: Wie mancher deutsche König und Kaiser zuvor war Heinrich VII. der damals im sumpfigen Italien weitverbreiteten Malaria erlegen, und es war bekannt, daß sich die ersten Zeichen dieser Krankheit schon über ein Jahr vorher bei Heinrich VII. gezeigt hatten. Mit ihm sanken auch die Hoffnungen Dantes und der Ghibellinen ins Grab, der Zerfall Italiens in viele Klein- und Mittelstaaten war für Jahrhunderte besiegelt, die Gründung eines Nationalstaates verhindert!

Heinrich VII. hatte in seiner Politik die Bahnen verlassen, welche die beiden Habsburger Rudolf I. und Albrecht I. eingeschlagen hatten: schrittweise und zäh betriebene Festigung der Zentralgewalt durch Hausmacht- und Heiratspolitik unter Einbeziehung des aufsteigenden Bürgertums als neuer sozialer Schicht und Stütze des Königs. Dieser Weg setzte allerdings voraus, daß auf weitgesteckte Ziele und hochfliegende Pläne in der Außenpolitik zunächst einmal verzichtet werden mußte, um die Kräfte nicht zu überspannen bzw. zu verzetteln. Heinrich VII. versuchte es mit einer Wiederbelebung des universalen Kaisergedankens, der, wie die Reaktion vieler Zeitgenossen bewies, in den Gemütern der Menschen noch keineswegs gestorben war. Der Luxemburger tat dies jedoch von einer Macht- und Finanzbasis aus, an der vieles improvisiert und zu wenig tragfähig war; so mußte sein Vorhaben an den gegebenen Realitäten scheitern. Unter diesem Gesichtspunkt muß man sich aber wundern, daß Heinrich VII. von Luxemburg überhaupt soweit kam, bevor er starb. Sein unverhofft früher Tod war jedoch nur ein zusätzliches Unglück, nicht jedoch wie bei Heinrich VI. die Ursache des Desasters. Heinrich VII. einen Phantasten zu nennen, wie es sich vielfach einbürgerte, geht sicher zu weit, wohl aber muß man ihm und seinen Beratern vorwerfen, die Situation und die sich aus ihr für den deutschen König ergebenden Möglichkeiten in Italien zu optimistisch eingeschätzt zu haben – obwohl diese Argumentation sehr stark vom heutigen Blickwinkel bestimmt ist.

Literatur

Brunner, Otto: Land und Herrschaft, Wien 1965

Goerlitz, Theo Ludwig: Rudolf von Habsburg, Wien 1961

Hampe, Karl: Herrschaftsgestalten des deutschen Mittelalters, Heidelberg 1955

Hintze, Otto: Feudalismus – Kapitalismus, Göttingen 1970

Martin, Thomas Michael: Städtepolitik Rudolfs von Habsburg, Göttingen 1976

Redlich, Otto: Rudolf von Habsburg. Das Deutsche Reich nach dem Untergange des alten Kaisertums, Aalen 1965

Stadtmüller, Georg: Geschichte der habsburgischen Macht, Stuttgart 1966

Steinacker, Harold: Staatswerdung und politische Willensbildung im Alpenraum, Darmstadt 1970

Treichler, Willi: Mittelalterliche Erzählungen und Anekdoten um Rudolf von Habsburg, Bern / Frankfurt 1971

DIETGER REINHOLD

Die Anfänge der Schweizer Eidgenossenschaft

Das Gebiet der Schweiz in Antike und Frühmittelalter – Frankreich, Burgund, Deutsches Reich – Das Gebiet um den Vierwaldstätter See und seine Bewohner – Die Zentralschweiz als Teil Südwestdeutschlands – Die Urkantone vor und während des Interregnums – Ihre Ziele und Interessen bis 1291, 1308 und 1315 – Morgarten und das Bündnis von 1315 – Ausblick.

Eines der bemerkenswertesten Ereignisse der Interregnumszeit ist die Entstehung der Schweizer Eidgenossenschaft in einem Raum, der eigentlich vorher immer etwas im Windschatten der Geschichte gelegen hatte: Obwohl die heutige Schweiz jahrhundertelang Teil des Römischen Reiches gewesen war und die damalige Urbevölkerung, Räter und Kelten, recht gründlich romanisiert worden war, bildete sich das ethnische Gefüge so, wie es heute ist, erst in der Völkerwanderung, welche diesen Raum freilich auch nicht mit solcher Wucht erfaßte wie andere Gebiete Europas. Von da ab verkörperten das germanische Element zuallererst die seit dem 7. Jahrhundert eingewanderten Alemannen und erst in zweiter Linie eine dünne fränkische Oberschicht, die ins Land kam, als das westliche Alpen- und Voralpenland unter den Karolingern zum Frankenreich kam. In der Westschweiz nahmen die germanischen, jedoch stark romanisierten Burgunder eine Mittelstellung ein, während sich die räto- bzw. galloromanische Bevölkerung in Graubünden und im Wallis konzentrierte. Durch den Teilungsvertrag von Verdun 843 (siehe Band 1) kam dann der Ostteil zum Deutschen Reich, der Westen zum Mittelreich Kaiser Lothars I. Die Ostschweiz wurde so Teil des Herzogtums Schwaben. Seit 1034, als König Konrad II. Burgund gewann, gehörte auch die Westschweiz zum Deutschen Reich – allerdings nur als Teil des umkämpften Randlandes Burgund. Im Hochmittelalter bestimmten vor allem schwäbische Fürstengeschlechter die Geschicke dieses sprachlich so bunten Gebietes: die Zähringer, Staufer, Savoyer, Kiburger und zuletzt die Habsburger.
Im 13. Jahrhundert entwickelte sich die alemannische Zentralschweiz um den Vierwaldstätter See mit den Orten Uri, Schwyz und Unterwalden zu einem Schlüsselterritorium des Westalpengebietes, da sie die kürzeste Verbindung zwischen zwei wichtigen Zentren europäischer

***Gegner Schweizer Selbständigkeit.** Grabfigur des mächtigen Herzogs Berthold V. von Zähringen: Kettenpanzer, faltig fallender Rock, Kniekacheln, eisenbeschwerte Handschuhe und Sporen. Um 1350. Freiburg, Münster.*

Stadtkultur und Wirtschaftskraft (Rheingebiet und Lombardei) über die Paßstraße am St. Gotthard beherrschte und deckte.
Wie für das Reich bringt das Interregnum auch für die Zentralschweiz einen bedeutsamen Entwicklungseinschnitt, wobei allerdings in den Einzelheiten umstritten ist, wie und in welcher Hinsicht; das geht schon aus den Quellen des 13. wie auch des 14. Jahrhunderts zumindest indirekt hervor, wo diese Epoche teilweise recht unterschiedlich gesehen wird: Man erkennt in dieser Zeit zwar etwas durchaus Besonderes, bewertet es aber nach unterschiedlichen Kriterien!

Wurzeln Schweizer Staatlichkeit

Unzweifelhaft fühlen sich die Bewohner der Gebiete um den Vierwaldstätter See dem Reich zugehörig, doch schürzen sich dort verschiedene, im Zug der Zeit freilich ganz natürliche Interessen zu einem komplizierten Knoten. Da war einmal das verzweifelt um sein Weiterbestehen kämpfende staufische Königtum, das die Kontrolle über den wichtigen St. Gotthard-Paß nicht an ein einzelnes expandierendes, in seiner Loyalität zum Königshaus unsicheres Grafenhaus verlieren wollte. Hieraus resultieren mit Sicherheit die Freiheitsbriefe von 1231 an Uri und von 1240 an Schwyz (siehe Band 3), welche diesen Kantonen die Reichsunmittelbarkeit zusicherten, den St. Gotthard so der Kontrolle der Habsburger Grafen entzogen, aber in ihrer Gültigkeit umstritten waren; gewisse Parallelen zu dieser staufischen Politik finden sich auch im Etschtal bezüglich des Brenner-Passes.
Zum anderen gab es die Seegemeinden, die damals eine ausgeprägte genossenschaftliche Struktur aufwiesen; diese gesellschaftliche Organisationsform entsprach nicht der damals im zerfallenden Reich mächtig aufkommenden Tendenz zum territorialen Fürstenstaat.
Uri, Schwyz und Unterwalden hatten sich nach dem Gesetz ihrer alpinen Heimat entwickelt: Schwer zugängliche, eng und tief eingeschnittene Täler, überragt von Alpenriesen, stellten die Menschen unter die Herrschaft einer übermächtigen, oft feindlichen Natur, die zwischen ansässigem Adel, freien Bauern und den Hörigen der auch dort existierenden Grundherrschaften keine Unterschiede kannte. Oft auf sich allein angewiesen, wußte der einzelne doch sehr wohl, daß er ohne nachbarschaftliche Hilfe verloren war. Es entwickelten sich Charakterzüge, wie man sie auch heute noch unter Bergbauern, Pionieren oder Grenzlandbewohnern antrifft: selbstbewußt, freiheitsliebend und konservativ, zu enger Zusammenarbeit und Opfern für die Gemeinschaft bereit, solange nur die persönliche Freiheit nicht angetastet wird.

***Schweizer Freiheitsbrief von 1240.** Friedrich II. verspricht darin, alle Leute im Tal Schwyz als freie Leute in seinen besonderen Schutz zu nehmen. Schwyz, Amt für Kulturpflege.*

Die anderswo im 13. Jahrhundert bereits so gravierenden sozialen Unterschiede traten unter solchen Umständen in den Hintergrund, wenn es sie auch in abgeschwächter Form durchaus gab. In diesen markgenossenschaftlich verfaßten Gemeinden bewirtschafteten die Bauern mit eigenen Hofstellen gemeinsame Weiden, Triften, Almen, Wälder, Flüsse und Seen; sie bildeten so einen engen Wirtschaftsverband. Man war nicht ausgesprochen arm, denn Land- und Viehwirtschaft florierten, das Transportgewerbe über die Alpen auf der Gotthardstraße, welche die Gemeinden aus eigenen Mitteln instand hielten, war einträglich, und viele nachgeborene oder auch nur abenteuerlustige Bauernsöhne verdienten sich wegen ihrer Kriegstüchtigkeit als allseits geschätzte Soldkrieger in ganz Europa gutes Geld. Über viele Jahrhunderte hinweg waren diese Söldner der bekannteste und auch geschätzteste ›Exportartikel‹ der Schweizer Kantone. Kehrten sie dann gesund und mit vollem Geldbeutel heim, waren sie oft sehr angesehene Leute, die einiges von der Welt und ihrem politischen Getriebe gesehen hatten und auf deren Rat man hörte. So wohnten in den Schweizer Gemeinden keineswegs ahnungslose ›Hinterwäldler‹, vielmehr gab es dort eine Politikerschicht aus bodenständigen Adeligen und wohlhabenden Bauern, die im entscheidenden Augenblick nüchtern, kühl und mutig zu handeln wußte; gewisse Ähnlichkeiten zu den Männern, welche erfolgreich die Geschicke der frühen römischen Republik bestimmten, drängen sich hier auf! Schon um die Mitte des 13. Jahrhunderts verfügten die Urkantone über ein hohes Maß innerer Selbstverwaltung, die zumindest die niedere Gerichtsbarkeit mit einschloß. Die führenden Positionen bekleideten gewählte Am(t)männer.

Politische Perspektiven in der Schweiz in der späten Staufer- und frühen Habsburgerzeit

Als nun 1250 mit dem Tode Friedrichs II. das Königtum praktisch zusammenbrach, geriet auch die Zentralschweiz in eine schwierige Situation, die auch in der zum Teil kontroversen Interpretation der modernen historischen Forschung ihren Niederschlag fand und noch findet. Sicher ist, daß man in Uri, Schwyz und Unterwalden an der Aufrechterhaltung rechtlich geordneter und friedlicher Zustände sehr interessiert war; man fürchtete die heraufziehende Ungewißheit, kannte aber auch die einheimische Rauf- und Händelsucht nur zu gut! Man wünschte ein starkes, funktionsfähiges und präsentes Königtum, in dem der König persönlich den Frieden wahren und die Machtgelüste der Fürsten wie die der benachbarten Habsburger im Zaum halten

konnte. Für diese Haltung gibt es klare Beweise: So hatte sich die Innerschweiz schon vor 1250 von Kirchenstrafen und päpstlichen Bannbullen kaum beeindrucken lassen und war Friedrich II. treu geblieben. Erst als die Staufer als Dynastie verschwunden waren, neigten die Kantone der päpstlichen Seite und deren ›Kreaturen‹ auf dem deutschen Thron zu – allerdings ohne besondere Begeisterung, da man am Vierwaldstätter See sehr wohl erkannte, daß all diese Könige nicht viel Gutes und Nützliches würden bewirken können. Hinsichtlich der Friedenswahrung war die Lage noch schwieriger geworden, weil führende süddeutsche Geschlechter wie die Zähringer 1214 oder die Kiburger 1264 entweder ausgestorben oder wie die Habsburger durch einen Familienzwist blockiert waren.
Was also tun? Die Kantone taten, was andere in dieser Situation auch machten, und nahmen die Wahrung des Landfriedens immer mehr in ihre eigene Regie, ohne sich dabei aber mit den Habsburgern anzulegen; vielmehr bestand zwischen ihnen und dem Grafengeschlecht, das, nachdem Graf Rudolf, der spätere König, die Familie wieder geeinigt hatte, einen weiteren kontinuierlichen Aufschwung erlebte, keine schlechten Beziehungen. Die drei Waldstätte (Urkantone) trieben dabei keine revolutionäre Politik, sondern blieben im Rahmen der damals üblichen lokalen Landfriedenspolitik durch Bündnisse, wie dies vielfach anderswo im Reich und in den Schwurverbänden (siehe Band 3) in Oberitalien auch versucht wurde; von einer gezielt und bewußt antihabsburgischen Haltung konnte in dieser Zeit keine Rede sein, wie das die ältere Forschung, von nationalen Gefühlen befeuert, gerne wahr haben wollte. Man kann freilich auch heute nicht leugnen, daß seit den 60er Jahren des 13. Jahrhunderts die Waldstätte sich in der Anfangsphase des Weges zu Autonomie und Eigenstaatlichkeit befanden – ob dies der Bevölkerung bewußt oder doch vielleicht zu diesem Zeitpunkt eher noch unbewußt war, ist noch heute unsicher und umstritten.
Als dann Rudolf I. von Habsburg 1273 deutscher König wurde, änderte sich an den Verhältnissen zunächst grundsätzlich einmal recht wenig, da Rudolf I. mit den Urkantonen sich eines sehr pfleglichen und vorsichtigen Umgangs befleißigte und diese ihn, da er sie so behandelte, als seien sie selbständig, sogar militärisch unterstützten; die Freiheitsbriefe der Staufer freilich erkannte der Habsburger nie offiziell an. Als Rudolf I. dann aber begann, auch in der Zentralschweiz mit der eigentlich auch dort erwünschten königlichen Landfriedenspolitik Ernst zu machen, was unter den besonderen lokalen Verhältnissen der Nachbarschaft freilich von Hausmachtpolitik nicht immer sauber zu trennen war, da wurde das Klima frostiger und gespannter: Mit

Schwyz an der Spitze – nicht umsonst gab dieser Kanton dem späteren Gesamtstaat seinen Namen – wehrten sich die Gemeinden energisch gegen die Einsetzung landfremder Richter und königlicher Beamter. Auf der überkommenen genossenschaftlichen Tradition fußend und inzwischen weitgehend an eigene bzw. angeeignete Gerichtsbarkeit gewöhnt, entstand nun am Vierwaldstätter See etwas ganz anderes als der fürstliche Territorialstaat der habsburgischen Nachbarn mit seinem königlichen Dekor – nämlich das Beschlußorgan der typisch schweizerischen Landsgemeinde, der Adelige, freie Bauern und auch zinspflichtige Hörige zusammen angehörten und das eine für die damalige Zeit unerhörte Integrationskraft entwickelte. In den drei Urkantonen existiert diese Institution nach 1291.

Inhalt, Ziele und Folgen des »Ewigen Bundes«

Als nun Rudolf I. von Habsburg 1291 die Augen schloß, erfolgte seitens der Urkantone eine sehr prompte Reaktion: Am 1. August 1291 schlossen sie jenes berühmte »Ewige Bündnis«, über dessen Eigenartigkeit und Ziele sich die Forschung, so seltsam dies klingt, bis heute noch nicht völlig einig ist. Fest steht, daß es sich um einen Vertrag in zwei Teilen handelte. Der erste beinhaltet ein festes Schutz- und Trutzbündnis: Wer ein Bundesmitglied angreift, hat mit vereinten Abwehrversuchen aller Bundesmitglieder zu rechnen. Der zweite, äußerlich juristische Teil spricht den »Bündlern« jetzt in aller Form die volle Gerichtsbarkeit zu und schließt hier jeden Einfluß von Fürst, Bischof oder König aus – eine »Unabhängigkeitserklärung« zumindest auf rechtlichem Gebiet und nach damaliger Auffassung ein Politikum ersten Ranges! Trotzdem wird dieser Bündnisakt recht verschieden interpretiert: Für den Historiker la Roche z.B. ist er »eines der vielen Landfriedensbündnisse des 13. Jahrhunderts, eine Notlösung, aus schierer Verzweiflung geboren«, da man gerade in der »archaischen Innerschweiz einen mächtigen, ja gefürchteten Herrscher« zur Friedenswahrung für unbedingt notwendig erachtete – die Urkantone reagieren also nur auf eine eventuell wiederum drohende Notlage, der »Staat« Schweiz wird demnach 1291 noch nicht aus der Taufe gehoben! Die Forscher Abegg und Nabholz argumentierten in den 30er Jahren ähnlich: Die Furcht vor einem neuen, unsicheren, friedlosen Interregnum habe die Gemeinden der Zentralschweiz wieder enger zueinander getrieben. Mit, wie es scheint, guten Gründen kann man den Schwurbund von 1291 jedoch auch in einem anderen Licht sehen; so enthalten sowohl das Schutz- und Trutzbündnis als auch die juristi-

***Der berühmte Schweizer Bundesbrief von 1291.** Obwohl im einzelnen umstritten, stellen die Bestimmungen dieser Urkunde doch eine Unabhängigkeitserklärung dar. Bern, Schweizer Landesbibliothek.*

schen Vereinbarungen gewisse Wendungen und Nuancen, die sehr wohl als antihabsburgisch gedeutet werden können. So siedelt der Historiker Bohnenblust das »Ewige Bündnis« zwar in der Nähe der üblichen Landfriedensbündnisse an, attestiert ihm aber auch eine deutliche Tendenz in Richtung »Unabhängigkeitserklärung«; dem würde die Haltung des Kantons Schwyz entsprechen, der bereits *vor* 1291 in einer recht rauh geführten Dauerfehde mit dem Kloster Einsiedeln lag, dessen Schutzherren aber die Habsburger waren. Man kann dies sehr wohl als einen antihabsburgischen Stellvertreterkonflikt ansehen, in dem, wie Bohnenblust oder auch Abegg einräumen, die Schwyzer eindeutig die Rolle des Aggressors spielten! Noch einen Schritt weiter geht Steinacker in einer neueren Untersuchung. Für ihn ist der Bund von 1291 viel mehr als die von Städten, Fürsten oder Bischöfen betriebene, damals übliche Landfriedenspolitik. Steinacker sieht hier eine im Kern revolutionäre Tat, von weitsichtig, klug und hart kalkulierenden Politikern bewußt ins Werk gesetzt, deren langfristig verfolgtes Ziel »Selbständigkeit und Eigenstaatlichkeit« hieß.

Die Grundsätze des »Ewigen Bundes« der drei Waldstätte von 1291

Im Namen Gottes! Amen. Es ist ein ehrbar Werk und gereicht der Öffentlichkeit zum Wohl, wenn Verträge, die der Ruhe und dem Frieden dienen, in richtiger Form gesichert werden. Daher vernehme jedermann, daß die Männer des Tales Uri, die Gemeinde des Tales Schwyz und die Gesamtheit der Leute von Unterwalden in Nidwalden in Anbetracht der Arglist der Zeit und um sich und ihre Habe leichter verteidigen und im richtigen Zustande besser erhalten zu können, sich in guten Treuen versprochen haben, sich gegenseitig mit Hilfe, mit jeglichem Rat und jeglicher Förderung und mit Leib und Gut beizustehen, und zwar innerhalb und außerhalb der Täler, mit aller Macht und Kraft, gegen eine Gesamtheit oder gegen Einzelne, die ihnen oder einem von ihnen Gewalt antun, sie belästigen oder ihnen Unrecht zufügen und gegen ihren Leib und ihr Gut Böses im Schilde führen sollten. Und jede Gemeinde hat versprochen, der anderen zu Hilfe zu eilen. [. . .]
Dabei hat es jedoch die Meinung, daß jeder gemäß seinem Stande seinem Herrn nach Gebühr untertan sein und ihm dienen soll. Mit gemeinsamem Rate und einhelliger Zustimmung haben wir uns zugesichert, beschlossen und festgesetzt, daß wir in den vorgenannten Tälern keinen als Richter je annehmen oder entgegennehmen wollen, der sein Amt durch irgendwelche Dienstleistung oder durch Bezahlung einer Geldsumme irgendwie erworben haben oder der nicht unser Landsmann sein sollte.
Wenn jedoch unter einzelnen Eidgenossen Zwietracht entstehen sollte, so sollen die Einsichtigsten der Eidgenossen den Streit schlichten, und wenn eine der Parteien diese Beilegung des Streites zurückweisen sollte, so sollen die übrigen Eidgenossen gegen sie Partei nehmen.
Überdies besteht zwischen ihnen eine Übereinkunft folgenden Inhalts: Wer einen anderen hinterlistig und ohne dessen Verschulden umbringt, soll, wenn er ergriffen wird, sein Leben verlieren, falls es ihm nicht gelingt, seine Unschuld an dem genannten Verbrechen nachzuweisen, so wie es seine schwere Schuld verlangt. Und falls er etwa entweichen sollte, so darf er nie mehr zurückkehren. Wer den vorgenannten Verbrecher aufnimmt und beschützt, soll so lange aus den Tälern verbannt sein, bis er von den Bundesgenossen ausdrücklich zurückgerufen wird.
Wer einen von den Eidgenossen am Tage oder in der Stille der Nacht in heimtükkischer Weise durch Brandstiftung schädigt, soll nimmermehr als Landsmann gelten. Und wer ihn innerhalb der Täler begünstigt und beschützt, der soll dem Geschädigten den Schaden wiedergutmachen.
Die obenstehenden, in heilsamer Absicht zum allgemeinen Nutzen aufgestellten Abmachungen sollen, so Gott will, ewig dauern.

Nach der Übersetzung von G. Guggenbühl
 Aus: Gottfried Guggenbühl »Quellen zur Geschichte des Mittelalters«.

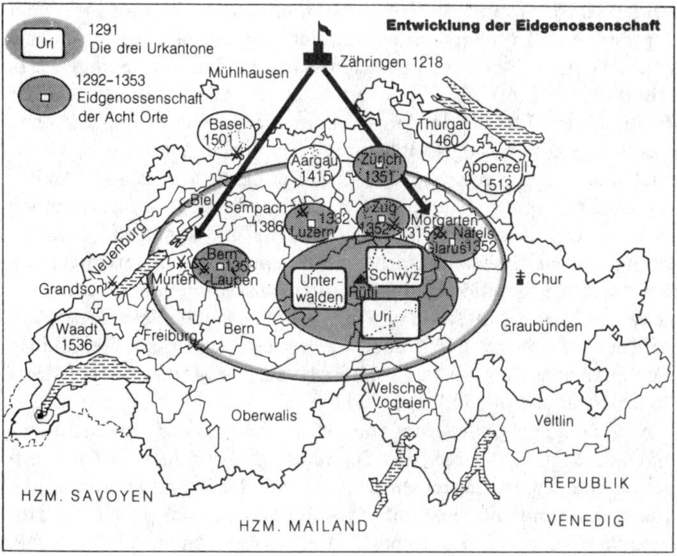

Wie immer die Motive der politischen Akteure im einzelnen gewesen sein mögen, eines steht fest: Im Jahr 1291 betraten bewußt oder vielleicht doch mehr unbewußt die Gemeinden der Zentralschweiz einen Weg, dessen Endpunkt der Westfälische Friede von 1648 war (siehe Band 7), in dem die Eidgenossenschaft auch offiziell ein selbständiger Staat wurde. Doch bis hierhin war es noch weit, und von einer Loslösung vom Reich als solchem stand im »Ewigen Bündnis« nun tatsächlich kein Wort!

Startchancen und erste politische Schritte des »Dreibunds«

Zunächst einmal verlief die deutsche Geschichte für die Urkantone nicht ungünstig. Statt des Habsburgers Albrecht wurde Graf Adolf I. von Nassau zum deutschen König gewählt, der den Kantonen liebend gern ihre von Rudolf I. nie bestätigten Freiheitsbriefe bestätigte – schon um seinem übermächtigen Konkurrenten einen Klotz ans Bein zu hängen! Albrecht selbst taktierte gegenüber den Seegemeinden vorsichtig und zurückhaltend, so daß die Dinge beim alten, d.h. in der Schwebe und das Verhältnis zu Habsburg ein leidlich gutes blieb. (Die Schweizer Nationalsage von Wilhelm Tell ist in diesem Zusammenhang in ihrem Kern historisch nicht eindeutig zu belegen; vielmehr liegt hier eine Kontamination (lat., hier: Verschmelzung) verschiedener, erheblich älterer europäischer Sagenmotive vor: Schiller z.B. schöpfte den Stoff für sein Drama aus der Chronik eines Ägidius Tschudi, der Mitte des 16. Jahrhunderts die verschiedenen Versionen dieser Sage zusammengefaßt hatte.) Als dann aber Albrecht von Österreich, inzwischen deutscher König, 1308 ermordet wurde und der Graf von Luxemburg als Heinrich VII. den Thron bestieg, den Urkantonen in aller Form ihre Reichsfreiheit bestätigte und somit alle habsburgisch-landesherrlichen Ansprüche mit einem Schlag erledigte, da spitzt sich die Situation in diesem Alpenwinkel mit einem Schlag zu: Schwyz, Uri und Unterwalden wußten nun genau, daß ein Generalangriff der Habsburger jetzt früher oder später kommen mußte, und sie handelten nach dem bekannten, frei übersetzten Motto: »Lieber selbst losschlagen, ehe die andern losschlagen.«

Die Initiative ging wiederum von Schwyz aus, das seinen Dauerkonflikt mit dem habsburgischen Schützling Einsiedeln sofort neu anheizte. Die geplagte Abtei wurde nun methodisch und kontinuierlich drangsaliert und auf den Kopf des Abtes ein Preis ausgesetzt; der Höhepunkt dieser bösen Kampagne fiel in den Januar 1314, als die Schwyzer nächtens das Kloster kurzerhand kassierten, ausplünderten und sich des Archivs mit den Besitzurkunden bemächtigten, die sofort verbrannt wurden. Diesen Fehdehandschuh mitten ins Gesicht konnten die Habsburger Herzöge nicht mehr übersehen. Sie entschlossen sich zum Gegenschlag, auch wenn ihre Dynastie durch die im Herbst 1314 erfolgte Doppelwahl Ludwigs des Baiern und Friedrichs des Schönen von Österreich auch noch anderwärts engagiert wurde. In klarer Voraussicht des Kommenden rüstete man auch am Vierwaldstätter See auf. Im November 1315 war es dann soweit. Herzog Leopold von Österreich marschierte mit einem starken Ritterheer in die Zentralschweiz ein, wo er bereits erwartet wurde. Als die Hauptmacht des österreichischen Ritterheeres am 15. November 1315 recht selbstsicher und vor allem weit auseinandergezogen den engen Sattelpaß hinaufzog, setzten die Schwyzer und ihre Verbündeten bei Morgarten genau im richtigen Augenblick von der Flanke aus einer überhöhten Stellung ihren Überraschungsangriff an, zersprengten das feindliche Heer und machten es nieder. Die österreichischen Herren waren hier auf keinen tumben Bauernhaufen gestoßen, sondern auf Leute, die ihr Handwerk als Infantristen auf den europäischen Schlachtfeldern gelernt hatten, wußten, wofür sie kämpften, und dazu noch sehr gut geführt wurden. Die Schweizer Hellebarde siegte hier über den gepanzerten Ritter; es sollte nicht das letzte Mal sein!

Gemeinsame Außenpolitik und Erweiterung des Bundes

Die Sieger von Morgarten wußten aber, daß der Konflikt mit Österreich noch lange nicht ausgestanden war: Am 9. Dezember 1315 reagierten sie im »Bund von Brunnen« auf ihre Weise, indem sie als »eitgenozen« vereinbarten, von nun an auch nach außen als Einheit aufzutreten, d.h. eine Außenpolitik einzelner Mitglieder auf eigene Faust gab es nicht mehr!
Auf den Bruch dieser Abmachung wurden strengste Sanktionen gelegt und eingehalten. Dies alles ging weit über das »Ewige Bündnis« von 1291 hinaus, und so wird das Jahr 1315 zur eigentlichen Geburtsstunde des eidgenössischen Staates, die Urkunde von Brunnen zu seiner wichtigsten Verfassungsurkunde. 1315 war in erster Linie die Unabhängigkeit von den Habsburger Landesherren erstritten. Dem Deutschen Reich hingegen wollte man noch unmittelbar angehören.
Bis zum Jahr 1353 schließen sich folgende Landschaften und Städte diesem »Dreibund« an: 1332 Luzern, 1351 Zürich, 1352 Glarus und Zug sowie 1353 schließlich Bern. Nach und nach erweitert sich dieser Bund, wobei die Beziehungen der Bundesmitglieder zum Kern der Eidgenossenschaft in ihrer Intensität und Beständigkeit durchaus noch lange Schwankungen unterworfen sind. Auch die kriegerischen Zusammenstöße mit Habsburg schleppten sich noch bis 1477 fort. Als in diesem Jahr in der sogenannten »Ewigen Richtung« endlich Frieden zwischen den beiden Kontrahenten eintrat, hatte Habsburg allen Besitz westlich des Rheins und südlich des Bodensees an die Eidgenossenschaft verloren.
Es ist wenig sinnvoll, hier eine ›Kriegsschuldfrage‹ zu stellen, auch wenn die ersten Angriffe von Schweizer Seite her erfolgten. Denn ein Staat, der sich in seiner ganzen Struktur von der damals schlechthin vorherrschenden ›Staatsform‹, nämlich dem Territorialfürstentum, derartig unterscheidet, mußte sich so mächtige Fürsten wie die Habsburger einfach vom Leibe halten.

Literatur

Bohnenblust, Ernst: Geschichte der Schweiz, Zürich 1974
Dürr, Emil / Feller, Richard / Muralt, Leonhard von / Nabholz, Hans (Hrsg.): Geschichte der Schweiz, Bd. 1, Zürich 1932
LaRoche, Emanuel Peter: Das Interregnum und die Entstehung der Schweizerischen Eidgenossenschaft, Bern / Frankfurt 1971

LOTHAR HÄUSLER

Der Deutsche Ritterorden und seine Geschichte

Die Anfänge: Krankenpflege in Akkon – Ausbreitung des Ordens in Europa – Das Deutschordensland als erster moderner ›Staat‹ in Deutschland – Kurland und Livland werden gewonnen – Grenzprobleme, Aufstände und missionsfeindliche Stämme – Niedergang – Staatsaufbau und Kulturleistungen – Internationale Handels- und Wirtschaftsbeziehungen.

Es begann mit einem Spital vor Akkon: Als im Verlaufe des Dritten Kreuzzuges (1189–1192), auf dem der Stauferkaiser Friedrich I. Barbarossa so tragisch ums Leben gekommen ist, dessen Sohn Friedrich als Herzog von Schwaben das deutsche Ritterheer gegen Akkon führte, brachen während der achtmonatigen Belagerung furchtbare Seuchen aus. Lübecker und Bremer Bürger richteten daher aus Schiffssegeln ein Spital zur Betreuung der Kranken ein, dessen Leitung wahrscheinlich der herzogliche Kaplan Konrad mit der Absicht übernahm, einen Orden nach der bereits bestehenden Regel der Johanniter ins Leben zu rufen. Als Papst Clemens III. dazu seine Zustimmung erteilt hatte, beschlossen mehrere geistliche und weltliche Fürsten im Jahre 1198 zu Akkon, das deutsche Hospital zu einem Ritterorden zu erheben, der sich an der Johanniter- und Templerregel orientieren sollte: Keuschheit, Gehorsam und Armut – der Orden jedoch durfte Besitz haben, Äcker, Weingärten, Mühlen, Dörfer, Leute, Frauen und Knechte; und die brauchte er zum Unterhalt der Spitäler auch nötig. Die Ritterbrüder waren als Kämpfer gegen Glaubensfeinde bewaffnet und trugen zum Zeichen ihrer Ritterschaft weiße Mäntel mit einem schwarzen Kreuz.

Verbreitung und Aufgaben des Deutschen Ritterordens

In rascher Folge entstanden alsbald im Orient und in ganz Europa zahlreiche Ordenshäuser, Kommenden (oder Komtureien) genannt. Großherzige Stifter, darunter Kaiser und Päpste, haben den Deutschen Orden aus Dankbarkeit für seine aufopfernde Arbeit im Dienste der Kirche reich mit Privilegien und Gütern ausgestattet. Daß in den

ersten fünf Jahrzehnten seiner Geschichte hervorragende Männer den Orden leiteten, hat seine Entwicklung natürlich begünstigt. Erinnert sei an Hermann von Salza (siehe Band 3), einer der führenden Diplomaten der Stauferzeit, oder an Konrad von Thüringen, den Schwager der berühmten Elisabeth von Thüringen (siehe Band 2), und schließlich an Heinrich von Hohenlohe, der dem Orden die reiche Schenkung Mergentheim einbrachte und 1232 Deutschmeister aller deutschen Ordenskommenden wurde.
Die Hauptaufgabe sahen die Ordensritter zunächst im Schutz der Heiligen Stätten. Daher ließ Hermann von Salza im Hinterland von Akkon und Tyrus Burgen errichten, die den riesigen Landbesitz, den der Orden erhalten hatte, sichern sollten. Neben den Gütern in Palästina verfügte er schon sehr früh über Ländereien in Armenien, Zypern, Apulien und Sizilien, wo ihm Reichsgut überantwortet wurde. Territorialfürsten Thüringens, Hessens, Frankens und Schwabens halfen den Besitzstand um weitere Landschenkungen vergrößern. Die längerfristige Unmöglichkeit, das Heilige Land zu halten, schwächte auch die Position der dortigen Ordenskommenden. Als der Orden im östlichen Siebenbürgen von König Andreas II. von Ungarn 1211 Schutzaufgaben gegen die heidnischen Kumanen übertragen bekommen hatte, bot sich eine Möglichkeit für Territorialpolitik. Daß der Ungarnkönig den Orden 1226 außer Landes wies, hing mit dieser Politik des autonomen Landesausbaus zusammen, die das Ziel des Ordens deutlich machte: im Land sich als quasi fürstlicher Landesherr zu etablieren. Noch im gleichen Jahre eröffnete sich aber den Ordensrittern ein neues Betätigungsfeld: Der polnische Herzog Konrad von Masowien und Kujawien bat sie um Hilfe gegen die kriegerischen Pruzzen, die sich jeder Missionierung bisher mit Gewalt widersetzt hatten. Sie siedelten im späteren Ostpreußen. Daß dieser Anruf eine Wende in der Geschichte des Ordens bedeuten mochte, hat der Hochmeister Hermann von Salza offenbar geahnt, denn er bereitete diesen Auftrag sehr gründlich vor. Niemand konnte freilich voraussehen, daß das Unternehmen gegen die Pruzzen zur osteuropäischen Großmachtstellung des Ordens führen sollte.

Vom Orden zur Staatsmacht: Die Ordensritter in Preußen

Die Pruzzen waren keine Slawen, sondern baltische Stämme, die von der Landwirtschaft, vom Fischfang, von Viehzucht und Zeidlerei (Imkerei) lebten und keine strengere politische Organisationsform kannten. Die Urkunden der Ordensgeschichte geben unmißverständlich zu,

Befestigungsanlagen im Deutschordensland. *Einen langen Abschnitt der Düna konnte man von der ehemals mächtigen Ordensburg Ascheraden übersehen und kontrollieren (oben). – Die Wachburg Rössel/Ostpreußen war im 14. Jahrhundert Ruine, wurde aber im 19. Jahrhundert rekonstruiert. Aufnahme um 1910. Marburg, Herder-Institut.*

Ruine und Rekonstruktion. *1209 legten die Schwertbrüder in Lettland die Burg Wenden (lett. Cesis) an, die vom Deutschen Orden ausgebaut und bis zum 16. Jahrhundert Sitz des livländischen Deutschordensmeisters war (oben). – Die Burg Allenstein/Masuren war Wohnsitz der Administratoren des Domkapitels, u. a. für Nikolaus Kopernikus. Marburg, Herder-Institut.*

Friedrich II. nimmt den Deutschen Orden in seinen Schutz. *Im April 1226 bestätigt der Kaiser Privilegien und Besitzungen und befreit von Steuern und Abgaben. Wien, Österreichische Nationalbibliothek.*

daß diese Völkerschaften, die bis ins 13. Jahrhundert zäh allen Missionierungsversuchen widerstanden hatten, endlich bekehrt und in die christliche Gesellschaft eingegliedert werden sollten, notfalls mit der Waffe. Die heutige Geschichtswissenschaft bezeichnet diesen Bekehrungsprozeß folglich ganz anschaulich mit dem Begriff »Schwertmission«. Ihr folgte die Besiedlung durch deutsche Bauern. Sie verschmolzen nach und nach mit den pruzzischen Ureinwohnern zu den uns besser bekannten Preußen. Kein Geringerer als Kaiser Friedrich II. hat im Jahre 1226 die Aktion gegen die Pruzzen als einen Auftrag umschrieben, den Gott dem Kaisertum zur »Verherrlichung seines Namens« erteilt habe. Daß die Unterwerfungsfeldzüge zu einer eigenen Staatsorganisation führten, dazu hat der Staufer selbst die Voraussetzungen geschaffen, als er nämlich in seinem Privileg vom März 1226 in der berühmten Goldenen Bulle von Rimini dem Orden das Nutzrecht »an Bergen, Ebenen, Flüssen, Wäldern und am Meere« verlieh und gestattete, daß dieser in dem »gewonnenen Lande« Abgaben und Zölle erheben, Märkte aller Art abhalten, Münzen prägen und »alle Schätze der Erde« besitzen dürfe. Dem Deutschen Orden wurde ferner gestattet, Richter und leitende Verwaltungsbeamte zu bestellen, die für die Wahrung des Friedens und die Verbreitung des Glaubens und der Gerechtigkeit verantwortlich waren. Mit anderen Worten: Durch dieses kaiserliche Privileg war der Ordensmeister jedem anderen Reichsfürsten gleichgestellt, im übrigen gegen jeglichen Einspruch weltlicher oder geistlicher Fürsten ausdrücklich abgesichert!

Zu jenem kaiserlichen Privileg kam im April 1228 noch das des polnischen Herzogs von Masowien und Kujawien, der dem Deutschen Orden das Land Kulm und das Dorf Orlow als »immerwährendes Eigentum« überließ, ohne irgendeinen polnischen Rechtsanspruch damit zu verknüpfen. Und 1234 nahm schließlich Papst Gregor IX. alles erworbene, eroberte und noch zu erobernde ›preußische‹ Land als »Eigentum des heiligen Petrus« in den Schutz des Apostolischen Stuhles. Er bestätigte dem Orden die bisherigen Besitzrechte und behielt sich lediglich die Errichtung von Kirchen und Bistümern vor, für die der Orden die Dotierungskosten übernehmen sollte. Die römische Kurie hat in der Folgezeit den Ordensstaat tatkräftig unterstützt und ihm zahlreiche Privilegien übereignet.

An den jahrelangen Kämpfen mit den Pruzzen nahm eine unbekannte Zahl von Kreuzrittern aus mehreren europäischen Ländern teil. Viele Burgen sind damals entstanden, darunter Kulm, Thorn, Marienwerder und Elbing. Rom richtete in den befriedeten Gebieten vier Diözesen ein. Im Gegensatz zur sonstigen Ostbesiedelung (siehe Band 3) folgten erst nach den Kämpfen der Ritter allmählich Bürger und Bauern und besiedelten die weithin spärlich bewohnten Landstriche.

Ordensritter und Schwertbrüder in der livländischen Krise

Eine neue Phase der Ordensgeschichte leitete jene päpstliche Anordnung ein, wonach der im Jahre 1202 von Bischof Albert von Riga gegründete Ritterorden, der sogenannte »Schwertbrüderorden«, der Livland, Estland und Teile Kurlands gewonnen hatte, sich mit dem Deutschritterorden zusammenschließen sollte. Die Schwertbrüder bil-

Burgen und Kirchen. *1233 wurde die Burg Marienwerder errichtet. Der Dom bildet mit dem im Westen gelegenen Schloß eine mächtige bauliche Einheit (14. Jahrhundert, oben). – Karl IV. ließ die Burg Tangermünde/Magdeburg zu seiner brandenburgischen Residenz ausbauen. Ehemaliges Gerichtsgebäude und Teile der Befestigung.*

Hauptort der Oberlausitzer Sorben. *Bautzen bei Dresden zeugt noch heute von seiner Bedeutung im Mittelalter: Michaeliskirche (1430), Wasserkunst (1496–1558) und Befestigungsanlagen.*

Diese Ordensburgen zeigen die typischen Bauelemente der aus Kloster und Wehranlage kombinierten Bauten. Wie der Grundriß des um 1370 begründeten Ordensschlosses Neidenburg (Nidzica) an der Neide demonstriert, waren die meisten Burganlagen des Ordens streng rechtwinklig um einen Innenhof gruppiert. Charakteristisch sind auch die Geschlossenheit der Außenmauern und die kräftigen Wehrtürme. Die bedeutende Anlage von Marienwerder vereint den Dom mit dem Kapitelschloß und den Burganlagen zu einer architektonischen Einheit. Neben dem Kirchenturm und dem kräftigen Brunnenturm bestimmt der vorgeschobene »Dansker« (ursprünglich Abortanlage über dem Burggraben, dann auch vorgeschobenes Verteidigungswerk) das Bild. Kreuzgang, Remter (Speisesaal), Ecktürme und Dansker sind für fast alle Ordensburgen charakteristisch.

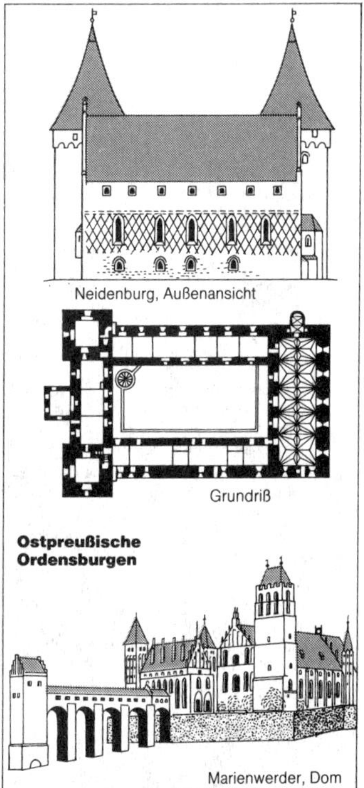

Neidenburg, Außenansicht

Grundriß

Ostpreußische Ordensburgen

Marienwerder, Dom Kapitelschloß und »Dansker«

deten die Kampfgruppe des Bischofs. Sie hatten gerade eine empfindliche Niederlage hinnehmen müssen in einem Kampf gegen die Litauer 1236. Damit waren ihre Chancen sehr gering geworden, in Livland eine Landesherrschaft auszubauen, was der dortige Bischof sowieso zu verhindern getrachtet hatte, obwohl er die Kurie hinter den Schwertbrüdern wußte. Nun kam es aufgrund päpstlicher Verfügung zur Fusion zwischen den beiden Ritterorden, wobei der Deutsche Orden in Livland die Besitzrechte und Pflichten der Schwertbrüder übernahm.

In den folgenden Jahren mußte der Ritterorden nicht nur in diesem, seinem eigentlichen Wirkungsfeld, das noch lange nicht dauerhaft unterworfen war, pruzzische, russische und dänische Vorstöße abwehren. Erst im Februar 1249 kam es nach wechselvollen und harten Kämpfen zur Unterwerfung der Pruzzen, die das Christentum annahmen und

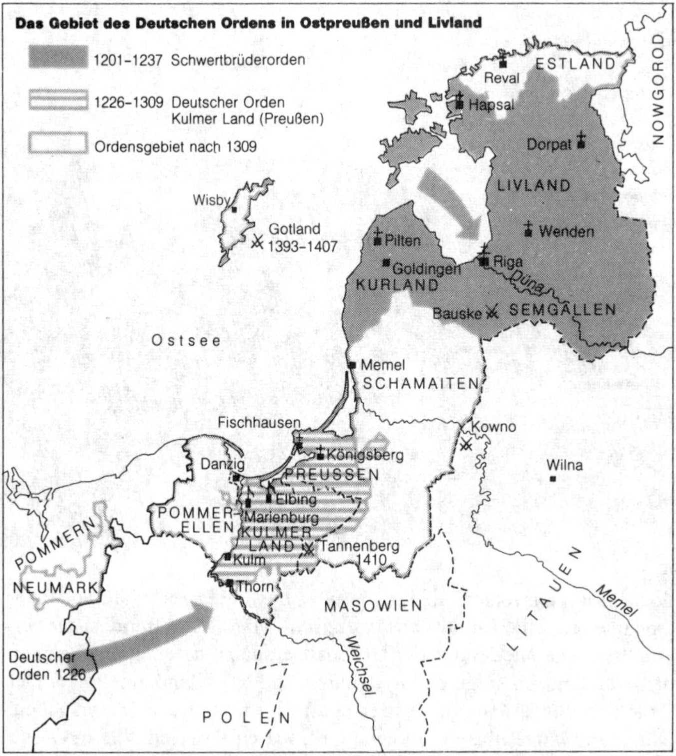

sich zum Kriegsdienst verpflichten mußten. Daß der Orden eine besondere Art von Kriegsführung pflegte, zeigt der Stil des Friedensschiusses: Man ließ die Kampfhandlungen mit einer pathetischen Versöhnungsfeier endigen, versprach den Unterworfenen gute Priester und gestand ihnen ausdrücklich das Besitz- und Erbrecht zu.

Expansion und Sicherung der Grenzen

Da nach der Unterwerfung der Pruzzen die Landverbindung nach Livland durch einen etwa 400 Kilometer breiten Gebietsstreifen unterbrochen blieb, der Litauen und Schamaiten zugehörte, lag es im Interesse des Ordens, eine günstige Lösung der ›Korridorfrage‹ zu finden. Der litauische König zeigte sich schon zu Zugeständnissen bereit, als je-

doch Meinungsverschiedenheiten über das Kriegsrecht die Schamaiten zu einem Überfall auf das pruzzisch-livländische Bundesheer veranlaßten. Die Niederlage der Ordensstreitmacht hatte einen allgemeinen Aufstand im späteren Ostpreußen und in Livland zur Folge. Der Orden mußte erneut die Ritterschaft Europas um Hilfe ersuchen. Nach jahrelangen Kämpfen gelang es, Kuren, Pruzzen, Sudanen und Semgallen zu unterwerfen. Litauen blieb unbesiegt und ließ sich nicht missionieren – ein »heidnischer« Keil zwischen dem pruzzischen und livländischen Ordensland.

Bald entstanden neue Probleme im Westen um das Herzogtum Pommerellen (weitgehend der Ostteil von Hinterpommern), auf das polnische Teilfürsten, Brandenburg und Rügen Anspruchsrechte geltend machten. Der Orden konnte zwar den Brandenburger Anspruch zurückweisen und das Wohlwollen des nordpolnischen Herzogs Wladislaw gewinnen, aber plötzlich schlug dieser, sobald er polnischer König geworden war, einen ordensfeindlichen Kurs ein. Ein Prozeß sollte die Pommerellenfrage klären. Da Wladislaw nicht zum Erfolg kam, eröffnete er den Krieg. Erst König Kasimir der Große lenkte ein, als der Papst, der nicht zulassen wollte, daß sich ausgerechnet ein christlicher König mit dem Orden bekriegen sollte, Einspruch erhob. Der Kalische Friede (Kalisch, Ort westlich von Lodz) 1343 übertrug dem Orden die

Sitz des Deutschen Ritterordens. *Zwischen 1309 und 1457 baute der Orden die Marienburg an der Nogat zu seinem glänzenden Mittelpunkt aus. Die Anlage, im Stil der Backsteingotik errichtet, war im 2. Weltkrieg stark zerstört, kann aber heute dank polnischer Aufbauleistungen wieder besichtigt werden. Die Gesamtansicht von Südwest zeigt das Konventshaus, den Palast des Hochmeisters, die Vorburg und die Marien- und Annenkapelle.*

Pommerellen. Die westlich dieses Gebietes gelegenen Territorien kaufte der Orden bis zur Oder den in Finanznot geratenen Fürsten ab.

Allmählicher Niedergang der Ordensmacht Ende des 14. Jahrhunderts

Polen suchte sich inzwischen einen treuen Bundesgenossen gegen den blühenden Ordensstaat und fand ihn in König Ludwig I. von Ungarn. Dessen jüngere Tochter Hedwig heiratete nach dem Tode Ludwigs den litauischen Großfürsten Jagiello, der über ein riesiges Staatsgebiet herrschte, das von der Ostsee bis weit in die Ukraine hinein reichte. Mit dieser Heirat nahm Litauen endlich das Christentum an. Bevor sich diese litauisch-polnische Personalunion von 1386 – die ja auch eine Klammer um das Gebiet des Ordens war – folgenschwer für den Orden auswirken sollte, hatte sich der mächtige Hochmeister Winrich von Kniprode (er residierte seit 1351 in der imposanten Marienburg/Nogat) mit einem anderen Problem auseinanderzusetzen.

Im Zusammenhang mit den skandinavischen Thronwirren verunsicherte die Piraterie der sogenannten ›Vitalienbrüder‹, Bundesgenossen des verdrängten Schwedenkönigs, die Ostsee, später die Nordsee,

Text der Zeit

Peter Suchenwirt, ein Augenzeuge, berichtet:
Herzog Albrecht von Österreich zieht 1377 gegen die Pruzzen

Darauf gebot man eine Reise in die Litau [d. h. zu den Litauern], denn darum waren wir aus fernem Land gekommen. Der Marschalk und die Führer verordneten, jeder müsse sich auf reichlich drei Wochen mit Kost versorgen, die auf Pferden und Schiffen fortgebracht werden sollte. [. . .] Das Heer zog durch Samland vor Insterburg und an die Suppe, dort schlug man vier Brücken über das Wasser [. . .], auf jeder drängte sich das Heer hinüber und zog von da bis an die Memel. [. . .] Die Schiffer hatten schwere Arbeit von Mittag bis zur Vesperzeit, um mehr als 30000 Menschen [das ist stark übertrieben] überzusetzen und zu schwemmen. Dort ertranken nicht mehr von dem Heere als drei Pferde und ein Knecht, die ließen wir dem Wasser zur Letze [d. h. Scheidetrunk]. Das Heer war eifrig, an die Heiden zu kommen, und es waren da wohl tausend Mann, welche mit Äxten den Weg räumten durch die Hecken in der Wildnis, es ging über Graben und Feld, durch tiefes Wasser, Bruch und Bach; in Ungarn ist man auf ebener Heide nicht so böser Fahrt gewöhnt. Großes Leid tat uns Moos und Moor. Das Heer zog quer durch die Wüstung, man saß auf und stieg ab, zog hin und her, bald mußte das Roß hohe Sprünge machen, dann mußte man durchschlüpfen und sich bücken, die Äste hielten manchen an seinem Kragen fest, der Wind hatte viele große Bäume niedergerissen, und wir mußten mit Gewalt über die Baumstämme, ob es wohl oder weh tat. In dem Gedränge hörte man oft den Schrei: »Die Preußen [Pruzzen] überfallen uns!« Pferde und Saumtiere, die mit Kost und Getränk beladen waren, wurden vorwärts gezerrt, mancher war wund, den man zu sehr quetschte, Knie und Bein wurden verstaucht. Da hörte Spaß und Lachen auf, auch die Pferde wurden sehr verstaucht, und manches mußte hinken.
So sank der Tag, die Nacht nahte, und man mußte auf Herberge denken, aber gutes Gemach war dort nicht zu finden, die Pferde hatten nur Gras zu fressen. So verbrachte man die Nacht, aber am Morgen früh eilte man fröhlich in das Land der Heiden, man trieb die Rosse und rannte. Zuvorderst die Rennfahne Ragnit, nach Landessitte, darauf folgte St. Georgs Fähnle, dann das Panier von Steierland, dann die reich gezierte Fahne des Meisters, dabei das Banner von Österreich. Viele Banner flatterten in den Lüften; die stolzen Helden führten Kränze und Straußenfedern auf ihren Helmen; wer einer edlen Frau in Minnedienst gesellt war, dem hatte ihre Gunst Kleinode von Gold, Silber, Edelstein und Perlen geschenkt, die glänzten auf den Eisenhauben hell gegen die Sonne.
So führte das Heer die werten Gäste in das Land, welches Samaiten heißt: aber als ungebetene Gäste kamen sie zu der Hochzeit. Dort bei einem Dorf begann der erste Tanz mit den Heiden, es blieben ihrer wohl sechzig tot, das ganze Dorf wurde angesteckt, daß es hoch in die Lüfte brannte. Da zog der Herr Graf Hermann von Cilly das Schwert aus seiner Scheide, schwenkte es in die Lüften und sprach zu Herzog Albrecht: »Besser Herre denne Knecht«, und schlug ihm den ehrenwerten Schlag [er schlug ihn zum Ritter]. Am selben Tag wurden vierundsiebzig Ritter gemacht; der Fürst nahm jetzt sein Schwert und schlug Ritter, sooft

man das von ihm begehrte, der edlen Christenheit und Maria, der reinen Magd, zu Ehren. Darauf begann das Heer in dem Lande auf und ab zu verheeren. Den Christen gab Gott das Glück, daß die Heiden ungewarnt waren. Die Heiden büßten das; denn ritterlich jagte man ihnen nach, man fing, man stach und schlug; was ihnen weh tat, das tat uns wohl. Das Land war voll von Menschen und Gut, wir hatten unsere Lust daran, es war den Christen Gewinn, den Heiden Verlust. Das war frohe Zeit.
[. . .] Die Heiden gaben in der Nacht keine Ruh, sie liefen gegen das Heer mit scharfen Waffen, sie stachen, schlugen und schossen; die Christen verdroß das, sie trieben die Feinde ab, aber die Heiden kehrten wieder und schrien mit lauter Stimme, wilden Tieren gleich, stachen nach den Leuten, schossen die Rosse und flohen dann wieder auf das Moos. Das trieben sie die ganze Nacht [. . .] aber es ging ihnen übel; denn man schlug viele von ihnen zu Tode, Weiber und Kinder wurden gefangen, es war ein spaßhaftes Hofgesinde, da sah man viele Weiber, die zwei Kinder an ihren Leib gebunden hatten, eins vorn und eins hinten, barfuß kamen sie auf einem Pferd angeritten. Den gefangenen Heiden band man die Hände zusammen, so führte man sie am Strick gleich Jagdhunden.

Aus: Gedicht von Herzog Albrechts Ritterschaft von Peter Suchenwirt (Suchenwirt – † nach 1395 – begleitete 1377 Herzog Albrecht auf seinem Zug nach Preußen).
Nach der Prosaübertragung von Gustav Freytag

Speerspiele, Tänze und Feste. *Das Bild zeigt einen Tjost in Pisa – aber ähnliche Vergnügungen leisteten sich auch die Deutschordensritter und empfingen dazu Reisende aus ganz Europa. Koblenz, Staatsarchiv.*

und machte dem Ordensstaat und den Hansestädten schwer zu schaffen. Erst als der Orden mit einer Flotte und 4000 Mann den Hauptstützpunkt der Piraten, die Insel Gotland, besetzte, wichen die Vitalienbrüder nach der Nordsee aus, wo sie noch lange ihren Kaperkrieg fortsetzen sollten, bis ihre Anführer schließlich dingfest gemacht und hingerichtet wurden. Der Orden gab den Dänen nach dem Sieg über die Seeräuber die Insel Gotland zurück. Das war mehr als nur eine Dankbarkeitsgeste gegenüber Dänemark, das 1346 Estland an den Orden abgetreten hatte, vielmehr wollte der Orden verhindern, daß sich die nordischen Staaten mit Polen und Litauen verbündeten, was den Untergang des Ordensstaates bedeuten mußte.
Auf dem Höhepunkt seiner Entwicklung dehnte sich der Ordensstaat etwa 900 Kilometer von West nach Ost: von der Neumark (an der Oder) im Westen bis zur Grenze Nowgorods im Nordosten. In das osteuropäische Binnenland griff das Ordensterritorium unterschiedlich tief ein; im Westen nur etwa 100, im Kurland an die 400 Kilometer weit. Jedenfalls blockierte der Ordensstaat zweifellos Polen und Li-

tauen den Zugang zur Ostsee. Kein Wunder, wenn beide Staaten aus geopolitischen Gründen natürliche Bundesgenossen geworden sind. In falscher Einschätzung der eigenen Möglichkeiten wollte der Hochmeister Ulrich von Jungingen der bedrohlichen polnisch-litauischen Allianz entgegentreten, unterlag aber im Juli 1410, bei Tannenberg einer Übermacht an Feinden, denen sich während des Kampfes die im »Eidechsen-Bund« zusammengeschlossene kulmische Ritterschaft eingegliedert hatte. In der legendär gewordenen Schlacht sind der Hochmeister und über 200 Ordensbrüder gefallen. Der erste Friede von Thorn 1411 bedeutete für den Orden den demütigenden Verzicht auf die Grenzmark Schamaiten, die nun an Litauen fiel. Zusätzlich mußte er eine große Entschädigungssumme aufbringen. Waren schon die ansässig gewordenen Ritter des Deutschordenslandes keine Freunde des Ordens mehr, weil sie in dem straff organisierten Staatswesen keinerlei politischen Anteil an der Landesregierung wie ihre Standesgenossen im Reich und vor allem in Polen erhielten, so suchten nach der verlorenen Schlacht von Tannenberg auch die Städte und selbst die Bischöfe aus dem Ordensstaat auszuscheren und sich dem polnischen König anzuschließen, weil dieser ihnen mehr Selbständigkeit garantierte und vor allem eine Befreiung von den enormen Abgabenleistungen an den Orden versprach. Es kam sogar so weit, daß der Adel und die Städte einen Preußischen Bund gründeten, der dem Polenkönig die Oberhoheit über das Gebiet des späteren Ostpreußen antrug! Diese innenpolitische Krise spaltete die Lager in eine Ordens- und eine Bundespartei. Ein dreizehnjähriger Bürgerkrieg endete mit dem zweiten Thorner Frieden 1466. Der Ordensstaat verlor Pommerellen, das Kulmer Land, die Gebiete um Marienburg und Elbing sowie das Ermland an Polen. Der Hochmeister mußte dem polnischen König den Treueid leisten. In Zukunft sollten die Ordensbrüder zur Hälfte polnischer Nationalität sein. Nur ein Reststaat blieb dem Orden schließlich, der von Hochmeistern binnendeutscher Fürstenhäuser geleitet wurde. Der Hohenzoller Albrecht von Brandenburg-Ansbach überführte ihn im Jahre 1525 unter Zustimmung der Stände und auf Luthers Rat hin in ein weltliches Herzogtum, dessen Oberhaupt der polnische König war. Papst und Kaiser mißbilligten zwar diesen Schritt, konnten aber 1569 nicht verhindern, daß die westpreußischen Lande dem Königreich Polen zufielen.

Etwas günstiger verlief zunächst die Entwicklung des livländischen Ordenszweiges, da dieser 1346 vom dänischen König das angrenzende Ermland abkaufen konnte. Aber als der Orden 1558 bis 1582 zwischen die Fronten eines russisch-polnischen Krieges geriet, vermochte man den Verfall nicht mehr aufzuhalten. Estland unterstellte sich dem schwedischen König, Livland kam 1561 an Polen, Estland an Schweden, der kurländische Landmeister Gotthard Keller erlangte die erbliche Herzogwürde unter polnischer Lehnshoheit.

Der Staat der Deutschordensritter und seine Kulturleistungen

Der schnelle Aufstieg des Deutschritterordens vom kleinen Feldlazarett von Akkon zu einem der reichsten und am modernsten organisierten Staaten Europas gehört mit zu den faszinierendsten Prozessen mittelalterlicher Staatenbildung. Ihre Bedeutung läßt sich nur gerecht beurteilen, wenn man die Maßstäbe der mittelalterlichen Welt zugrunde legt, für die eine Verbindung der mönchischen mit der ritterlichen Lebensform ebenso selbstverständlich wie der Kampf gegen die »Feinde des Glaubens« zwingend notwendig war, wovon der Prolog des Ordensstatuts ausdrücklich spricht. An dieser »Schwertmission« mit ihren jahrelangen, erbitterten Kämpfen hat die moderne Kritik immer wieder Anstoß genommen, obwohl die Deutschordensritter keinesfalls eine »Ausrottungspolitik« betrieben haben. Der Ordenshistoriker Tumler, bis 1970 Hochmeister des klerikalen Ordens, hat dazu die Gegenfrage gestellt, ob es vorstellbar wäre, daß der Orden einen Staat hätte errichten können, wenn vorher das zukünftige Staatsvolk völlig vernichtet und seiner natürlichen Lebensgrundlagen beraubt worden wäre. Viele Fragen bedürfen gerade im Hinblick auf die Wertung noch gründlicher Diskussion.

Dagegen lassen sich relativ problemlos einige wesentliche Aussagen zur Struktur des Deutschordensstaates und seiner kulturellen Leistungen machen. Geleitet wurde er von einem auf Lebenszeit über ein Wahlmännergremium gewählten Hochmeister, dem fünf Großgebietiger (Großkomtur, Marschall, Trapier, Treßler, Spitler) beigeordnet waren. In Preußen, Livland und im Deutschen Reich gab es Landmeister, Landkomturen und Komturen als Leiter der mittleren und unteren Verwaltung der Stiftungen, geschenkten oder käuflich erworbenen Ländereien. Mehrere Komturen bildeten eine Ballei. Die höchsten Ämter blieben Brüdern ritterbürtiger Abkunft vorbehalten. Die übrigen leisteten Militär- und Verwaltungsdienst. Da im 13. Jahrhundert zahlreiche Spitäler in den Orden integriert wurden, finden wir auch Ordensschwestern in caritativen Diensten. Sogenannte Familiare waren Laien, die ihr Vermögen ganz oder teilweise dem Orden übereignet hatten und sich dessen Leitung unterstellten. Für den Unterhalt der Zivil- und Militärverwaltung entstanden dem Ordensstaat insofern keine Kosten, als die Kommenden für den Unterhalt der Ritterbrüder aufkamen. Zur Verteidigung stand eine mobile, etwa 5000 Mann starke Einheit bereit, die durch Ritter, Stadtbürger und Söldner jederzeit ergänzt werden konnte. Pulverbüchsen fanden seit 1362, Geschütze seit 1408 Verwendung. Zwischen den weit gestreuten Ordensburgen, von denen die Marienburg mit dem Sitz des Hochmeisters die bedeutendste war, hielten Melde- und Postreiter die Verbindung zwischen den Ordensburgen aufrecht, und wichtige Elemente der Ordensregel wurden von Templerorden übernommen. Das hängt damit zusammen, daß die Ordensstifter theologisch und juristisch zu wenig geschult waren, um eine eigene Regel entwerfen zu können. Nach dem Laterankonzil von 1215 durften ohnedies keine neuen Ordensregeln aufgestellt werden. Es ist dabei sehr interessant, daß ein Ordensritter neben dem Gelübde des Gehorsams, der Enthaltsamkeit und Armut noch eine Reihe ande-

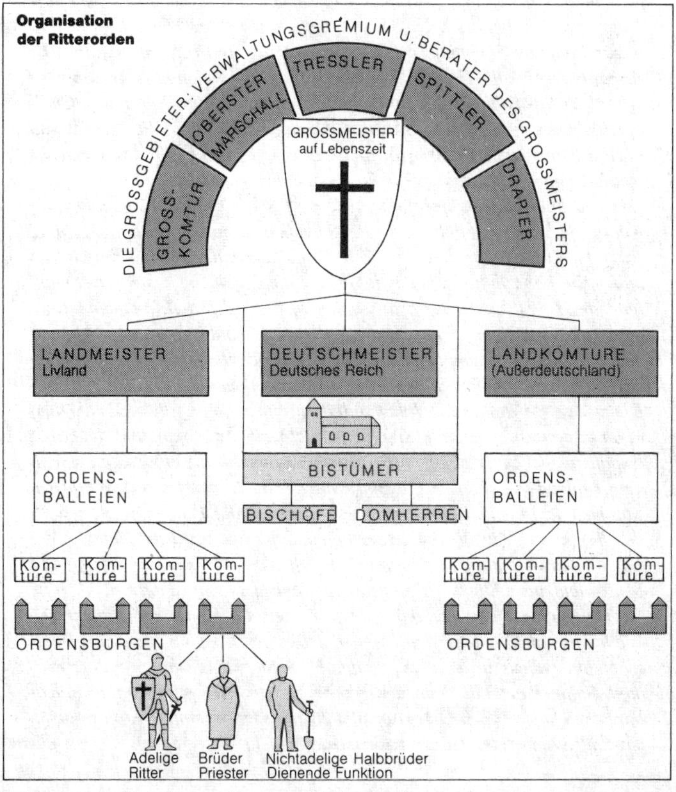

Polen und Deutsche

In allen Jahrhunderten seiner Geschichte war die Entwicklung des polnischen Staates aufs engste verflochten mit den politischen und kulturellen Vorgängen im Westen und Osten Europas. Umgekehrt ist die Expansion des Deutschen Reiches und seiner Kultur im Osten ebenso abhängig gewesen von den historischen Entwicklungen innerhalb Polens und zugleich seiner östlichen Nachbarn.

Der Beginn deutscher Ostexpansion über die Elbe hinweg war vor allem möglich, weil der geeinten Macht des Reiches auf der einen Seite nur eine Vielzahl untereinander zerstrittener slawischer Stämme auf der anderen Seite gegenüberstand. Gleichzeitig standen die slawischen Stämme im Oder-Weichsel-Raum besonders stark unter dem Druck der Ungarneinfälle. Erst der Sieg des Deutschen Reiches auf dem Lechfeld 955 über die Ungarn verschaffte auch den Slawen, insbesondere den Polen, Luft, so daß es zur Einigung der polnischen Stämme um das Zentrum Posen kam. Die Annahme des katholischen Glaubens führte zur weiteren Stärkung und schließlich zur Bildung des polnischen Königtums unter Boleslaw I. Chrobry 1025, der seine Macht nach Osten, nach Schlesien, in die Lausitz und nach Böhmen und Mähren ausdehnte. Grund genug für das Deutsche Reich, Ungarn, Litauer und Russen gegen Polen zu mobilisieren.

Der Tod Boleslaw I. Chrobrys brachte neue Schwäche und den Verlust des Königtums. Ungarn holte sich die Slowakei, Böhmen gewann Mähren, Rußland Ruthenien, Dänemark Pommern, das Deutsche Reich die Lausitz und – die Lehnshoheit über Polen. Auch die Schwäche des Reiches während des Investiturstreites brachte nur vorübergehend eine erneute Einigung und Erstarkung Polens unter Boleslaw II., unter dessen Nachfolger, der sich nur Großfürst zu nennen wagte, aber bereits wieder erbitterte Konkurrenzkämpfe unter den neun Einzelfürstentümern ausbrachen.

Die zweite Hälfte des 12. Jahrhunderts und der Beginn des 13. Jahrhunderts sind durch markante Signale polnischer Schwächung und deutscher Expansion gekennzeichnet: 1163 erzwingt Friedrich I. Barbarossa nach einem Feldzug in Schlesien die Einsetzung eines Herzogs aus dem mit den Staufern verschwägerten slawischen Geschlecht der Piasten, was zugleich den Beginn des Zuzugs von Deutschen in Schlesien bedeutet. Heinrich der Löwe unterwirft Pommern, das später Reichslehen wird. Der Herzog von Masowien ruft 1226 den Deutschritterorden gegen die Pruzzen zu Hilfe. Nicht genug mit der Pruzzengefahr, brechen die Mongolen in mehreren Wellen bis nach Schlesien in Polen ein. Das geschwächte Land ruft Deutsche zum ›Wiederaufbau‹ zur Hilfe, die Schlesien weithin in Besitz nehmen. Böhmen nutzt die Schwäche Polens zu Gebietseroberungen, Brandenburg schiebt sich nach Osten vor, der Ritterorden vereinnahmt Pommerellen und das von der Hanse beherrschte Danzig.

Die Herrschaft der Mongolen im russischen Raum, aber ebenso die Zeit des Interregnums im Deutschen Reich in der zweiten Hälfte des 13. Jahrhunderts brachte Polen sowohl Luft im Osten wie im Westen. Die geschickte Politik Wladislaws I. (1306–1333) und Kasimirs III. (1333–1370) führte gleichermaßen zu einem territorialen Interessenausgleich mit dem Reich (Schlesien, Pommerellen, Kulmer Land und Danzig fallen ans Reich) wie zur Expansion nach Osten. Das dank sorgfältiger Quarantäne pestfrei gebliebene Land blüht wirtschaftlich auf, gründet in Krakau die nach Prag früheste Universität Mitteleuropas, nimmt die aus Deutschland flüchtenden Juden auf. Eins der liberalsten Länder Europas, das ist Polen in dieser Zeit!
Nach Erstarkung des polnischen Adels unter einem ungarischen Zwischenkönig (Ludwig d. Gr.) und inneren Kriegen gelingt es Königin Hedwig (1385 gekrönt) durch Heirat des litauischen Großfürsten Jagiello eine Personalunion Polen-Litauen und damit ein ›Großpolen‹ zu begründen, das als größter Territorialstaat Europas von der Ostsee bis zum Schwarzen Meer und von der Oder bis nahezu nach Moskau reicht: eine neue Situation für den bisher so selbstherrlichen Deutschritterorden und die von Deutschen getragenen Städte, die, zur Treue gegenüber dem polnischen Staat und König verpflichtet, zwischen ihrem Deutschtum und der Pflicht gegenüber Polen wählen müssen. Die Konfrontation zwischen dem Ritterorden und Polen, 1409 ausgebrochen, endet 1410 mit der vernichtenden Niederlage des Ritterordens bei Tannenberg. Ein letzter Ausgleich im Thorner Frieden (1411) wird nach erneutem Krieg (1454–1466) zunichte. Der zweite Thorner Friede erzwingt die Anerkennung der Lehnshoheit Polens und den Verlust Danzigs, Elbings, Pommerellens, des Kulmer Landes und Ermlands.
Langfristig bedeutete die Erstarkung Polens wieder auch Expansion nach Osten und damit Gegnerschaft Rußlands, im Inneren aber – schlimmer – Übermacht des Adels und Hochadels und schließlich Ende der Erbmonarchie. Soziale Spannungen und Kriege mit Rußland und Schweden dezimieren die Macht und das Territorium Polens, von dem u. a. Preußen an Brandenburg fällt. Aber welch glanzvolle Rolle spielt dieses schon geschwächte Polen doch für ganz Europa vor Wien, als mit König Sobieskis Unterstützung das türkische Heer 1683 zum Rückzug gezwungen wird! Ein letzter gemeinsamer Höhepunkt zwischen Ost und West, bevor Polen und Deutschland unter August dem Starken in den Nordischen Krieg mit Schweden, während der Regierung Friedrichs d. Gr. in den Siebenjährigen Krieg hineingezogen werden. Drei schnell aufeinanderfolgende Teilungen des Landes und dann diese scheußlichste vierte Teilung zwischen Großdeutschem Reich und Sowjetunion in unserer Zeit mit ihren Greueln sind schreckliche Marksteine einer europäischen Geschichte, an deren Ende vorerst die Teilung Deutschlands und der Verlust der deutschen Ostgebiete, aber auch ein Polen unter fremdem Einfluß stehen.

rer Gebote beachten mußte, die unserer Vorstellung von einem mittelalterlichen Ritter zu widersprechen scheinen. Zum Beispiel waren ritterliche Spiele oder Jagdvergnügungen untersagt und 120 Fasttage im Jahr vorgeschrieben. Für geistliche Übungen schrieb der Tagesplan eines Ordensmannes fünf Stunden vor. Schon bei geringsten Übertretungen drohten schwere Bußstrafen. Diese Forderungen waren *ein* Grund dafür, daß die Zahl der Ordensmitglieder nie sehr groß gewesen ist. So vermeldet die Chronik des Ordens im ausgehenden 14. Jahrhundert, daß die gesamten Balleien Deutschlands zusammen lediglich 700 Brüder zählten. Im preußischen Ordensland gab es allerdings um 1400 etwa 3000 Ritterbrüder, Indiz für den Missionseifer und die Attraktivität kriegerischen Engagements in diesen Jahren der Eroberung. Sein großes Kulturwerk begann der Deutsche Ritterorden in vollem Umfang erst nach 1380, d.h. nach der Befriedung der kriegerischen Pruzzen. Bei der Besiedelung und bei der agrarischen Erschließung der eroberten Gebiete haben sich deutsche Bauern verdient gemacht. Sie kamen aus Niedersachsen, Franken, Schwaben und Holland und erlangten für ihre harte Arbeit persönliche Freiheit und Erbbesitzrechte. Erst als der Zustrom aus den Altsiedlungsräumen im Laufe des 14. Jahrhunderts merklich nachließ, zog der Orden auch pruzzische und litauische Siedler zur Kolonisation heran. Nach dem zweiten Thorner Frieden 1466 nahmen zudem noch Masowier an der Landgewinnung teil. Bei diesen Rodungsarbeiten wurden Umsiedlungen durchgeführt – Maßnahmen, die heute wie damals wohl nie ohne Härte durchgeführt werden konnten. Die Pruzzen erhielten pro Familie kriegsdienstpflichtige Güter von 20 bis 25 Hektar Größe und wurden zum Wege- und Burgenbau herangezogen. Die deutsche Bauernfamilie besaß im Durchschnitt 35 bis 40 Hektar Land. Im Rahmen der Kolonisationstätigkeit des Deutschen Ritterordens konnten 93 Städte und an die 2000 Dörfer gegründet werden. Die Kolonisten haben allein im Weichseldelta 150000 Hektar Agrarland dem Niederungs- und Waldgebiet abgerungen. So erklärt es sich, daß der Ordensstaat zum Hauptexporteur für Getreide und Holz in Osteuropa werden konnte. Er trug dabei für mehr als ein Jahrhundert zur Sicherung der Ernährung der westeuropäischen Bevölkerung bei. Die Städte des Ordensstaates haben am Aufstieg der Hanse (siehe nächstes Kapitel) entscheidenden Anteil, allen voran Danzig, der Vorort der ostpreußischen Städte im hansischen Städteverband. Rege Handelsbeziehungen unterhielten die Binnenstädte des Ordenslandes zu Polen, Ungarn und Rußland. Dabei spielte neben dem Pelz-, Wachs- und Honigexport der Handel mit Bernstein eine wichtige Rolle. Für die Gewinnung und Ausfuhr dieses Minerals besaß der Ordensmeister das Monopol.

Auch in anderen Wirtschaftsbereichen konnte der Ordensstaat segensreich wirken. So mobilisierte er im Zusammenhang mit dem Städte- und Burgenbau ein ganzes Heer von Arbeitern, Ziegelbrennern, Zimmerleuten, Schlossern und Tischlern. Eine große Zahl von Dienstleuten fand ihr Auskommen auf den riesigen Domänen der Ordensburgen. Hier galt es nicht nur, gewaltige Vorratslager für Getreide und Malz zu schaffen und sich auf die Eventualitäten eines Krieges einzustellen – von den Ordensburgen mußten im Verteidigungsfalle viele Menschen des Umlandes versorgt werden –, hier waren auch große Viehherden zu betreuen; zeitweise besaß der Orden über 13000 Pferde, 61000 Schafe, 10000 Rinder und an die 2000 Schweine.

Aus politischen Gründen konnten manche Pläne zur Optimierung von Landwirtschaft und Handel nicht mehr durchgeführt werden, darunter der Bau eines 400 Kilometer langen Binnenlandkanals.

Auch bildungspolitisch ist der Orden hervorgetreten. Zahlreiche Dorfschulen wurden errichtet, Domschulen nahmen in den Bischofsstädten des Ordensstaates ihre Tätigkeit auf. Der Plan zu einer Hochschule in Kulm konnte infolge der Katastrophe von Tannenberg nicht mehr verwirklicht werden. Unter den vielfachen wissenschaftlichen und literarischen Leistungen der geistlichen Brüder seien lediglich das Wörterbuch der pruzzischen Stammessprache und der um 1350 entstandene pruzzische Katechismus erwähnt.

Nach der Säkularisation des Ordensstaates verlor der Deutschritterorden mehr und mehr an Bedeutung. Napoleon I. hat ihn 1809 aufgehoben, Kaiser Franz I. von Österreich 1834 wieder erneuert. Nunmehr war es üblich, daß Erzherzöge als Hoch- und Deutschmeister wirkten. In unserem Jahrhundert lebt nur noch ein klerikaler Zweig des Ordens fort. Seine Niederlassungen sind weit verstreut. Sogar im Ostblock gibt es kleine Gemeinschaften, die sich pastoralen, caritativen und wissenschaftlichen Aufgaben widmen. Viele Spuren der einstigen Kulturarbeit des Ordens sind ausgelöscht und verweht, aber nicht vergessen.

Literatur

Aschenbrenner, Viktor (Hrsg.) u. a.: Die Deutschen und ihre östlichen Nachbarn. Ein Handbuch, Frankfurt 1967

Aubin, Hermann (Hrsg.): Der deutsche Osten und das Abendland, München 1953

Graus, František: Die Entstehung der mittelalterlichen Staaten in Mitteleuropa. In: Historica 10, Wien / Freiburg / Basel 1965

Tumler, Marian: Der Deutsche Orden, Bonn-Bad Godesberg 1974

LOTHAR HÄUSLER

Die Hanse, wirtschaftliche und politische Großmacht im späten Mittelalter

Von der Kaufmanns- zur Städtehanse – Organisationsprinzipien – Kosten und Nutzen der Hansemitgliedschaft – Verhältnis der Hansestädte zueinander – Eine Bilanz der Handelsgüter – Die Hanse im politischen Geschehen – Gründe für den Niedergang.

Noch bis in die Mitte des 12. Jahrhunderts hinein bildete der Nord- und Ostseeraum die Domäne vornehmlich skandinavischer Fernhändler, die von Bergen, Trondheim oder Oslo aus den englischen Markt mit Trockenfisch, Fellen, gesalzener Butter und Holz versorgten. Gotländische Seefahrer gelangten bis in das von Warägern gegründete Nowgorod, wo sie Anschluß fanden an neue Handelswege nach Kiew, Smolensk und den Orient, so daß sie Pelzwaren, Wachs und kostbare asiatische Güter nach Schweden, England oder Sachsen ausführen konnten. Fremde Konkurrenten traten kaum in Erscheinung. Lediglich die Flamen nahmen Einfluß auf den Nordseehandel. Mit Tuchen, Rheinwein und Orientwaren wußten sie in England gute Geschäfte zu machen.

Nach 1150 zeichnete sich eine andere Entwicklung ab, als sich deutsche Wanderhändler zu »Hansen« (soviel wie »Schar«) zusammenschlossen, um sich in der Fremde gemeinsam gegen Gefahren und Ansprüche (vor allem *Grundruhrrecht und Strandrecht, K, Seite 105)* zu helfen und Handelsprivilegien zu erlangen, durch die sie rechtlich wie wirtschaftlich ausländischen Kaufleuten gleichgestellt wurden. Seit 1157 ist eine solche Genossenschaft Kölner Kaufleute in London belegt, später gab es eine weitere in Bergen. Mit der Neugründung Lübecks durch Heinrich den Löwen 1159 bahnte sich ein Aufschwung im deutschen Ostseehandel an. Noch im 12. Jahrhundert entstand auf der damals schwedischen Insel Gotland die »Gemeinschaft der deutschen Gotlandfahrer«, der es alsbald gelang, in Nowgorod eine Konkurrenzniederlassung zum »Gotenhof« der Skandinavier zu gründen, den sogenannten Peterhof. Die Kölner Hanse in London und die Bergenfahrer schlossen sich wenig später diesen deutschen Gotlandfahrern an. Kaufleute der im Zuge der Ostsiedlung gegründeten Städte traten

Grundruhrrecht

bezeichnete im Mittelalter das Recht von Grundbesitzern und Stadtbewohnern, alle Transportwaren aufzusammeln und zu behalten, die den Boden ›berührten‹, wenn ein Wagen oder ein Lasttier fiel oder eine Achse brach.

Strandrecht

war ursprünglich das Recht aller Strandanwohner, den Strand in jeder Hinsicht zu nutzen. Besonders begehrt waren naturgemäß das Gepäck von Schiffbrüchigen (sie waren im Mittelalter als Fremde sowieso rechtlos!) und die Ladung von gestrandeten Kaufmannsschiffen. Diese enormen ›Einnahmequellen‹ versiegten allerdings schon im 13. Jahrhundert für die kleinen Leute. Die Landesherren rissen das Strandrecht an sich und engten es zunehmend ein: nur ein Drittel des herrenlosen, gefundenen Gutes oder der Güter von Schiffbrüchigen durften die Finder behalten, ein Drittel war an den Landesherren abzuführen, ein Drittel blieb beim Eigentümer, soweit dieser feststellbar war.
Beide Rechtstitel waren Einbußen riesigen Umfangs für Kaufleute, die per Schiff oder Wagen Handel trieben und – was bei den damaligen Straßenverhältnissen fast an der Tagesordnung war – mit ihrer Ware irgendwie mit Erdboden oder Wasser in ›Berührung‹ kamen. Die Hansekaufleute machten früh gegen diese Rechte Front.

ebenfalls der Gotländer Genossenschaft bei; Lübeck übernahm eine Führungsrolle. Bereits am Ende des 13. Jahrhunderts leitete es den Peterhof.
Die Gotländer griffen mit ihrem Handel auch nach England aus, wo sie die gleichen Privilegien erlangten wie früher die Kölner Hanse. Und mit eben dieser schlossen sich die Gotländer zur »hansa Almaniae« zusammen, deren Kontor, der Londoner »Stalhof«, Berühmtheit bekommen sollte: Hafen, Lagerhallen und Speicher, Kaufhäuser und Unterkunftsräume bildeten dort den Treffpunkt der Englandfahrer.
Norddeutsche Kaufleute nutzten politische Streitigkeiten um Flandern aus, brachten dabei den dortigen Tuchhandel in ihre Hand und verstanden es, Brügge rasch zum einzigartigen Stapelplatz für den westeuropäischen Seehandel zu entwickeln. Weil viele Hansekaufleute Ratsmitglieder und Bürgermeister ihrer Heimatstädte waren, ergab es sich ganz von selbst, daß sie im Ausland nicht nur ihre eigenen

wirtschaftlichen, sondern auch die politischen Interessen ihrer jeweiligen Städte vertraten. Teilweise waren diese bereits untereinander durch besondere Verträge verbunden und in Städtebünden freundschaftlich liiert, so daß der Weg zur Städtehanse schon angebahnt war, bevor die große Politik den Zusammenschluß letztlich erwirkte. Bei Ausbruch des Hundertjährigen Krieges zwischen England und Frankreich im Jahre 1338 beispielsweise ergriff der flandrische Graf Ludwig die französische Partei und untersagte jeglichen Englandhandel. Das führte zu einem Weberaufstand in Gent und zu einem Disput der Brügger Hansekaufleute darüber, wie man sich angesichts dieser Situation verhalten solle. Die Herkunftsstädte der deutschen Händler übernahmen sofort das Kontor zu Brügge. Eine Versammlung zu Lübeck beantwortete den Privilegienentzug durch den Grafen Ludwig 1358 mit einem allgemeinen Verkehrsverbot gegenüber Flandern, wo-

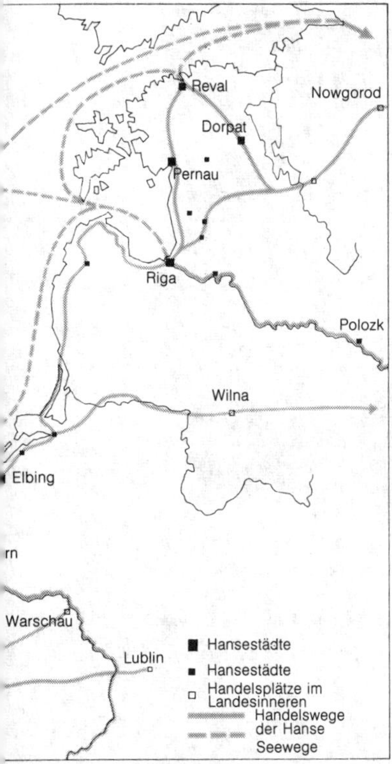

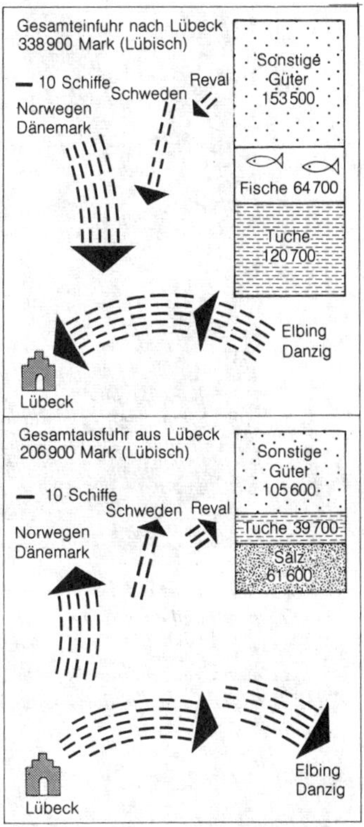

bei allen »steden van der dudeschen hense« bei Nichtbefolgung des Entscheids der Ausschluß aus der Gemeinschaft angedroht wurde. In diesem Vorgang sehen viele Forscher den eigentlichen Beginn der deutschen Städtehanse.

Organisationsstruktur und Zielsetzung

Jeder Versuch, Wesen und Bedeutung der deutschen Städtehanse würdigen zu wollen, bleibt ein gewagtes Unterfangen. Die Hanse selbst hat einst auf die Frage nach ihrem Selbstverständnis nur sehr vorsichtig geantwortet: Sie sei keine Gesellschaft oder Genossenschaft. Weder verfüge sie über gemeinsamen Besitz, noch habe sie Vermögen. Sie kenne keinen Geschäftsführer, verwende kein Siegel und verstehe sich

Wendige Schiffe und Handelsstützpunkte *waren die Eckpfeiler hansischer Macht.*
Oben: Modell eines Segelschiffes, einer Kogge von 1380. Bremen, Focke-Museum.
Unten: Hansekontor Bergen/Norwegen mit Rosenkrantzturm und Haakonshalle, die Bergens Bedeutung im Mittelalter widerspiegeln.

nur als eine »confederacio« (d.h. festes Bündnis) von Orten und Gemeinschaften zu dem Zwecke, daß »die Handelsunternehmungen zu Wasser und zu Lande den erwünschten und günstigen Erfolg haben und daß ein wirksamer Schutz gegen Seeräuber und Wegelagerer geleistet werde«. Wohlstand und Sicherheit – dies waren also im Kern die Programmpunkte und Ziele der Gemeinschaft, die für ihre Mitglieder nicht haftete und deren einzige Institution jahrhundertelang der Hansetag war, auf dem die gemeinsame Marschroute festgelegt werden sollte. Mitgliedern, die ihre individuellen Interessen auf Kosten der anderen befriedigten, drohte die »Verhansung«, d.h. der Ausschluß aus der Gemeinschaft. Dies zog gleichzeitig den sicheren Verlust der Privilegien nach sich, die im Ausland erworben worden waren, aber auch wirtschaftliches Risiko im Inland. – Welche Privilegien besaßen eigentlich hansische Kaufleute im Ausland?
Schon in der Frühzeit fernhändlerischer Zusammenschlüsse hatte man versucht, sich eine Art ›Rechtsschutz‹ zu schaffen bei Streitigkeiten oder Konflikten mit ausländischen Unternehmern, Behörden oder Käufern. Dabei konnten nicht nur Niederlassungsgarantien, sondern sogar die Zulassung eigener Gerichte erwirkt werden. Es ging den Kaufleuten um Sicherheit vor willkürlicher Auslegung des *Strandrechts* *(K, Seite 105)* im Falle eines Schiffbruchs, um Befreiung vom Stapelzwang, d.h. von der Verpflichtung, Waren erst einige Zeit an bestimmten Plätzen zum Verkauf anbieten zu müssen, bevor man auf andere Märkte und Messen weiterziehen durfte. Als ganz ideal wurden solche Privilegien dann empfunden, wenn sie den deutschen Kaufmann dem ausländischen gleichstellten, wie es eine Ordonnanz des englischen Königs Heinrich II. verfügte, der bereits 1157 Kölner Kaufleuten das Recht verlieh, ihre Weine auf dem gleichen Markt abzusetzen wie die französischen Händler, und gleichzeitig seinen Richtern und Dienstleuten befahl, die Kölner Händler »zu schützen und zu stützen« wie seine eigenen Untertanen und Freunde.

Die Hanse – »Organisiertes Chaos«?

Was ihre Größe und Lebensdauer angeht, übertraf die Hanse jeden Städtebund der europäischen Geschichte. Bis zu 200 Städte gehörten zeitweise dieser Föderation an! Allerdings war diesen Fürsten-, Bischofs- oder Reichsstädten ein jeweils besonderer Rechtscharakter eigen, abgesehen davon, daß sich unterschiedliche geographische Lagebeziehungen auf die Wirtschaftsinteressen auswirken mußten, weswegen die Hanse nur selten das Bild einer völlig homogenen Gemeinschaft mit restlos gleichgerichteten Zielsetzungen bot. Die Meinung, sie sei eine Art von »organisiertem Chaos« gewesen, ist also nicht ganz unbegründet. Tatsächlich fragt man sich, weshalb der Städtebund trotz seiner relativ ›labilen‹ Struktur einen so hervorragenden Rang im wirtschaftlichen und politischen Leben Europas einnehmen konnte. Die gemeinsame Gegnerschaft zu Straßen- und Seeräubern war ein triftiger Grund für den Zusammenhalt.

Ein Blick auf die Wirtschaftskarte zum späten Mittelalter läßt erkennen, daß der Hansekaufmann ein weitgespanntes internationales Handelsnetz zu knüpfen verstanden hatte, das nicht nur den Westen mit dem Norden und Osten Europas verband, sondern auch Kontakte zu traditionellen Handelsstraßen herstellte, die bis zum Mittelmeerraum führten. Dadurch rückte Deutschland ins geographische Zentrum des Welthandels. Nördlich der Linie Köln–Harz–Thorn gliederten sich die Hansestädte in einzelne, durch Traditionen und Sonderinteressen besonders verbundene »Viertel«, denen jeweils sogenannte »Vororte« als Steuerungszentren dienten: Köln leitete die flandrisch-rheinisch-westfälische Städtegruppe, Hamburg die Nordseegruppe, Magdeburg die mitteldeutsche, Lübeck die wendische und Danzig die baltische Städtegruppe. Wegen seiner Vorzugslage an der Wurzel der jütischen Halbinsel, wo sich die See- und Landverbindungen des Ost- und Nordseeraumes kreuzten, aber auch wegen seiner besonderen Rechtsstellung schien Lübeck zur Führung des Bundes geradezu prädestiniert zu sein.

Nicht nur auf jene Städtegruppen des Heimatlandes und deren dynamische Kaufmannschaft stützte sich die Hanse, sondern auch auf eine Reihe von ausländischen Niederlassungen, unter denen sich die Kontore, d. h. Stapelplätze zu London, Brügge, Bergen und Nowgorod als tragende Pfeiler des hansischen Wirtschaftsimperiums besonders hervortaten. Wenn die Föderation im Seehandel mindestens ein Jahrhundert lang alle europäischen Staaten des Ost- und Nordseeraumes überflügeln konnte, dann lag das aber nicht zuletzt am Transportvolumen ihrer Flotte. Die hansische Kogge stellte ja einen Großschiffstyp dar, mit dem die Ladung von 100 Fuhrwerken – das sind etwa 200 Tonnen Fracht – transportiert werden konnte. Man sagte mit Recht, daß sich die Kogge zu einem dänischen Handelsschiff verhalten habe »wie eine Kirche zu einer Klause«. Es dauerte viele Jahrzehnte, bis die Holländer in der Lage waren, mit einem ebenso zuladefähigen, aber wendigeren Fahrzeug zu konkurrieren.

Neben dieser ›technischen‹ Überlegenheit förderten die im Zuge der deutschen Ostbesiedlung entstehenden zahlreichen Städte den Handel. Sie besaßen die vielfältigsten Lebens- und Wirtschaftsbedürfnisse,

***Die Kogge als Kunstmotiv.** Zwei Bankwangen aus der englischen Hafenstadt King's Lynn sind mit detailgetreuen Hanseschiffen und Fischen verziert. Ende 15. Jahrhundert. London, Victoria and Albert Museum.*

die nur durch einen breit gefächerten Handel befriedigt werden konnten. Dieser aber wurde die Domäne der Städteföderation, die im Ost-West-Güterverkehr zu einer Monopolstellung gelangte.

Vielfalt des hansischen Güteraustausches

Was den Ostseeraum angeht, fällt zunächst der hohe Anteil der Agrarprodukte auf. Das hängt wesentlich damit zusammen, daß die Kolonisationsgebiete des Ostens, so etwa jene des Deutschen Ritterordens, agrarische Überproduktionsareale geworden sind, die riesige Getreidemengen nach West- und Nordwesteuropa exportieren konnten. Über die preußischen Seestädte wurde der Getreidestrom weitergeleitet. Selbst Südeuropa öffnete bereitwillig seine Häfen, wenn es darum ging, die Ernährungsbasis der einheimischen Bevölkerung zu sichern, wenn mehrjährige Dürrekatastrophen die Landwirtschaft heimgesucht hatten. Hansekaufleute mußten sich auf ihren Mittelmeerfahrten oft mutig gegen die Seeräuberplage zur Wehr setzen. Daß die Schiffe von bewaffneten Kommandos begleitet wurden, war im späten Mittelalter fast selbstverständlich.
Von den genannten preußischen Städten gingen neben den Weizenkontingenten auch mächtige Holzladungen nach dem Westen. Sie waren für die Bau- und Schiffsindustrie bestimmt. Flandrische Färbereien waren auf die Teer- und Pecheinfuhren des Ostens angewiesen. Der Nowgoroder Peterhof fungierte als Zentralmarkt für Pelzwaren. Die Felle des Hermelin, Zobel, Bären, aber auch des Wolfs und Eichhörnchens wurden in die Messestädte des Rheinlandes versandt. Der Pelz war ja im Mittelalter Statussymbol geworden, so daß ein Chronist schreiben konnte: »Wie nach der ewigen Seligkeit streben die Menschen nach Pelzwerk.«
Die Zeidler Osteuropas versorgten halb Europa mit Honig, dem einzig erschwinglichen Süßstoff des Mittelalters. Darauf wollten die Nürnberger Lebküchler und Metsieder beispielsweise ebensowenig verzichten wie die Kirchen auf das russische Wachs, das übrigens auch den zahlreichen Kanzleien der Fürstenhöfe und Städte zum Siegeln der Urkunden diente. Für Bernsteingewinnung und -export besaß der Deutsche Orden das Monopol. Pommern, Brandenburg und Holstein wetteiferten untereinander im Getreide- und Mehlexport. Hamburg und Danzig waren wegen ihrer Biere geschätzt. Das hansische Einbeck sollte wegen seines »Bockbieres« sogar in Baiern Berühmtheit erlangen, als der dortige Kurfürst 1614 einen Braumeister aus Einbeck ins Hofbräuhaus berief.

Das Geschäft mit Hering und Seelenheil

Wer vom Seehandel der Hanse spricht, denkt sofort an das Riesengeschäft, das mit Heringsfang und Trockenfisch – *den* mittelalterlichen Fastenspeisen schlechthin – erzielt werden konnte. Als später die Heringszüge nicht mehr an Schonen vorbeizogen, war die kostbarste Quelle des Hansereichtums versiegt. Wegen des Herings brachen sogar Kriege aus – doch davon später! Alljährlich in der Hauptfangzeit des Herings – das war zwischem dem 11. August und dem 9. Oktober – steuerten Hanseflotten aus Danzig, Stettin, Stralsund, Rostock, Bremen und Lübeck ihre Niederlassungen an der Südküste Schonens an, um den dänischen Fischern ihre riesigen Frachten abzukaufen. Man schätzt, daß jährlich 100000 Tonnen Hering in weite Teile Europas exportiert wurden. Ein Riesentroß von Arbeitern und Böttchern war nötig, um den Fisch auszunehmen, zu salzen und in Tonnen versandfertig zu machen. Daß beim Verpacken der begehrten Fastenspeise mehr als einmal geschludert wurde, zeigt jene Mängelrüge der Erfurter Bürgerschaft, die sich bei ihren hansischen Freunden in Lübeck beschwerte, daß die Heringe häufig nicht in gleicher Qualität in die Tonnen geschichtet würden und in der Faßmitte verdorben seien. Die Heringsschwärme sollen übrigens nach Auskunft des altdänischen Geschichtsschreibers Saxo Grammaticus im 13. Jahrhundert so dicht gewesen sein, daß das Ruder bisweilen die Schiffe kaum fortzubewegen vermochte und man die Fische einfach mit der Hand fangen konnte. Aus dem Jahre 1527 wird berichtet, daß man den Hering mit der Schaufel aus dem Meer herausholte.

Das zur Fischkonservierung nötige Salz bezog Lübeck aus den Lüneburger Salinen. Erst im Laufe der Zeit kam das billigere französische Meeressalz in den Handel. Aus Norwegen und Schweden führten die Hansekaufleute neben dem Trockenfisch auch Eisenerz, Kupfer und Holz ein, während Dänemark Schlachtvieh, Pferde, Fett, Speck und Häute exportierte.

Werfen wir noch einen kurzen Blick auf das westliche Verteilerzentrum Brügge, damals ein europäischer Haupthafen, heute versandetes flandrisches Mittelstädtchen. Hier liefen viele Jahrzehnte alle Waren aus West-, Nord- und Osteuropa zusammen, vor allem wurde die Stadt wegen des Exports flandrischer Tuche berühmt, für die England die nötige Wolle lieferte. Mit den flandrischen Erzeugnissen konnten das Rheinland oder Mitteldeutschland kaum konkurrieren, wenngleich westfälische Leinwand, Leibwäsche und Tischbezüge im Osten viele Abnehmer fanden. Über Brügge liefen die Weinexporte aus Spanien, dem Baskenland, Burgund und dem Rheinland, hier konnte man aber

Text der Zeit

Handelsboykott gegen Flandern, beschlossen auf dem Hansetag zu Lübeck 1358

Wir [d. h. die wendischen und die preußischen Städte] haben das Folgende beschlossen, weil der Kaufmannschaft der deutschen Hanse in Flandern mancherlei Unrecht und Hinderung geschehen ist: Jede Stadt soll dafür sorgen und einstehen, daß keiner ihrer Bürger oder deren Genossen oder sonst irgend jemand von der Hanse näher an Brügge in Flandern heransegelt als bis an die Maas, auch soll er das Gut, das er heranführt, an keinen Flamen und weder nach Mecheln noch nach Antdorf [Antwerpen] verkaufen, auch an keinen, von dem er weiß, daß er es den Flamen [. . .] bringt. Auch sollen sie von keinem Hafen aus irgendwelches Gut über Land in die drei genannten Orte senden. Käme ein Schiffer in großer Not wegen Wind und Wetter in einen Hafen westlich der Maas, so darf er seine Ware dort nicht ausschiffen oder verkaufen, sondern soll sich beeilen, so sehr er kann, daß er wieder zur Maas oder zu einem Hafen östlich der Maas zurücksegelt. [. . .] Kommt ein Schiff, ein Schiffer oder Kaufmann, der nicht in der deutschen Hanse ist, in eine Hansestadt und wollte Ware von dort ausführen, so soll er ausreichende und ehrbare Bürgen dafür stellen, daß er die Ware nicht nach Flandern bringen will. Kann er die Bürgen nicht aufstellen, so soll man ihm nicht gestatten, irgendwelches Gut auszuführen, sondern ihm nur Bier, Brot und Kost, die er braucht, geben und nicht mehr. [Kein Hansekaufmann darf flandrisches Gewand weder in Flandern noch sonstwo kaufen . . .]
Kommt ein nichthansischer Kaufmann zu Lande oder zu Wasser in eine Hansestadt und will dort flandrische, Mechler oder Antdorfer Tuche verkaufen, so soll ihm diese niemand abnehmen, sondern er soll sie wieder fortführen; dafür sollen die sorgen, denen die Stadt oder der Hafen gehört, wo jener hingekommen ist. Auch haben wir festgesetzt, daß alle deutschen Kaufleute der Hanse zwischen jetzt und dem 1. Mai 1358 Flandern, Mecheln und Antdorf räumen und von dannen ziehen sollen und so lange fortbleiben, bis wir es sie einträchtig wissen lassen. Auch soll niemand seine Ware seinem Wirte übergeben ohne irgendwelche Arglist, es sei denn, daß er ihm Geld schuldet. [. . .]
Handelt ein Mann der deutschen Hanse gegen dieses Gesetz, flüchtet in eine andere Hansestadt, wird dort ergriffen und schuldig befunden, so soll ihm dort kein Geleit gegeben werden, sondern die Stadt soll über ihn richten und er soll alles Gut, was er mitgebracht hat, oder dessen Wert verlieren, und das soll man an die Stadt zahlen, deren Bürger er ist.
Will sich eine Hansestadt freventlich von diesem Gesetz ausschließen und weigert sie sich, es zu halten, so soll sie ewiglich aus der Hanse ausgestoßen sein und am Recht der Deutschen keinen Anteil haben. Kommt es zu einem Ausgleich zwischen der Kaufmannschaft und den Flamen wegen des geschehenen Unrechts, so soll dies nur geschehen mit voller Einwilligung der obengenannten Städte, und derer, die sie dazugerufen.

Aus: Hanserezesse I, S. 135.
Übertr.: J. Bühler

Verfolgung von Mogelpackungen
Bestimmungen aus Lübeck 1375

Ferner kam die Klage an die Städte wegen der Piktonnen, der Teer- und Aschetonnen. Man fälscht sie, macht den Boden und den Deckel allzudick und man füllt Erde hinein. In dieser Sache soll man an Preußen, Stettin, Kolberg und Gotland Briefe senden, damit jeder sich in acht nehme. Denn wenn man am nächsten St. Martinstag solche Ware findet, so soll als Fälschung darüber gerichtet werden. Diesen Beschluß soll jede Stadt ihren Nachbarn mitteilen. Ferner soll jeder in seinem Rat über die Herings- und Biertonnen reden, daß man die in allen Städten gleich mache, und zwar nach den Rostocker Tonnen. [. . .]
Ferner soll jeder Vogt auf Schonen [Südschweden] den Seinen verkünden, daß sie ihren Hering so in die Tonnen einsalzen, daß er an beiden Böden und in der Mitte gleich gut sei und daß man keine minderwertigen noch kopflosen Heringe zwischen die guten packe. Jeder soll den Hering einlegen und nicht mit Mollen [d. h. Mulden] einschütten. Wo in dieser Weise gefälschtes Gut gefunden wird, da soll man als Fälschung darüber richten, ebenso wenn jemand Heringe, die auf der wendischen Seite eingesalzen sind, als schonische verkauft.

Aus: Hanserezesse II, S. 101
Übertr.: J. Bühler

Stempel und Siegel. *Zwei Heringe schmücken den Stempel der Kölner Heringsröder (oben), Lübeck besiegelte alle Urkunden seiner Bedeutung als Hansestadt entsprechend mit einem Siegel, auf dem Fischer in einer stilisierten Kogge abgebildet waren (unten).*

auch Orientwaren wie Seide, Gewürze, Damast und Damaszenerklingen eintauschen, und Wein aus Zypern, Pelze oder Feigen erwerben sowie Haushaltswaren, Drähte, Nägel, Glas- und Spielwaren aus hansischer Heimproduktion einkaufen.
Weniger genau unterrichtet sind wir leider über den Umfang der Geschäfte. Eines läßt sich allerdings feststellen: Kein einziger hansischer Kaufmann, nicht einmal ein Veckinchusen, Castorp oder Mulich, hätte sich mit den süddeutschen Fuggern, Beheims oder Welsern vergleichen können. Oft schmolzen nämlich erworbene Reichtümer innerhalb weniger Generationen infolge Erbteilung, Fehlspekulation oder Krieg zusammen. Mochten auch die Zwischengewinne manchmal erheblich gewesen sein, waren die Handelskosten doch extrem hoch und zehrten davon einen Großteil wieder auf. Verpackungs-, Zoll-, Schutz- und Vorzugsabgaben, der Sold für militärisches Begleitpersonal, Risikoprämien, Kontor- und Liegenschaftskosten schlugen spürbar zu Buch. Es gehörte zudem zu den Merkmalen der Hanse, daß ihre Mitglieder oft auch gegeneinander hart konkurrierten, wie das Beispiel Lübecks zeigt, das zusammen mit den wendischen Städten gegen die preußischen unter Danzigs Führung Handelspolitik trieb. In der Fremde, so scheint es freilich, war es um die hansische Solidarität besser bestellt als in der Heimat.

Die Hanse und die große Politik: Der Krieg mit Dänemark

Die wirtschaftliche Prosperität der Hanse hing natürlich von einem guten Verhältnis zu den politischen Mächten ab. Unter diesen sollte für die Geschichte des Bundes Dänemark zum Schicksalsland werden. Wenn Kaiser und Reich die Hanse nicht stützten, hätte es da nicht nahegelegen, wenn sich die Hanse an die dänische Monarchie angelehnt hätte? Doch diese Politik war schon deshalb unmöglich, weil die Hanse gerade den nach König Erich Menrdes Tod 1319 eingetretenen Verfall der dänischen Monarchie zur Stärkung ihrer nordischen Position benutzte, was König Waldemar IV. Atterdag von Dänemark (1340–1375) veranlassen sollte, den hansischen Einfluß in der Ostsee und vor allem auf der Halbinsel Schonen gewaltsam zurückzudrängen. Sein Überfall auf die Hansestadt Wisby, die im schwedischen Schonen lag, traf nicht nur hansische Lebensinteressen aufs empfindlichste, sondern machte auch Schweden zum Bundesgenossen der Städteföderation. Da aber Kaiser Karl IV. die Reichssteuern Lübecks an König Waldemar verpfändet hatte, war für die Reichsstadt eine existenzbedrohende Lage entstanden. Eine Wirtschaftsblockade gegen Dänemark nützte ebensowenig wie Verhandlungen mit dem Aggressor. So entschloß sich die Hanse nach langem Zögern zum Krieg. Mit dem Deutschen Ritterorden verbündet, trat sie mit 8000 Söldnern und 48 Kriegsschiffen gegen Dänemark an. Den Oberbefehl hatte der Lübekker Bürgermeister Wittenborg. Die erste Feindbegegnung endete mit einer schweren Niederlage der Hansestädte. Wittenborg wurde deswegen hingerichtet. Waldemar IV. gewährte zwar sofort einen Waffenstillstand, fuhr aber fort, hohe Steuern für die Passage des Sunds zu erheben und Gewaltpolitik zu treiben, so daß die Ordensstädte zu einem weiteren Waffengang drängten. Lübeck bekam diesmal aktive Unterstützung durch Schweden, Mecklenburg, Holstein und den jütländischen Adel. Diesmal war das Schlachtenglück auf hansischer Seite. Die dänische Stadt Kopenhagen fiel, und Waldemar IV. floh ins Ausland. Er glaubte, Kaiser Karl IV. für seine Sache gewinnen zu können. Aber dieser hatte gerade politische Sorgen mit Italien und keine freien Reserven. So kämpften die dänischen Sundfestungen allein weiter, bis sie sich nach hartnäckiger Belagerung ergeben mußten.

Die Hanse auf dem Höhepunkt ihrer Macht

Im Frieden von Stralsund 1370 erhielt die Hanse ihre dänischen Privilegien bestätigt, die ihnen Waldemar IV. entzogen hatte, bekam für 15 Jahre das Kontrollrecht über den Sund und konnte so den Seeweg zwischen der Ost- und Nordsee kontrollieren. Bei künftigen Königswahlen mußte der dänische Reichsrat die Zustimmung der Hanse einholen! Mit diesen ›unerhörten‹ Friedensbedingungen hatte sie ihren politischen Höhepunkt erreicht. Als Beherrscherin der Ostsee war die Hanse zur politischen Großmacht geworden. Als nach Waldemars IV. Tod ein Streit um die drei nordischen Kronen von Dänemark, Schweden und Norwegen ausbrach, hielt sich die Hanse zurück und ließ zu, daß Margarete, die Tochter Waldemars IV., sich mit dem norwegischen König Hakon VI. vermählte. Nach dessen Tod verstand es Margarete, 1397 eine Personalunion (die »Kalmarer Union«, gemeinsames Wahlkönigtum, besteht bis 1814 für Dänemark und Norwegen!) unter den drei nordischen Königreichen herzustellen; ein Enkel ihrer Schwester Ingeborg, Erich von Pommern, wurde in Kalmar zum König Dänemarks, Norwegens und Schwedens gekrönt.
Nun traten aber die Bundesgenossen des verdrängten Schwedenkönigs auf den Plan. Sie sind unter dem Namen Vitalienbrüder bekannt geworden. 30 Jahre lang bildete diese aus Rittern, Bürgern, Bauern

und allerlei zwielichtigem Gesindel bestehende Piratengruppe eine Gefahr für alle Ostseefahrer, dann aber auch für alle nordischen Kaufleute, bis man ihre letzten Anführer, den legendären Godeke Michels und Klaus Störtebeker dingfest machen konnte und in Hamburg, zusammen mit zahlreichen Komplizen, öffentlich enthauptete.

Niedergang der Hansemacht
Die Trennung von Holland und Spannungen mit England

Erich von Pommern hatte keine sehr glückliche Hand im Regieren; er erhöhte den Sundzoll, ließ hansische Schiffe beschlagnahmen, um den Dänemarkhandel der Hanse zu drosseln, und schließlich trug er den Krieg nach Holstein hinein. Lübeck reagierte mit einer Sundblockade und führte jetzt den Ost-Westhandel über seinen Stapelplatz und die Landbrücke zwischen Trave und Elbe. Im Frieden von Wordingborg (1435) mußte Erich die alten Hanserechte erneuern. Der Sundzoll blieb freilich bestehen, nur die wendischen Städte wurden davon befreit. Der Krieg hat erste Risse im Hansesystem sichtbar werden lassen, als sich nämlich die preußischen Städte unter Danzigs Führung energisch gegen die Stapelpolitik Lübecks zur Wehr setzten.
Ein neues Problem tauchte auf, als die Hanse dazu überging, keine holländischen Städte mehr in ihre Föderation aufzunehmen, obgleich sich holländische Städte 1367 der Föderation von Köln, die gegen Waldemar IV. zustande gekommen war, angeschlossen hatten. So sahen sich die Holländer, die inzwischen mit Hilfe eingewanderter flämischer Weber, mit englischer Wolle und gräflichen Privilegien eine beachtliche Tuchindustrie aufbauen konnten, nach Unterstützung in Skandinavien um. König Erich bot ihnen seine Hilfe an und förderte den holländischen Export in die Ost- und Nordseeräume. Die Hanse bekam diese Konkurrenz bald zu spüren. Der »Fliegende Holländer« wurde sozusagen ihr Alptraum. Unter Umgehung des Lübecker und Brügger Stapelzwangs (d. h. das Recht der Städte, Kaufleute zum Ausstellen und Anbieten ihrer Ware zwingen und damit gleichzeitig andere Steuern von ihnen abkassieren zu können) tauschten holländische Fernhändler in livländischen Häfen Tuche, Heringe und französisches Salz gegen Wachs und Flachs ein, warfen Anker in kleinen Ostseehäfen, wo sie direkt mit Bauern und Großgrundbesitzern zu niedrigen Tarifen Frachtverträge abschlossen. Auch die Norweger sahen die Holländer gerne, weil sie sich durch deren Erscheinen vom Druck des Hansemonopols befreit fühlten. Im übrigen war die Durchsetzung des Brügger Hansestapels keine Karte mehr, die gestochen

hätte; Antwerpen hatte Brügge bereits den Rang abgelaufen. Blockaden beantworteten die Holländer nun mit einem Kaperkrieg, und der neue Dänenkönig stellte die holländischen Kaufleute den hansischen gleich. Die wendischen Städte, die den Sund blockieren wollten, fanden schon keine Unterstützung mehr beim Hochmeister des Deutschen Ordens, mußten sich schließlich 1441 zu einem Frieden herbeilassen, der die Handelsprivilegien der Holländer im Ostseeraum bestätigte und deren Vordringen in das hansische Wirtschaftsimperium begünstigte.
Fast um die gleiche Zeit wurden auch die Beziehungen der Hanse zu England von düsteren Wolken überschattet. Bestand nämlich seit dem 12. Jahrhundert zwischen der englischen Krone und den deutschen Kaufleuten ein gutes Einvernehmen, so zeigte sich seit Beginn des 15. Jahrhunderts ein gewisser Handelsneid der »Merchant Adventurers« (engl., wagende Kaufleute), einer im 14. Jahrhundert gegründeten Kaufmannsgilde, die sich energisch über Behinderungen ihres Ostseehandels durch Hansestädte beklagte, so daß das englische Parlament bestehende hansische Sonderrechte in England aufhob. Lübecks Widerstand endete mit einer Seeniederlage. Und als die Dänen, um ihr isländisches Monopol fürchtend, englische Schiffe beschlagnahmten, machte London die Hanse dafür verantwortlich. Aufgebrachte Londoner zerstörten Einrichtungen des Stalhofs, deutsche Kaufleute wurden verhaftet. Mit dänischer und polnischer Hilfe führte die Hanse nun einen langen Kaperkrieg gegen England, der 1474 infolge beiderseitiger Erschöpfung mit einem Frieden zu Utrecht beendet wurde. Was sich kein Hansekaufmann hatte träumen lassen, wurde wahr: England stellte die hansischen Privilegien tatsächlich wieder her, dafür erlangten die englischen Kaufleute Handelsfreiheit in Preußen. Für die nächsten 100 Jahre konnte die Hanse ihre Position in England behaupten. Das ramponierte Ansehen schien wiederhergestellt. Den Mitgliedern der Föderation war einmal mehr die Bedeutung innerer Geschlossenheit ins Bewußtsein getreten. Köln, das bei den Auseinandersetzungen abseits gestanden hatte, wurde eine Lektion erteilt und mußte eine empfindliche Buße zahlen.

Konkurrenten und Krisen

Und dennoch hatte die Hanse ihren Zenit bereits überschritten. Nicht die Entdeckung Amerikas 1492 und die damit verbundene Verlagerung der Seehandelswege waren der einzige Grund dafür. Vielmehr hatten sich die politischen Gewichte im Einflußbereich des Städtebun-

des verlagert. Der Großfürst von Moskau zum Beispiel legte den Handel in die Verantwortung des russischen Adels und der Kirche. Er schloß daher 1494 den Peterhof in Nowgorod. Der Aufstieg des polnisch-litauischen Großstaates (siehe Seite 96–98) führte zum Verlust des hansischen Einflusses in Livland. König Gustav Wasa von Schweden drosselte durch Zollerhöhungen den Handel der Hansekaufleute empfindlich, zugleich begünstigte er aber den englischen Tuchhandel. Schließlich nutzten die Niederländer die Rivalitäten der hansischen Ost- und Nordseestädte aus, um ins Geschäft zu kommen mit Norwegen. Sie bauten nun schnellere Schiffe, die auch in flacheren Binnengewässern operieren konnten, und überrundeten damit die Kogge. Bald konnten die Niederländer ein Gesamthandelsvolumen erreichen, das 30 Prozent größer war als das der Hanse.
Im Zusammenhang mit dem spanisch-niederländischen Konflikt ging auch das Antwerpener Kontor verloren, das die Hanse wegen der Versandung des Hafens in Brügge zum Mittelpunkt des westeuropäischen Handels zu machen versucht hatte. Amsterdam brachte aber keinen Ersatz, weil dort die oberdeutschen Kaufleute bevorzugt wurden. Es wundert nicht, daß sich allmählich ein Desinteresse auszubreiten begann und daß die Aktivitäten hansischer Kaufleute spürbar nachließen. Auf einem Hansetag von 1518 mußten gleich 13 Städte ausgeschlossen werden, weil sie schon lange nicht mehr erschienen waren und ihre Privilegien nicht mehr wahrnahmen.
Es gab aber auch noch andere Kräfte, die den Niedergang der Hanse mitbedingt haben. Da ist vor allem an die Augsburger Kaufmannsfamilie Fugger zu erinnern, die in den Handel mit Kupfer, Wachs, Pelzwaren, Silber und Gewürzen eintrat, so daß mancher Hanseate Neigung zeigte, mit diesem berühmten Geschlecht ins Geschäft zu kommen. Auch der Druck der Fürsten auf die in ihren Territorien liegenden Hansestädte nahm im Laufe des späten Mittelalters zu. Die Landesherren wollten diese Städte in ihr eigenes Wirtschaftssystem eingliedern. Selbst die Zunftunruhen in den Hansestädten wirkten auf das Städtebündnis als Ganzes zurück, insofern der Freiheitsraum der Kaufmannsgilden erheblich eingeschränkt wurde. Schließlich hat die Reformation die innere Einheit des Städtebundes nicht gerade gefördert. Und dennoch versuchte dieser sich in der Mitte des 16. Jahrhunderts noch einmal neu zu formieren. Man richtete nun sogar eine Bundeskasse ein und bestellte einen Syndikus, der sich als Diplomat einen Namen gemacht hat. Die Bundeskasse blieb freilich leer, weil die finanzschwächeren Mitglieder der Hanse bei den reicheren ständig in der Kreide standen und die reicheren keine gute Zahlungsmoral bewiesen. So wollte man dem Syndikus nicht einmal die Spesen bezah-

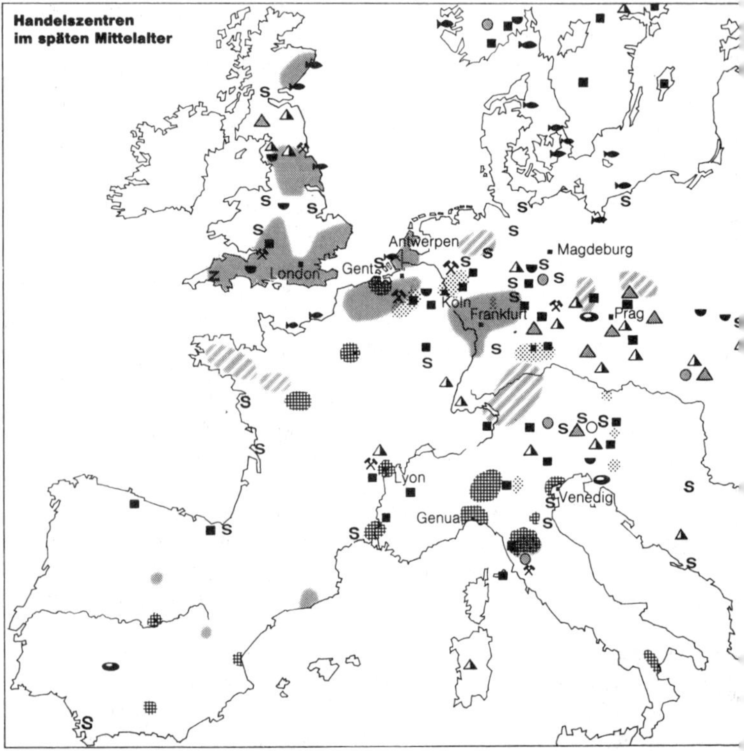

len, obgleich dieser bei seinen jahrelangen Reisen von Hansestadt zu Hansestadt viele Auslagen hatte. Auf den Hansetagen erschien man weiter nach Belieben. Angeblich kosteten die Delegierten zu viel Geld. Dieses Lamento zog sich wie eine dauernde Begleitmusik durch die Hansegeschichte des 15. und 16. Jahrhunderts. Die Reformen blieben also ohne rechte Wirkung. Aus den Rivalitäten der Hansestädte profitierten natürlich die ausländischen Kaufleute.

Die Hanse – Eher Ideal als Wirklichkeit?

Als das 16. Jahrhundert zu Ende ging, gab es keine Anzeichen mehr dafür, daß die Hanse noch jemals eine bestimmende Kraft im wirtschaftlichen und politischen Leben Europas werden könnte. Ange-

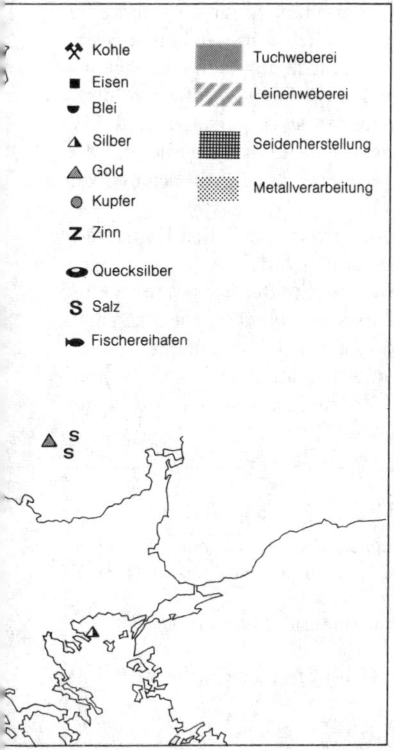

Auffällig ist die Ballung von Tuchindustrie in den Gebieten mit entwickelter städtischer Kultur, die gleichzeitig an den Fernhandelsstraßen liegen: Oberitalien, Rhônetal, Flandern, Rheinland, Süd- und Mittelengland. Hingegen überwiegt im Deutschen Reich der Metall- und Kohleabbau, Grundlage des künftigen Reichtums der Fugger und Welser.

sichts dieser hoffnungslosen Situation stellt sich auch hier die Frage nach dem »starken Mann«: Was tat eigentlich das Reich für die Hanse? Nur einmal erklärte ein Kaiser seine Parteinahme für die Hanse, und da war es zu spät. Als Kaiser Rudolf II. die Reichsacht gegen jedes englandfreundliche Verhalten androhte, erwies sich die Drohung als Bumerang, denn Englands Königin Elisabeth ließ 1598 den Stalhof schließen. Getreidegeschäfte mit Brasilien fielen kaum ins Gewicht. Den Pelzhandel zogen Städte wie Leipzig und Frankfurt/Oder an sich, der Holzexport ging deutlich zurück, nachdem die Abholzungen im Ostseeraum zu ersten negativen Folgen geführt hatten.
Der Dreißigjährige Krieg, der 1618 ausbrach, hat der inneren Einheit keinesfalls gedient. Zu verlockend waren die Angebote der Parteien, zu unterschiedlich die Interessen der einzelnen Hansestädte. Die hansischen Reichsstädte waren protestantisch geworden, zudem fürchte-

ten viele den Abbruch der Wirtschaftsbeziehungen mit England oder Schweden, wenn sie sich auf die Seite des Reiches gestellt hätten. Während Territorialfürsten manche Hansestadt in ihr Herrschaftsgebiet eingliederten und so dem Bund und seinem Einfluß entzogen, dämmerten die ausländischen Niederlassungen stark verschuldet dahin. Ein Vertreter Wismars charakterisierte das hoffnungslose Bild, das der Städtebund abgab, mit dem Satz: »Die Hanse ist mehr ein Schatten als eine Wirklichkeit.«

Als der Dreißigjährige Krieg 1648 vorüber war – von allen Hansestädten war lediglich Magdeburg total zerstört worden – flackerte noch einmal die Hoffnung auf, die Hanse durch eine Reform retten zu können. Nach langen und mühseligen Vorverhandlungen kam es tatsächlich im Juli 1669 zu einem Hansetag in Lübeck. Ganze acht Städte hatten ihre Vertreter entsandt. So führten die Beratungen zu keinem konkreten Ergebnis. Dieser Lübecker Hansetag sollte der letzte in der Geschichte des berühmten Städtebundes sein!

Literatur

Baethgen, Friedrich: Das deutsche Städtetum, die Hanse und die nordische Staatenwelt. In: Deutschland und Europa im Spätmittelalter, Frankfurt / Berlin 1968

Brandt, Ahasver von u. a.: Die deutsche Hanse als Mittler zwischen Ost und West, Opladen 1963

Bruns, Friedrich / Weczerka, Hugo: Hansische Handelsstraßen, Weimar 1962 – 1967

Dollinger, Philippe: Die Hanse, Stuttgart 1976

Pagel, Karl: Die Hanse, Braunschweig 1965

Zimmerling, Dieter: Die Hanse. Handelsmacht im Zeichen der Kogge, Düsseldorf / Wien 1976

SIEGFRIED GRISSHAMMER

Scholastik und Mystik

Die geistigen und gesellschaftlichen Voraussetzungen – Gründung der Universität Paris (Sorbonne) – Anselm von Canterbury – Petrus Abälard und die scholastische Methode – Die Hochscholastik: Albertus Magnus und Thomas von Aquin – Thomas' Gedankenwelt – Der Universalienstreit – Unmittelbare Wege zu Gott: Formen der Mystik – Meister Eckhart und seine Schüler.

Bis tief ins 12. Jahrhundert hinein waren vor allem die Klöster und die ihnen angeschlossenen Schulen Zentren und Träger des Geisteslebens, das deshalb selbstverständlich von Christen geprägt war. Die Gründung von Universitäten in bedeutenden Städten Europas, in Paris, Bologna, Salerno und Oxford, veränderte diese Lage mit einem Schlag.

Die Klöster behielten zwar weiterhin ihren großen Einfluß auf Bildung und Erziehung, die wissenschaftlichen Auseinandersetzungen aber wurden in den Universitäten geführt, wo in zunehmendem Maß das aufstrebende Bürgertum das geistige Klima bestimmte. Die berühmteste Universität des Mittelalters war die Sorbonne in Paris. Sie hatte sich seit dem 12. Jahrhundert aus der Kathedralschule von Notre Dame entwickelt und den Namen ihres Begründers, des Domherrn Robert von Sorbon, angenommen. Paris erlangte auf dem Gebiet der Theologie eine kaum je angefochtene Autorität, die Gelehrten der Sorbonne gehörten zu den berühmtesten Europas.

Die Universität von Paris wurde auch zu einer Hochburg der »Scholastik« (eigentlich »Schullehre«), jener philosophischen Theologie, die das religiöse Denken des hohen und späten Mittelalters so nachhaltig beeinflußte. Die Scholastik sah es als ihre Hauptaufgabe an, die christliche Lehre dem denkenden, seine Vernunft anwendenden Menschen einsehbar zu machen, also Glauben und Wissen miteinander zu versöhnen. Es handelte sich also nicht etwa darum, den überlieferten christlichen Glauben und seine Dogmen in Frage zu stellen. Vielmehr konnte nach der gemeinsamen Überzeugung vieler gelehrter Theologen eine das Wissen richtig anwendende Vernunft die unveränderlichen Wahrheiten des Christentums nur bestätigen und ihre absolute Gültigkeit rechtfertigen!

Apokalypse und Antichrist. *Bilder zur Geheimen Offenbarung, die insofern epochemachend ist, als sie die Apokalypse zur konkreten Geschichtsprophetie uminterpretiert. Dies bedingte die Personifizierung des Antichristen (oben links)*

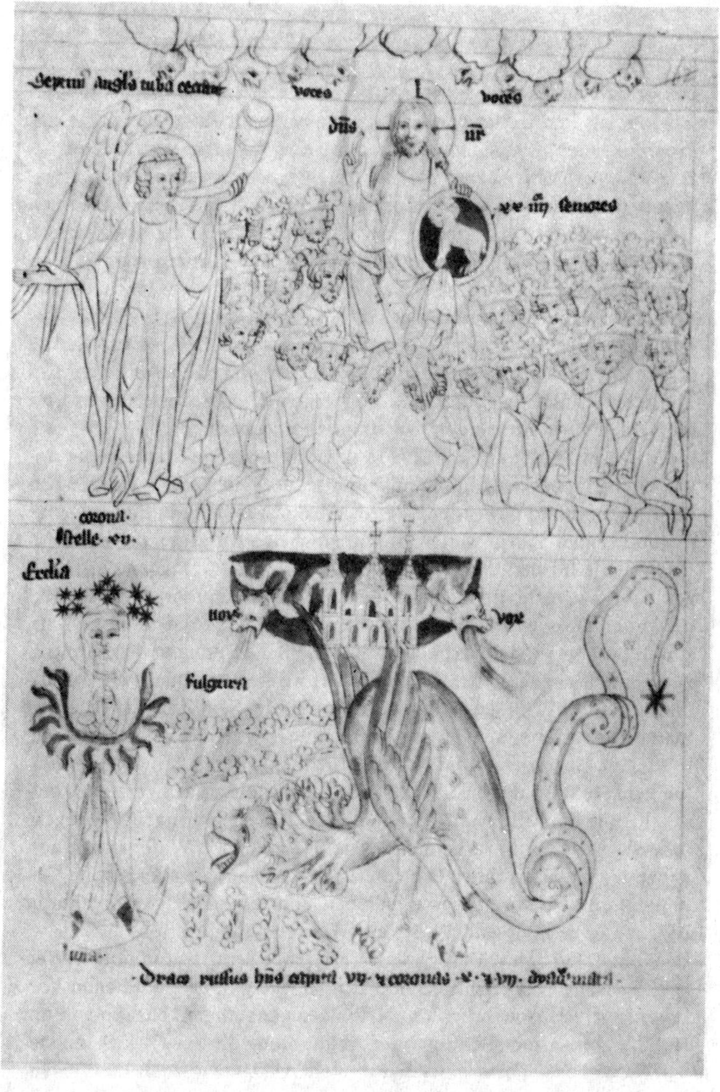

etwa in Friedrich II. oder Hus, der dem Weltende vorausgehe. – Rechts unten der apokalyptische Drache beim Angriff auf die wahre Kirche. Welislaw-Bibel, um 1350. Prag, Universitätsbibliothek.

Verstand und Glaube in neuer Verbindung
Anselm von Canterbury und Petrus Abälard

Der ›Vater‹ der Scholastik, der 1033 in Aosta (Piemont) geborene und seit 1093 als Erzbischof von Canterbury wirkende Anselm drückte das Problem einer rationalen Begründung von Glaubenswahrheiten so aus: »Neque enim quaero intellegere, ut credam, sed credo, ut intelligam« (lat., »Ich bemühe mich nicht um Einsicht, um zum Glauben zu kommen, sondern ich glaube, um dadurch Einsicht zu gewinnen«). Wahrheit kann also nur erkennen, wer in der Wahrheit steht, die in sich selbst ruhende Wahrheit, die mit Gott identisch (wesensgleich) ist, bewirkt erst die Erkenntnis des Wahren. Umgekehrt aber gilt für Anselm auch der Satz: »Fides quaerit intellectum« (lat., »Der Glaube drängt zur Einsicht«), d.h. es gehört zu den wichtigen Aufgaben des Menschen, das Geglaubte auch mit seinem Denken zu erfassen und mit seiner Vernunft, seinem Verstand zu durchdringen.
Der 1079 in Palet bei Nantes (Frankreich) geborene, durch seine unglückliche Liebesverbindung mit Heloïse, der Nichte eines Pariser Kanonikus, berühmt gewordene Petrus Abälard(us) ging in dieser Denkmethode einen Schritt weiter. Er hatte in vielen Aussagen der Kirchenväter, die ja für den Gläubigen als Teil der Tradition neben der Heiligen Schrift verpflichtendes Glaubensgut waren, unüberbrückbare Widersprüche festgestellt. So stellte er in seinem Werk »Sic et non« (lat., »Ja und nein«) 158 scharf gegensätzliche Behauptungen der Kirchenväter einander gegenüber. Doch auch er wollte damit nicht die Autorität der Kirche in Frage stellen und bezweifeln. Sein Ziel war es, einen methodisch sauberen Weg zur Aufhebung bzw. Klärung dieser vorgefundenen Gegensätze und Widersprüchlichkeiten zu finden. Immerhin geht Abälard dabei so weit, daß er die »ratio« (lat., Verstand) entscheiden lassen will, wenn eine in die Texte tief eindringende Exegese (griech., Auslegung) zu keinem befriedigenden, den Widerspruch aufhebenden Ergebnis führt. Die von Gott dem Menschen verliehene Vernunft muß also sorgfältig vergleichen und darf nach gewissenhafter Abwägung des Für und Wider eine Entscheidung treffen.
Die später von den ›Hochscholastikern‹ angewendete und noch verfeinerte wissenschaftliche Methode, d.h. der Weg des gedanklichen Vorgehens, ist wahrscheinlich ohne Abälard ganz undenkbar. So soll am Anfang einer Untersuchung oder Abhandlung die zur Diskussion stehende Sache in Form einer Frage stehen. Dann werden die Gegengründe (contra) vorgebracht, die ihrerseits durch entkräftigende Argumente (pro) in Frage gestellt bzw. widerlegt werden. Dem folgt dann die abschließende Meinung des Verfassers, natürlich nicht, ohne das

Für und Wider noch einmal genau durchleuchtet zu haben. – Obwohl Abälard dem allzu radikal angewandten Verstand durchaus kritisch gegenüberstand, haben viele Zeitgenossen sein Buch »Sic et non« als kaum tragbare Zumutung an den Gläubigen empfunden und sein Vorgehen leidenschaftlich abgelehnt. Seine Lehre wurde bereits 1121 auf einer Synode in Soissons (Frankreich) verurteilt. Bernhard von Clairvaux hielt Abälard für einen Ketzer, und Papst Innozenz II. (1130–1143) verbot ihm jede weitere Lehrtätigkeit.

Trotz Lehrverbot und Verurteilung: Scholastische Gedanken werden weitergetrieben

Ihren Höhepunkt erreicht die Scholastik in den Werken von zwei Dominikanermönchen: dem um 1200 in Lauingen an der Donau geborenen Albertus Magnus (Albert der Große), eigentlich Graf Albrecht von Bollstädt, der als gefeierter Lehrer in Paris und Köln wirkte, und dem um 1225 auf dem Schloß Roccasecca im Neapolitanischen geborenen Thomas von Aquin, der als der bedeutendste Philosoph und Theologe des Hochmittelalters gilt. Albertus war ein gründlicher Kenner des Aristoteles, jenes griechischen Philosophen aus dem 4. vorchristlichen Jahrhundert, dessen Werke durch arabische Vermittlung im 12. Jahrhundert in Europa genauer bekannt wurden und die Hochscholastik stark beeinflußten. Die Schriften dieses Griechen galten bald als kaum überbietbare Zusammenfassung weltlicher Weisheit, und man hat nicht zu Unrecht von einer bis ins 16. Jahrhundert reichenden »Weltherrschaft der aristotelischen Philosophie« (Hans Joachim Störig) gesprochen. In seiner »Summa theologiae« (lat., »Summe der Theologie«) bewies Albertus Magnus nicht nur seine intime Kenntnis des Aristoteles, sondern breitete auch ein gewaltiges naturwissenschaftliches Wissen aus, das den durch die Kreuzzüge und den geistigen Austausch mit den Arabern stark erweiterten Wissensstand der Zeit getreu widerspiegelte.

Albertus' Schüler Thomas von Aquin gelang es dann, das Hauptanliegen der Scholastik, die Versöhnung von Vernunft und christlicher Offenbarung nämlich, in einem harmonischen System von bewundernswerter Klarheit darzustellen und zu lösen. Sein wichtigstes Werk ist wie bei Albertus Magnus seine »Summa theologiae«, daneben steht aber eine große Zahl von anderen Arbeiten, so allein zwölf Kommentare zu Schriften des Aristoteles, aber auch apologetische (d.h. den Glauben verteidigende) Bücher und Auslegungen zu Teilen der Heiligen Schrift.

Objektives Erkennen und Geheimnisse des Glaubens bei Thomas von Aquin

Thomas von Aquin ist tief davon überzeugt, daß die Wirklichkeit ein gesetzmäßig geordnetes Reich darstellt, das unserer Erkenntnis zugänglich ist. Er hält also im Gegensatz zu dem Kirchenvater Augustinus an der Möglichkeit wahrer objektiver Erkenntnis durch den Menschen fest. Doch genauso ist er davon überzeugt, daß unser Erkennen an Grenzen stößt. Über ihm steht, der Erfassung durch unsere natürliche Denkkraft entzogen, das Reich der übernatürlichen Wahrheit. Sein Zentrum bilden die Mysterien, die Geheimnisse des christlichen Glaubens: die Dreieinigkeit, Gottes Menschwerdung in Jesus Christus und die Auferstehung – alles Wahrheiten, die wir nur gläubig hinnehmen können. Diese Mysterien werden von Thomas von Aquin als übervernünftig, doch keineswegs als widervernünftig begriffen.
Andererseits kann nach Thomas' Überzeugung das Dasein Gottes durch logisch einleuchtende Gründe bewiesen werden. In seiner »Summa theologiae« stellt Thomas von Aquin fünf Gottesbeweise auf. Beim zweiten geht er beispielsweise methodisch so vor: Durch unsere Sinne und unser Erkenntnisvermögen können wir zweifelsfrei eine Ordnung wirkender Ursachen für die mögliche Existenz eines Gottes feststellen. Unmöglich ist es aber, daß etwas sich selbst bewirkt, weil es dann vor seiner Existenz dasein müßte. Da es weiterhin nicht möglich ist, in der Reihe wirkender Ursachen ins Unendliche fortzuschreiten, »ist es notwendig, eine erste wirkende Ursache anzunehmen, die wir alle Gott nennen«.
In seiner Ethik (griech., Sittenlehre) geht Thomas von Aquin davon aus, daß böses Handeln widervernünftiges Handeln ist, da sich die Vernunft in der Erkenntnis der Wahrheit vollende. Als überzeugter Anhänger des Aristoteles entwirft Thomas von Aquin auch eine Staatslehre (Politik). In ihr geht er davon aus, daß der Mensch nur dann gut sein kann, wenn die Richtschnur seines Handelns das Gemeinwohl ist. So erklärt Thomas von Aquin: »Je mehr eine Tugend auf das Gemeinwohl bezogen ist, desto höheren Rang besitzt sie.«
Der Thomismus, d. h. die auf Thomas von Aquin fußende theologische Lehre, hat im Laufe der Jahrhunderte innerhalb der katholischen Kirche an Bedeutung eher zugenommen. Im Jahre 1879 wurde er zur offiziellen Philosophie der katholischen Kirche erhoben. Die Scholastik, eine Philosophie innerhalb der vom christlichen Glauben abgesteckten Denkgrenzen, stellt gewiß eine beeindruckende denkerische Leistung dar. Wie ernst dabei die führenden Geister der Kirche miteinander gerungen hatten, beweist der sogenannte »Universalienstreit«.

***Verehrung der Griechen.** Zwei Gelehrte bei der Arbeit: Sokrates schreibt Platos Worte nieder. Zeichnung aus dem »Liber experimentatius«, Mitte des 13. Jahrhunderts. Oxford, Bodleian Library.*

Er kam jahrhundertelang nicht zur Ruhe und zwang fast jeden bedeutenden Theologen zu neuer Denkanstrengung. Es ging dabei um die Frage nach dem Verhältnis zwischen den Allgemeinbegriffen und den Dingen; besonders im 14. und 15. Jahrhundert wurde heftig diskutiert, ob nur das Individuelle reale Existenz hat oder ob die Allgemeinbegriffe, die *vor* dem Denken bereits vorhanden sind, als Urbilder im Geiste Gottes die eigentliche Wirklichkeit darstellen. Hier können nur schlaglichtartig die in dieser Diskussion vertretenen Positionen mit den Begriffen Realismus, Konzeptualismus und Nominalismus benannt, aber nicht erklärt werden.

Abwendung von der Vernunft
Meister Eckhart und die Mystik

Der Universalienstreit hatte jedoch auch eine ›negative‹ Seite. Er zeigt, wie die Frage nach dem Charakter des Wirklichen das Denken auch auf unfruchtbare spekulative Irrwege führen konnte, die durch das dem Christen aufgegebene Streben nach Wahrheit kaum mehr zu rechtfertigen sind. So hat es in der Geschichte der Christenheit schon immer Bewegungen gegeben, die jenseits der komplizierten Gedankengänge der theologischen Wissenschaft einen unmittelbaren Zugang zu Gott suchten. Außerdem boten Kirche und Klerus durch ihr oft wenig christliches Verhalten Anlaß zur Kritik. Kein Wunder, daß sich besonders in Laienkreisen Gruppen bildeten, die an der Institution Kirche vorbei ihre eigenen religiösen Wege gingen.

Die Mystik (von griech. mystikos = geheimnisvoll) des späten Mittelalters, deren Hauptvertreter durchaus innerhalb der etablierten Kirche wirken wollten, stellt einen solchen Weg dar. Ihre Formen sind mannigfaltig. So kann sich das erregte Gefühl des Gläubigen besonders dem Menschen Jesus zuwenden und ihn zum Gegenstand seiner Sehnsucht machen. Im Ton leidenschaftlicher Liebe wendet sich zum Beispiel Bernhard von Clairvaux an Jesus, um eine mystische Vereinigung (lat., unio mystica) mit Gott zu erleben.

Dem Ziel einer Vereinigung mit Gott kann man aber auch dadurch näherkommen, daß man sich völlig von aller Tätigkeit zurückzieht, die eigene Seele gewissermaßen leer werden läßt, damit Gott in sie einströmen kann. Der größte Mystiker des deutschen Mittelalters, der um 1260 in Hochheim bei Gotha geborene Johann Eckhart, genannt »Meister Eckhart«, konnte sagen: »Wer leer ist aller Kreatur, wird Gottes voll.« Wer die Vereinigung mit Gott sucht, muß einen Zustand absoluter Freiheit und innerer Gelassenheit erreichen. Alles hängt daran, daß der Mensch seinen Zustand, sei er nun durch Armut und Unterdrückung oder durch Reichtum und Ehre gekennzeichnet, gelassen erträgt, ohne zu fragen, warum. Denn eben diese Frage wäre schon ein Ausdruck des Eigenwillens, der der geforderten und notwendigen inneren Freiheit und Gelassenheit entgegensteht. Letzten Endes geht es also darum, sich von allen irdischen Dingen innerlich zu trennen, ja das eigene Selbst, den eigenen Willen aufzugeben. Nur auf diesem Wege wird die Seele einen Zustand erreichen, in dem sie Gott gleich wird.

Auch der in Straßburg um 1300 geborene Johann Tauler, wie Meister Eckhart ein Dominikanermönch, der wahrscheinlich in Köln als Schüler zu Meister Eckharts Füßen saß und Mittelpunkt eines Kreises my-

Gelehrter Disput. *Salomon (links) diskutiert mit Cicero (rechts, ohne Hut) im Kreise antiker Philosophen über die Tugend. Kolorierte Federzeichnung. Wien, Österreichische Nationalbibliothek.*

stischer »Gottesfreunde« war, sagt in einer der Predigten, die er in Straßburg und Köln gehalten hat, folgendes: »Aber das ist Liebe, wenn man ein Brennen verspürt in Entbehrung und Beraubung, in einem Verlassensein. Wenn da eine stete, unbewegliche Qual ist und man darin verharrt in echter Gelassenheit, und wenn in der Qual ein Hinschmelzen geschieht und ein Verdorren in dem Brande dieser Entbehrung, und das in gleichmütiger Gelassenheit: das ist Minne (Liebe).« Und Tauler unterscheidet dann in dieser Predigt ein äußeres Suchen nach Gott, das sich zeigt »in äußerlichen Übungen guter Werke«. Diesem Suchen stellt er »das andere Suchen« gegenüber, bei

MEISTER ECKHART

Enthusiastisch gelesen, heftig diskutiert und kritisiert wurden die deutschen und lateinischen Schriften eines Mannes, der vermutlich in Hochheim bei Gotha um 1260 geboren wurde und schon früh, wahrscheinlich in Erfurt, in den Dominikanerorden eintrat. Er stieg innerhalb dieses Ordens rasch zu hohen Würden empor und wurde 1298 Prior in Erfurt und Vikar von Thüringen. 1303 ernannte man ihn zum Generalvikar der sächsischen Provinz seines Ordens; er hatte damit nicht weniger als etwa 120 Männer- und Frauenklöster zu betreuen. 1307 übernahm er sogar die große böhmische Ordensprovinz.

Seine wissenschaftliche Ausbildung erhielt Eckhart in Köln, hielt sich aber auch mehrfach lehrend in Paris auf, wo er 1302 die Würde eines Magisters (daher »Meister«) der Theologie erwarb. Später lehrte Eckhart in Straßburg und Köln scholastische Theologie, hielt sich auch in der Schweiz und im Elsaß auf, wo er jahrelang seelsorgerisch eine große Zahl von Dominikanerinnenklöstern betreute und eine reiche Predigttätigkeit entfaltete.

Die letzten Jahre seines Lebens waren schwer davon überschattet, daß ihn hohe Vertreter der Kirche ketzerischer Ansichten verdächtigten. Der Kölner Erzbischof Heinrich von Virneburg leitete gegen Eckhart, der in Köln das Generalstudium seines Ordens leitete, 1326 ein Inquisitionsverfahren wegen Verbreitung von Irrlehren ein. Hauptanstoß bildeten dabei eine Reihe von Sätzen seiner Kölner Predigten, die eine besondere Breitenwirkung hatten: Eckhart hatte in deutsch gepredigt! Das Prozeßmaterial (Predigtnachschriften) ging schließlich an die Kurie in Avignon / Südfrankreich. Auch Eckhart selbst begab sich in diese Stadt, um sich zu rechtfertigen. Das Ende des langwierigen Prozesses erlebte er jedoch nicht mehr. Weder Datum noch Ort seines Todes sind genau bekannt. Im März 1329 verurteilte die Kurie 26 Sätze des Meisters als häretisch (ketzerisch) bzw. der Häresie verdächtig. Das hinderte jedoch niemanden, seine Anschauungen weiterzuentwickeln und aufzunehmen. *(S. G.)*

dem der »Mensch hineingeht in seinen eigenen Grund«. Er ist überzeugt, daß alles daran liegt, diesen innersten Grund, »wo Gott der Seele weit näher und inwendiger ist, als sie sich selbst ist«, zu suchen und zu finden.

Der dritte bedeutende Vertreter der deutschen Mystik des späten Mittelalters, der um 1300 in Konstanz am Bodensee geborene Heinrich Seuse, der einer ritterlichen Familie entstammte und in Köln Schüler Meister Eckharts gewesen ist, äußert ähnliche Gedanken. Allen drei Denkern aber gemeinsam ist, durch ruhige Versenkung in sich selbst die Vereinigung mit Gott zu suchen.

Die Scholastik (von lat. »schola«, Schule) war in allen ihren Entwicklungsphasen stark auf wissenschaftlich ausgebildete Männer bezogen. Sie bildeten die scholastische Methode im 9. bis 12. Jahrhundert aus, zunächst in einem noch wenig gegliederten Ineinander von Wissenschaft, Geologie und Philosophie. Im 13. Jahrhundert werden diese Bereiche geschieden und die Erkenntnisse Aristoteles' fruchtbar gemacht. Große philosophisch-theologische Enzyklopädien (Summen) entstehen. Erst im 14. und 15. Jahrhundert trägt die Scholastik auch dem Irrationalen Rechnung, die Mystik wird abgespalten und der Weg frei zu einer breiteren Massenwirkung. Mystische Versenkung und Hingabe an Gott wird Ziel auch nichtakademisch gebildeter Schichten und damit Motor spätmittelalterlicher Volksfrömmigkeit.

Literatur

Grabmann, Martin: Thomas von Aquin. Persönlichkeit und Gedankenwelt, München 1946

Grundmann, Herbert: Religiöse Bewegungen im Mittelalter, Lübeck 1970

Pieper, Josef: Scholastik. Gestalten und Probleme der mittelalterlichen Philosophie, München 1960

Reding, Marcel: Die Struktur des Thomismus, Freiburg 1974

Weischedel, Wilhelm: Der Gott der Philosophen. Bd. 1: Wesen, Aufstieg und Verfall der Philosophischen Theologie, München 1979

Weischedel, Wilhelm: 34 große Philosophen in Alltag und Denken, München 1980

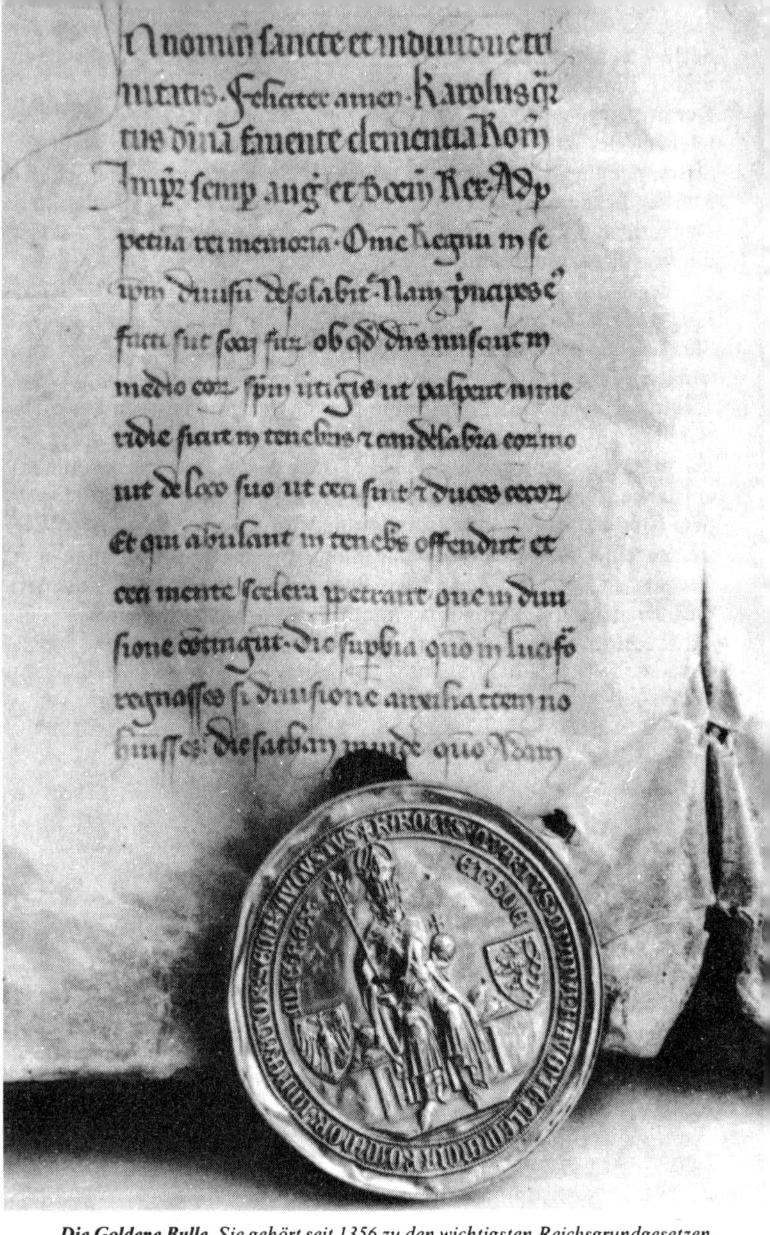

***Die Goldene Bulle.** Sie gehört seit 1356 zu den wichtigsten Reichsgrundgesetzen. Wien, Österreichische Nationalbibliothek.*

HEINRICH PLETICHA

LUDWIG DER BAIER UND KARL IV.

Ludwig der Baier: Kampf um den Thron – Das italienische Abenteuer – Streit mit der Kurie – Der Weg zur Hausmacht – Der Kurverein von Rhense – Karl IV. – Glückhafter Romzug – Karl IV. und das Reich – Die Goldene Bulle – Böhmens Vater – Die Pest peinigt Europa – Religiöser Fanatismus, Judenhaß und Judenverfolgungen – Die Gotik, eine Revolution in Architektur, Malerei und Plastik – Gotik als Ausdruck eines neuen Weltbildes – Die Bauhütte: Arbeits- und Lebensgemeinschaft aller am Dombau beschäftigten Handwerker – Berühmte Steinmetz- und Baumeisterfamilien – Vorboten einer neuen Zeit aus Italien – Humanistische Ideale verbreiten sich allmählich im Deutschen Reich – Krisensymptome in der offiziellen Kirche, gesteigerte Frömmigkeit, Verunsicherung und Reformwille bei den unteren Ständen – Kleidung, Mode und Modegags im Spätmittelalter – Bekleidungsproduktion, Modetrends und Kleiderordnungen – Essen und Trinken halten Leib und Seele zusammen: alltägliches und festliches Speisen im Mittelalter.

Zu den eindrucksvollsten Grabmälern im Dom zu Mainz gehört das Denkmal des Erzbischofs Peter von Aspelt († 1320). Groß und mächtig steht er da, mit stolzem Gesicht und in vollem Ornat, drei Könige ducken sich – anders kann man es fast nicht bezeichnen – unter seinen Händen. Schwer und geradezu drückend lastet die Rechte auf der kleinen Figur König Heinrichs VII., während der Ellenbogen gleichzeitig dessen danebenstehenden Sohn Johann, den König von Böhmen, niederzuhalten scheint. Die Linke ruht etwas lässiger auf dem Haupt Kaiser Ludwigs IV. aus dem Hause Wittelsbach. Ein symbolträchtiges Epitaph! Ganz deutlich will es ausdrücken, daß die Königsmacher in unsicheren Zeiten so wichtig, wenn nicht sogar wichtiger sind als die Könige selbst. Und Peter von Aspelt, der kleine Ministeriale und mächtige Emporkömmling, der Arzt und spätere böhmische Kanzler, der von Rudolf I. von Habsburg das Bistum Basel bekommen hatte und 1306 zum Erzbischof von Mainz und damit zum deutschen Kanzler emporgestiegen war, gehörte in seinem Rang als Kurfürst zu den wichtigsten Königsmachern.
Er hatte seine Hände schon bei der Wahl König Albrechts I. im Spiel gehabt, hatte entscheidend bei der Wahl Heinrichs VII. mitgewirkt und sollte nun 1314 ein weiteres Mal seinen Einfluß geltend machen, da die politische Lage wieder höchst verworren war. Heinrich VII. hatte in Italien 1313 seinen Tod und die letzte Ruhestätte gefunden. Nun schien die Stunde der Habsburger, der Enkel König Rudolfs I., gekommen. Deshalb meldete auch Friedrich, den man »den Schönen« nannte, sogleich seine Bewerbung an. Da als Gegenkandidat nur Johann von Böhmen, der achtzehnjährige Sohn Kaiser Heinrichs VII., in Frage kam, waren seine Aussichten recht günstig. Auch hatte er mächtige Verbündete, zu denen sämtliche Mitglieder des Hauses Habsburg zählten, allen voran sein energischer Bruder Leopold. Vier Kurfürsten standen auf seiner Seite, der Pfalzgraf, der Herzog von Sachsen, der Markgraf von Brandenburg und der Erzbischof von Köln, der sich seine Unterstützung allerdings mit 40000 Mark Silber bezahlen ließ. Schließlich gehörten zu seiner Partei auch Herzog Heinrich von Kärnten und nicht zuletzt Friedrichs Vetter Ludwig, der Herzog von Oberbaiern, mütterlicherseits ebenfalls ein Enkel Rudolfs I. von Habsburg.
Noch wenige Monate vor dem Wahltermin war es allerdings zwischen den beiden Vettern wegen der Vormundschaft über die Söhne und Neffen des verstorbenen Herzogs von Niederbaiern zu einem schweren Zerwürfnis gekommen. Der Familienstreit war zum offenen Kampf ausgeartet. Am 9. November 1313 hatte Ludwig bei Gammelsdorf, westlich von Landshut, im Schutze der Novembernebel seinen Gegner geschlagen. Nachdem auf beiden Seiten ein paar hundert Un-

Er half drei Königen auf den Thron. *Der Erzbischof von Mainz brachte Heinrich VII., Johann von Böhmen und Ludwig IV., den Baiern, mit seiner Stimme an die Macht und krönte sie. Grabplatte Peter von Aspelts. Mainz, Dom.*

Deutsche und europäische Geschichte in Daten

	Deutschland	**Übriges Europa**
1314 – 1330	König Friedrich der Schöne	
1314 – 1347	König Ludwig IV.	
1315		Sieg der Schweizer Waldstätte bei Morgarten
1322	Schlacht bei Mühldorf: Ludwig IV. siegt über Friedrich	
1324	Päpstlicher Bann über Ludwig IV.	
1327 – 1377		König Edward III. von England
ab 1328		Haus Valois in Frankreich
1328	Kaiserkrönung Ludwigs IV.	
1335	Kärnten fällt an die Habsburger	
1338	Weistum von Rhense und Licet iuris: Absage der Fürsten an päpstliche Eingriffe in die Königswahl	
1338 – 1453		Hundertjähriger Krieg zwischen Frankreich und England
1346	Estland zum Deutschen Orden	Schlacht bei Crécy (Tod König Johanns von Böhmen); Karl IV. erhält böhmische Hausmacht – Niederlage Frankreichs
1346 – 1378	König Karl IV. von Luxemburg	

tertanen gefallen waren, hatten sich die Fürsten rasch geeinigt und wieder ausgesöhnt. Ludwig behielt die Vormundschaft und versprach seinerseits, die Thronkandidatur Friedrichs zu unterstützen.
Dieser hatte damit allerdings noch lange nicht die Krone gewonnen; denn auch die Gegner des Hauses Habsburg waren ungemein rührig. Zu ihren führenden Häuptern zählten die Erzbischöfe Balduin von Trier, ein Onkel König Johanns, und eben der Mainzer Peter von

1347		Cola di Rienzo römischer Tribun
1348 – 1352	Schwarzer Tod	
1348		Gründung der Universität Prag
1349	Gegenkönig Günther von Schwarzburg	
1353		Einfall der Türken
1354/1355	1. Italienzug Karls IV. und Kaiserkrönung	
1356	Goldene Bulle: de facto Gleichsetzung von Königs- und Kaiserwahl	
1358	Gründung der Hanse	
1363	Tirol an die Habsburger	
1365		Karl IV. König von Burgund
1370	Friede von Stralsund: Höhepunkt hansischer Macht	
1373	Mark Brandenburg an die Luxemburger	
1376	Wahl und Krönung König Wenzels des Faulen	
1378 – 1417	Großes abendländisches Schisma	
1402	Neumark zum Deutschen Orden	
1410	Schlacht bei Tannenberg: Niederlage des Deutschen Ordens gegen Polen	
1466	Thorner Friede: Deutscher Orden tritt Kulmer Land, Pommerellen und Ermland an Polen ab	

Aspelt. Dieser erfahrene Diplomat erkannte aber sehr rasch, daß der junge Böhmenkönig kein zugkräftiger Kandidat gegen den Habsburger war und lenkte deshalb die Aufmerksamkeit auf Herzog Ludwig, dessen Sieg bei Gammelsdorf noch in aller Munde war. Warum sich der Wittelsbacher nach anfänglichem Zögern auf die Kandidatur einließ, wissen wir nicht. Letzten Endes mag es doch der imaginäre Glanz der Krone, verbunden mit persönlichem Ehrgeiz gewesen sein; denn

die politische Situation verlangte keineswegs eine neue Konfrontation mit dem habsburgischen Nachbarn.
Erzbischof Peter stimmte ohne größere Probleme rasch den Markgrafen von Brandenburg um, auch Herzog Johann von Sachsen-Lauenburg wurde gewonnen, während der andere Anwärter auf die strittige sächsische Kurstimme, der Herzog von Sachsen-Wittenberg, auf die Seite der Habsburger trat. Johann von Böhmen sagte um so leichter zu, als ihm an der deutschen Krone sowieso nicht soviel gelegen war und er umgekehrt bei einem Sieg Friedrichs eine Erneuerung der alten habsburgischen Ansprüche auf Böhmen und Mähren fürchtete. Ludwig von Wittelsbach versprach ihm darüber hinaus 20000 Mark Silber und die Verpfändung von Eger für einen Teil dieser enorm hohen Summe.

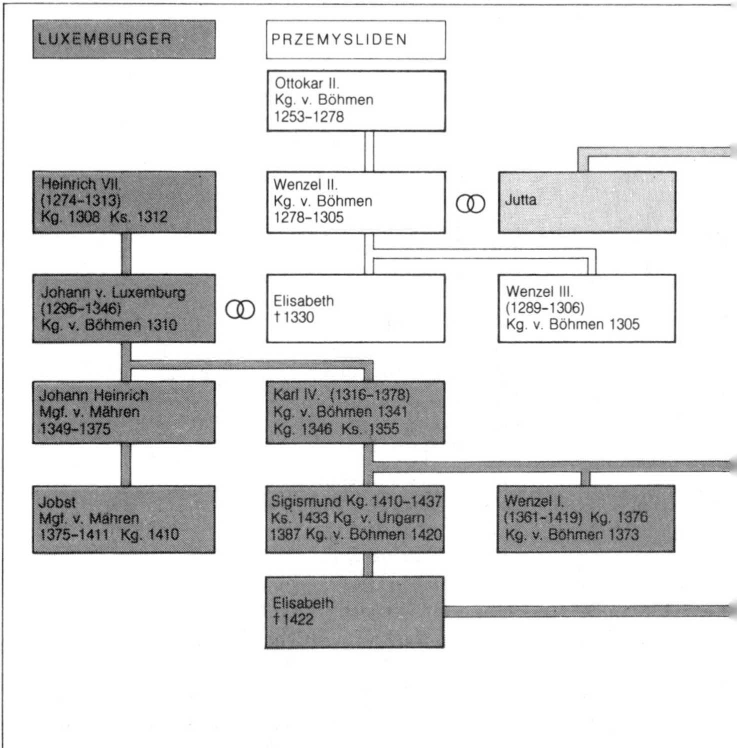

Stammbaum der großen Herrscherfamilien (vereinfacht)

Doppelwahl 1314: Ludwig IV. und Friedrich der Schöne

So waren die politischen Weichen gestellt, als am 19. Oktober 1314 die Wahl in Frankfurt stattfinden sollte. Beide Parteien erschienen mit einem großen Aufgebot. Da Frankfurt seine Tore gesperrt hatte, lagerte die österreichische Partei in Sachsenhausen, wo sie am Nachmittag Friedrich den Schönen wählten, während am Vormittag des 20. der Mainzer Erzbischof in den Vororten am rechten Mainufer den Wittelsbacher Herzog Ludwig zum erwählten König proklamierte. Die Lage wurde noch dadurch verworrener, daß einen Monat später der Erzbischof von Köln Friedrich in Bonn krönte und gleichzeitig der Mainzer Erzbischof Ludwig in Aachen. Entsprechend dem alten Krönungszeremoniell war damit Friedrich vom richtigen Erzbischof am falschen

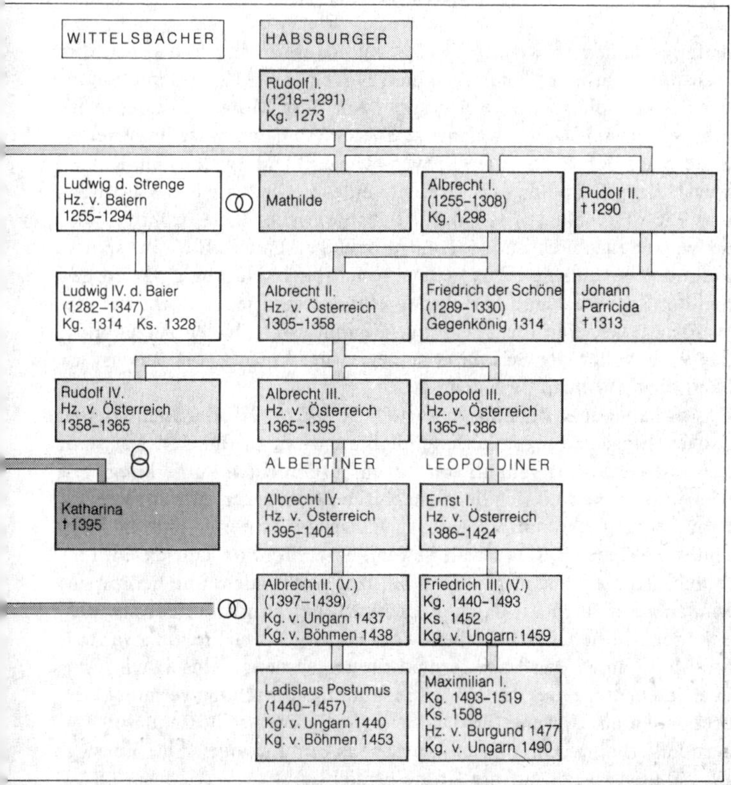

Ort und Ludwig vom falschen, nicht krönungsberechtigten Erzbischof am richtigen Ort gekrönt worden!
Die Spaltung war so eindeutig, die Lage so verhärtet, daß nur noch die Waffen entscheiden konnten. Der sich anbahnende Bürgerkrieg sollte acht Jahre dauern. Er begann damit, daß beide Könige das Reichsgut verschleuderten, um sich Verbündete zu schaffen. Ludwig verhielt sich dabei recht klug, und daß er den Kurfürsten reiche Privilegien vergab, war geradezu selbstverständlich. Doch fällt sein Werben um die Gunst der Städte und das Wohlwollen der Bürger auf. Er erkannte sehr gut, daß sich in ihnen ein Gegengewicht gegen die Macht der Fürsten bot und war fest entschlossen, es nach Kräften zu nutzen.

Gegner im Ausland

Anfangs schien es, als ob die Zeit durchaus für ihn und gegen die Habsburger arbeite; denn im späten November 1315 erlitten diese in der Schweiz eine schwere Schlappe. Am Berg Morgarten überfielen die zwar nur schwach bewaffneten, aber um so kampfentschlosseneren Bauern aus den Waldstätten Schwyz, Uri und Unterwalden ein Ritterheer Herzog Leopolds und vernichteten es (siehe Seite 80). 350 Ritter und 7500 Fußsoldaten fielen auf habsburgischer Seite, während die Schweizer angeblich nur 15 Tote zu beklagen hatten. Ein Jahr später sanktionierte Ludwig IV. auf einem Reichstag in Nürnberg das Vorgehen der Schweizer und sprach den Habsburgern jedes Recht auf die Waldstätte ab, eine Entscheidung, die ihm zwar für den Augenblick das Wohlwollen der Schweizer sicherte, ihre Lösung vom Reichsverband aber nur noch beschleunigte.
Das war aber auch der einzige Vorteil für Ludwig IV., der allen kriegerischen Entscheidungen geflissentlich auswich. In Böhmen war sein Parteigänger König Johann von Luxemburg in einen Bürgerkrieg verwickelt worden, weil sich der tschechische Adel gegen eine angebliche Begünstigung der dort lebenden Deutschen empörte, und Ludwig mußte 1318 mit Waffengewalt helfend eingreifen. Im Jahr darauf unternahmen die Habsburger einen Feldzug nach Baiern und bedrohten München. 1320 rückte Herzog Leopold, der Bruder Friedrichs des Schönen, in die Oberrheinebene vor. Ludwig IV. stellte ihn zwar bei Straßburg, mied dann aber erneut die angebotene Feldschlacht und überließ dem Gegner das Feld. Die moderne Forschung vermutet Depressionen als Ursache für das merkwürdig unentschlossene und zögernde Verhalten. Ohne Peter von Aspelts Ermutigungen hätte Ludwig IV. möglicherweise auf die Krone verzichtet!

Die Entscheidungsschlacht von Mühldorf und ihre Folgen

Dann endlich fiel nach eineinhalb Jahren trügerischer Ruhe im Herbst 1322 die Entscheidung. Der Habsburger Friedrich zog mit einem durch Kumanen und Ungarn verstärkten Heer donauaufwärts gegen das baierische Herzogtum, während sein Bruder Leopold von Schwaben aus vorrückte. So hofften sie, den Baiern in die Zange nehmen zu können. Nach ritterlicher Kampfregel wurde die Schlacht für den 30. September angesagt. Es sollte die letzte Ritterschlacht ohne Feuerwaffen auf deutschem Boden werden. Allerdings verlief sie doch nicht ganz nach den hergebrachten Regeln: Es begann schon damit, daß Ludwig entgegen der Absprache bereits am 28. September angriff, da er bei Mühldorf/Inn in Oberbaiern eine günstige Ausgangsposition gegen Friedrich den Schönen gefunden hatte und die Entscheidung herbeiführen wollte, noch ehe Leopold herangerückt war. Während Friedrich in kostbarer Rüstung, weithin sichtbar, tapfer in vorderster Linie kämpfte, hielt sich Ludwig IV., in einfachem blauen Waffenrock, umgeben von einem Dutzend gleichgekleideter Ritter am Rande des Schlachtfeldes, um von da aus seine Leute zu lenken. Ältere Historiker haben ihm deshalb Feigheit vorgeworfen, doch war es nur nüchterne Einschätzung der Lage und überlegtes Vorgehen. Lange kämpften Ritter wie Fußknechte unentschieden, bis Ludwig IV. die niederbaierischen Ritter absitzen ließ und sie unter das Fußvolk verteilte, das mit dieser Verstärkung den Angriffen des Gegners besser standhalten konnte. Dann erst setzte der Wittelsbacher – ebenfalls entgegen ritterlicher Kampfregel – eine ausgeruhte Reserve unter dem Burggrafen von Nürnberg ein. Die Österreicher wurden umzingelt und niedergehauen, der Rest gab auf. Nach acht Stunden erbitterten Ringens war der Kampf zugunsten Ludwigs IV. entschieden.

Die Historie hat die Schlacht mit einigen heiteren Anekdoten ausgeschmückt, wie etwa die Geschichte von den Mönchen im Kloster Fürstenfeld, die Friedrichs Boten an seinen Bruder Leopold betrunken machten und so das Heranrücken der Hilfstruppen verhinderten, oder die Erzählung vom braven Ritter Schweppermann, der wegen seiner Tapferkeit am Abend nach der Schlacht von Ludwig IV. persönlich mit den Worten: »Jedermann ein Ei, dem braven Schweppermann aber zwei« eine erhöhte Ration zugeteilt erhielt.

Solche heiteren Streiflichter dürfen nicht über die blutigen Folgen hinwegtäuschen. Auf österreichischer Seite fanden vermutlich 1400 Ritter den Tod, auf baierischer 1000 – bei den damaligen Bevölkerungsverhältnissen bedrückend hohe Zahlen. Der Gegenkönig Friedrich der Schöne selbst geriet in Gefangenschaft und wurde auf die Burg Traus-

Kaiser Ludwig IV., der Baier. *In heiterer Siegerpose thront er auf dem Herrschersitz. Abguß nach dem im Krieg verlorengegangenen Original von 1340 im Nürnberger Rathaus.*

nitz in der Oberpfalz verbracht, Herzog Heinrich von Habsburg wurde als Gefangener an König Johann von Böhmen übergeben, der auf seiten Ludwigs IV. gekämpft hatte.

Die Schlacht von Mühldorf veränderte die politische Lage schlagartig. Schon rein äußerlich zeigte sich das in der Tatsache, daß die Habsburger die Reichskleinodien (siehe Band 2) herausgeben mußten. König Ludwig IV. ließ sie sogleich nach München bringen. Eine Reihe von Städten, die bisher in ihrer Parteinahme noch geschwankt hatten, beeilten sich nun, den Baiern anzuerkennen. Zu ihnen zählten vor allem die oberrheinischen und schwäbischen Städte. Die Entscheidung gegenüber Habsburg war aber trotz des Sieges vorerst nur hinausgeschoben; denn Herzog Leopold, die eigentliche Seele des Widerstandes, führte den Kampf weiter.

Da entschloß sich Ludwig IV., der Baier, zu einem politisch ebenso gewagten wie klugen Schritt, den er hauptsächlich deshalb unternahm, um Ruhe im Land und damit den Rücken frei beim Kampf mit der Kurie zu bekommen. Er verhandelte mit dem gefangenen Gegenkönig

Friedrich und bewog ihn am 13. März 1325 zu einem Vergleich, wonach Friedrich seine Freiheit erhalten, dafür aber der Krone entsagen und vor allem aber den papstfreundlichen Bruder Leopold bewegen sollte, dem Vertrag beizutreten. Der durch die lange Haft und die ständige Todesdrohung zermürbte Habsburger bewies sein wahrlich ritterliches Verhalten nicht nur auf dem Schlachtfeld, sondern auch bei dieser Gelegenheit; denn als sein Bruder nicht zustimmte, kehrte er freiwillig in die Haft König Ludwigs IV. zurück. Dieser reagierte ebenfalls auf ungewöhnliche Weise und in ritterlicher Art. Er schloß den Vetter, den er noch wenige Wochen zuvor mit dem Tode bedroht hatte, gerührt in die Arme, aß mit ihm an einem Tisch und schlief in einem Bett mit ihm – so jedenfalls vermerkt eifrig ein Chronist. Dann schloß er am 5. September erneut einen Vertrag mit ihm, wonach beide den Titel eines römischen Königs führen, in Ludwigs Siegel auch Friedrichs Name und umgekehrt stehen sollte.

Das klang schön und edelmütig, war es gewiß auch, aber ebenso gewiß hatte der ›Realpolitiker‹ Ludwig den größeren Vorteil von dem Abkommen und mag es unter diesem Gesichtspunkt auch vorgeschlagen haben. Er plante zu diesem Zeitpunkt seinen ersten Italienzug, und Friedrich der Schöne stellte als freier und verbündeter Mann eine gewisse Sicherheitsgarantie vor allem gegen den streitbaren Leopold dar. Wenn dieser Vertrag tatsächlich eine Zeitlang hielt, dann wohl nicht zuletzt deshalb, weil Leopold überraschend Ende Februar 1326 in Straßburg starb. Dieser Tod allein schaffte Ludwig die dringend benötigte Rückenfreiheit. Praktische Auswirkung zeigte der Vertrag nie. Familienstreitigkeiten im habsburgischen Lager banden sowieso ›König‹ Friedrichs Kräfte. Schon im Sommer 1326 begnügte er sich daher mit dem leeren Titel eines römischen Königs und verzichtete auf jede Mitwirkung bei der Regierung. Im Januar 1330 starb er, ohne noch einmal für das Reich Bedeutung erlangt zu haben. Mit ihm endete der einzige Versuch eines legalen Doppelkönigtums in der deutschen Geschichte.

Das italienische Abenteuer
Streit mit Kurie und Klöstern

Ludwig IV. selbst hatte zu dieser Zeit längst andere Sorgen. Bestimmte der Streit um die Krone die ersten acht Jahre seiner Regierung, so war es von nun an bis zu seinem Lebensende die zermürbende Auseinandersetzung mit der Kurie. Wenn Ludwig IV. schon 1323, also ein Jahrzehnt nach dem Tode Kaiser Heinrichs VII., in Italien die Pläne seines Vorgängers wiederaufzunehmen suchte, so war das nicht etwa nur die

***Widersacher des Kaisers.** Eher an den Interessen Frankreichs orientierte sich Papst Clemens V., hier zu Pferde abgebildet mit der »Ecclesia Romana«, der Römischen Kirche. Wien, Österreichische Nationalbibliothek.*

Weiterführung der alten staufischen Italienpolitik, sondern eine durch die europäische Lage erzwungene Maßnahme. Das enge Zwangsbündnis der in Avignon residierenden Päpste mit den französischen Königen machte (Ober-)Italien zu einem Sprungbrett für die französischen Interessen mit dem Ziel der Einflußnahme auf das Geschehen im Reich.

Schon unmittelbar nach dem Tod Heinrichs VII. hatte Papst Clemens V. König Robert von Neapel zum Reichsverweser ernannt, und sein Nachfolger hatte Philipp von Valois zum Untervikar (Stellvertreter) Roberts für Reichsitalien berufen, beides Maßnahmen im Interesse französischer Politik. In Avignon war 1316 der aus einfachsten Verhältnissen stammende Franzose Jacques Duèse als Johannes XXII. zum Papst gewählt worden. Gleich zu Beginn seines Pontifikats hatte er sich mit einem theologischen Streit auseinanderzusetzen, der schon seit mehreren Jahrzehnten schwelte und den Franziskaner-Orden zu spalten drohte. Dort hatten die sogenannten Spiritualisten strengste Befolgung des Armutsideals und bedingungslose Entsagung auf Eigentum nicht nur durch den einzelnen, sondern den Orden selbst gefordert. Als der Papst nun gegen diese Bewegung einschritt und sie verbot, traten einige der führenden Köpfe auf die Seite Ludwigs IV., erbaten von ihm Schutz und unterstützten ihn dafür in der sich anbahnenden Auseinandersetzung mit dem Papsttum. Damit vermischten sich in der Folgezeit politische und theologische Argumente in einer für den Laien kaum mehr durchschaubaren Weise.

Johannes XXII. hielt sich in dem deutschen Thronstreit in einer merkwürdigen Vogel-Strauß-Manier zurück, indem er sich für keinen der beiden Rivalen entschied und gleichzeitig erklärte, solange er sich nicht entschieden habe, gäbe es auch keinen deutschen König. Diese Taktik änderte sich 1322 schlagartig nach der Schlacht bei Mühldorf. Ludwig IV. hatte nun ja freie Hand für Italien und unterstützte dort auch die ghibellinische (kaisertreue) Seite durch Truppen. In den Herzögen Galeazzo I. Visconti von Mailand (der Kurie als »Ketzer« verdächtig) und vor allem in Cangrande I. della Scala von Verona und deren einflußreichen Familien fand er zwei ebenso energische wie mächtige Parteigänger in Oberitalien, die zusammen mit den kaiserlichen Truppen den Guelfen (antikaiserliche Partei) mehrere Niederlagen bereiteten. Daraufhin ließ der Papst im Oktober 1323 durch einen Anschlag an der Domtür von Avignon bekanntmachen, daß ihm allein die Entscheidung im deutschen Thronstreit zustehe. Da sich Ludwig IV. das Amt des Königs angemaßt habe, müsse er es innerhalb von drei Monaten wieder niederlegen. Ludwig IV. reagierte ausgesprochen maßvoll. In zwei Erklärungen stellte er fest, daß er der rechtmäßig gewählte König sei und dem Papst lediglich die Kaiserkrönung zustehe. Daraufhin bannte und exkommunizierte Johannes XXII. den Baiern im März 1324. Zu dieser Zeit lebte Herzog Leopold von Österreich ja noch, der seinerseits sogleich Verbindung mit König Karl IV. von Frankreich aufnahm und mit ihm vereinbarte, daß dieser römischer Kaiser und er selbst dafür Reichsvikar in Deutschland werden sollte.

Die Aussöhnung zwischen Ludwig IV. und Friedrich dem Schönen und der Tod Leopolds 1226 änderten auch in Italien die Situation zu Ludwigs IV. Gunsten. Sicher strebte dieser die Kaiserkrone an, aber es bleibt fraglich, ob er bereits zum Romzug entschlossen war, als er Anfang 1327 zu Verhandlungen mit den Häuptern der Ghibellinen von Innsbruck aus nach Trient zog; denn noch hatte er kein ausreichendes Truppenaufgebot bestellt und außerdem für das Frühjahr 1327 einen Reichstag nach Nürnberg einberufen, dessen Vorbereitung wohl unterblieben wäre, hätte der König beabsichtigt, von Trient aus sofort den Romzug zu unternehmen. Sicher ahnte Ludwig IV. nicht, daß ihn die politischen Verhältnisse drei Jahre in Italien festhalten würden.

LUDWIG IV.

»Ludovicus bavarus« nannte Papst Johannes XXII. verächtlich den gebannten deutschen König Ludwig IV. Diesen Beinamen behielt er – allerdings in allen Ehren!

Geboren wurde er am 1. April 1282 in München als Sohn des Herzogs Ludwig II. in Oberbaiern, die Mutter war eine Tochter Rudolfs I. von Habsburg. Nach dem Tod des Vaters kam er zwölfjährig zuerst unter die Vormundschaft seines Stiefbruders Rudolf I., seit 1298 wurde er nominell dessen Mitregent in Oberbaiern und der Pfalz, 1310 teilten die beiden die Herrschaft, und Ludwig erhielt den nordwestlichen Teil des Herzogtums. Die folgenden sieben Jahre waren dann gekennzeichnet von dauernden Streitigkeiten der Stiefbrüder, bis schließlich Ludwig 1317 den Älteren zur Aufgabe der Herrschaft bewegen konnte. Zu diesem Zeitpunkt war er bereits deutscher König. Eigentlich stand er zeitlebens im Kampf: Bei seiner Wahl 1314 gab es gleich einen Gegenkönig, den er erst 1322 überwand; zwei Jahre später bannte ihn der Papst, und bis zu seinem Lebensende gelang ihm nicht, sich daraus zu lösen. Überhaupt kam er gegen den Papst nur schwer an und mußte sich sogar in Rom von Vertretern des römischen Volkes zum Kaiser krönen lassen. Kämpfen mußte er beständig gegen das Papsttum in Avignon und mit den Luxemburgern, seinen ursprünglichen Verbündeten, auf deren Kosten er die wittelsbachische Hausmacht auszubauen suchte. Die deutschen Fürsten standen bei seinen Streitigkeiten nur soweit auf seiner Seite, als er deren Interessen nicht beeinträchtigte. Seine Hausmachtpolitik trieb sie ins feindliche Lager, und 1346 wählten sie schließlich Karl IV. von Luxemburg als Gegenkönig. Den drohenden Bürgerkrieg zwischen beiden verhinderte der Tod Ludwigs IV. am 11. Oktober 1347.

Zur Charakterisierung seiner Politik prägten seine Landeskinder den Satz: »Zu Netz bringt er die Fische, aber abschuppen kann er sie nicht, auf Vogelfang versteht er sich, aber nicht aufs Vogelrupfen.« *(H. P.)*

Hatte das Glück den Baiern bisher begünstigt, so zeigte es sich von nun an ziemlich launisch. Vielleicht mag auch das Sprichwort, daß jeder selbst seines Glückes Schmied sei, gerade für das italienische Abenteuer Ludwigs IV. zutreffen; denn nicht er bestimmte die Ereignisse, sondern ließ sich von ihnen treiben und zu unglücklichen Entscheidungen herausfordern.

Mit Hindernissen gepflastert: Ludwigs IV. Romzug 1327

Als Ludwig IV. nach Trient aufbrach, befand sich in seinem Gefolge ein Mann, der zunehmend Einfluß auf sein politisches Denken gewann. Wir würden ihn heute entweder als Chefideologen oder politischen Berater bezeichnen. Dieser Marsilius von Padua (siehe Porträt, Seite 266) hatte 1324 mit seinem Werk »Defensor pacis« (lat., Verteidiger des Friedens) bereits die philosophische und staatsrechtliche Rechtfertigung für die sich anbahnende Auseinandersetzung zwischen Kaiser und Papst vorweggenommen.
In Trient zeichneten sich schon die Schwierigkeiten ab, mit denen Ludwig IV. auch in der Folgezeit immer wieder kämpfen mußte. Die politischen Kräfte waren zu ungleichartig, die Interessen der einzelnen Parteigänger zu verschieden, als daß sie sich auf die Dauer hätten unter einen Hut bringen lassen. Nach langen Verhandlungen siegten aber doch die gemeinsamen ghibellinischen Interessen und die Besorgnis vor den Aktivitäten der Guelfen in Oberitalien. Nicht von ungefähr hatte das kaiserfeindliche Florenz Karl von Kalabrien, den Sohn König Roberts von Neapel, in seinen Mauern aufgenommen, und man rechnete jeden Tag mit dem Beginn eines Feldzuges. Das mag auch einer der Gründe gewesen sein, weshalb die kaisertreuen oberitalienischen Städte engegen ihrer sonstigen Gewohnheit sich höchst bereitwillig verbürgten, die beachtliche Summe von 150000 Florenen (= Goldgulden) als Hilfsgelder aufzubringen. Ludwig IV. seinerseits versprach dafür, unverzüglich zur Krönung mit der italienischen Königskrone nach Mailand und von da weiter zur Kaiserkrönung nach Rom zu ziehen.
Überhastet gingen jetzt die Ladungen zum Italienzug an die deutschen Fürsten. Wie eilig die ganze Angelegenheit war, beweist allein schon die Tatsache, daß Ludwig IV. seine Gemahlin Margarete von Holland sogleich unter dem sicheren Geleit von 140 Schweizer Kriegsknechten nach Oberitalien beorderte, wo er sie am Comer See erwartete.
Die Krönung selbst fand am Pfingstsonntag 1327 in San Ambrogio in Mailand durch den gebannten Bischof Guido von Arezzo und den Bi-

schof von Brescia statt. Ein zeitgenössischer Chronist berichtete, die Krönung habe »ein wenig festliches Aussehen« gehabt. Noch weniger zu einer festlichen Stimmung wollten die plötzlich aufflammenden Streitigkeiten mit den Visconti, den Stadtherren von Mailand, passen. Ob Galeazzo Visconti tatsächlich mit dem Papst konspirierte oder ob es nur um die Verweigerung jener Summe ging, die er Ludwig IV. in Trient versprochen hatte, muß offen bleiben. Auf jeden Fall ließ ihn der neugekrönte König kurzerhand verhaften und in den Kerker werfen, für die Stadt aber setzte er eine neue republikanische Verfassung fest. Solches Vorgehen, das zwar von den Mailändern gebilligt wurde, mußte unter den ghibellinischen Verbündeten doch Unruhe und Mißtrauen auslösen. Die Folgen zeigten sich auch sogleich beim Weitermarsch, als es in Pisa zu Spannungen kam, das Volk zwar das Herannahen des neuen Königs begrüßte, der städtische Adel sich aber gegen ihn stellte. Diese Haltung mochte sich zum Teil auf das Vorgehen Ludwigs IV. in Mailand zurückführen lassen, sicher spielte aber auch das Mißtrauen gegen den benachbarten Stadtherrn von Lucca, Castruccio Castracani, eine wesentliche Rolle. Dieser mächtige Ghibellinenführer gewann zunehmend Einfluß auf die italienischen Pläne Ludwigs IV. und suchte ihn zum Werkzeug seiner eigenen ehrgeizigen Pläne zu machen.

Pisa bot 60000 Golddukaten, wenn der deutsche König die Stadt beim Vormarsch nicht berühre, aufgestachelt aber durch Castruccio lehnte dieser ab und belagerte sie, bis sie sich ergab. Damit war seine Situation erneut geschwächt, und erneut zeigte sich auch, daß es ihm nicht mehr gelang, die Gegensätze zu überbrücken. Der Papst nutzte diese Lage sehr geschickt aus, verkündete jetzt das Schlußurteil im Exkommunikationsprozeß und ließ es durch seine Legaten überall in Italien verkünden. Unter solchen Belastungen zog der Baier auf der Francigena, der alten deutschen Königsstraße, weiter nach Rom, das er Anfang 1328 erreichte.

Die folgenden Ereignisse der Kaiserkrönung und die propagandistische Begleitmusik sind richtig nur auf der Grundlage und aus der Sicht des erwähnten »Defensor pacis« zu verstehen. Wollte der gebannte König dem Krönungsakt eine staatsrechtliche Legitimität geben, mußte er diese neu begründen, denn die Kurie versagte ja ihre Mitwirkung. Es blieb also nur der »populus Romanus«, das »Volk« (d.h. die Oberschicht) von Rom übrig – und wenn man die Schriften des Marsilius von Padua weit genug auslegte, konnte man zur ideologischen Begründung für das Kaisertum einen Begriff herausdestillieren, den man heute ›Volkssouveränität‹ nennen würde. Die Krönung selbst fand erwartungsgemäß mit allem Pomp statt; denn die Römer brauchten ihre

Unterhaltung und mußten bei Laune gehalten werden. Im Mittelpunkt stand aber nicht mehr allein der kirchliche Krönungsakt. Die Salbung (und nicht wie der Chronist Villani erzählt, die Krönung) wurde durch die Bischöfe von Venedig und Aleria vorgenommen, die Krone aber setzte ihm und seiner Gemahlin ein Vertreter des römischen Volkes auf das Haupt.

Immerhin ließ sich der neugekrönte Kaiser einige Wochen Zeit, bevor er konsequenterweise den nächsten Schritt unternahm und die Absetzung des Papstes einleitete. Am 18. April 1328 wurde auf dem Petersplatz in Gegenwart des Kaisers dann ein öffentlicher Prozeß abgehalten, den man am ehesten schon als Spektakel bezeichnen kann und an dessen Schluß dann das »Urteil« gefällt wurde, wonach der Kaiser »den Ketzer und Majestätsverbrecher« Johannes XXII. für abgesetzt erklärte. Daß dann vom Pöbel Strohpuppen in Stellvertretung des »falschen Papstes« verbrannt wurden, beweist nur, wie alt eigentlich manche modernen Gepflogenheiten schon sind.

Der letzte Schritt war dann die Berufung eines neuen Papstes. Die geistlichen Ratgeber Ludwigs IV., die überwiegend aus den Kreisen der mit der Kurie verfeindeten Franziskaner-Minoriten kamen, schlugen natürlich einen aus ihren eigenen Reihen für das Amt vor. Der dann neu gewählte Pietro Rainalducci stammte aus den Abruzzen; er mochte ein braver Mann sein, eine Persönlichkeit, die sich als Gegenpapst aufbauen ließ, war er gewiß nicht, bestenfalls ein williges Werkzeug in den Händen der Schismatiker (Kirchenspalter), für Ludwig IV. dagegen keinesfalls eine Hilfe, sondern eher eine Belastung. Nikolaus V., wie sich dieser Gegenpapst nannte, setzte zu Pfingsten dem Baiern in St. Peter noch einmal die Kaiserkrone auf das Haupt. Wenn es sich dabei tatsächlich um einen erneuten Krönungsakt handelte, was von manchen Historikern bestritten wird, so schien Ludwig IV. kein großes Vertrauen in den mit der ersten Krönung verbundenen Akt der »Volkssouveränität« gehegt zu haben.

Kurz nach diesem letzten Fest spitzte sich die Lage bedenklich zu. Castruccio war mit seinen Truppen in die Toscana abgezogen, während von Süden her Robert von Neapel langsam gegen Rom vorrückte. Daraufhin verließ Ludwig IV. Anfang August 1328 zusammen mit dem Gegenpapst die Stadt und zog auf der Francigena nach Pisa, wo noch einmal eine Zusammenkunft mit den Ghibellinen stattfand. Ludwig IV. versuchte zwar eifrig, einen Rückhalt in Italien zu etablieren, aber wahrscheinlich wußte er, wie zwecklos das im Grunde genommen war, zumal er durch den überraschenden Tod Castruccios seine wichtigste Stütze verlor. Als er Pisa verließ, mußte sich Papst Nikolaus V. verstekken. Ob er verraten wurde oder einige Monate später freiwillig nach

Avignon ging, wissen wir nicht. Wir begegnen ihm erst wieder als Büßer mit einem Strick um den Hals vor Johannes XXII., der christliche und diplomatische Milde walten ließ und den reuigen Sünder in ein Kloster steckte, wo er, wahrscheinlich in größerer Ruhe also zuvor, seine letzten Lebensjahre verbrachte.
Ludwig IV. traf Ende 1329 wieder in Trient ein. Die Bilanz, die er ziehen mochte, war keineswegs erfreulich. Außer einer dubiosen Kaiserkrone hatten die vergangenen drei Jahre weder ihm noch dem Imperium nennenswerte Erfolge gebracht. Im Reich allerdings hatte das Ansehen des Baiern nicht gelitten. Hier war im Gegenteil seine Stellung gefestigter als zuvor. Noch in Trient erreichte ihn die Nachricht vom Tode Friedrichs des Schönen. Damit war er alleiniger König, ein gebannter zwar, aber er konnte wenigstens mit der Unterstützung der Fürsten und vor allem auch der Reichsstädte rechnen.

Der Ausbau einer königlichen Hausmacht Brandenburg, Holland, Tirol

Das Jahr 1330 bedeutete einen wichtigen Einschnitt im Leben Ludwigs IV. Sein Gegenspieler und späterer Mitregent war gestorben, das italienische Abenteuer lag hinter ihm. Der dritte große Abschnitt in seinem Leben, der die folgenden 17 Jahre bis zu seinem Tode umfaßt, ist gekennzeichnet von den Streitereien um den Ausbau der wittelsbachischen Hausmacht und der anhaltenden Auseinandersetzung mit dem Papsttum. Die dynastischen Streitigkeiten im Zusammenhang mit der Hausmachtpolitik mögen für den Augenblick verwirrend erscheinen, doch lassen sich die verschlungenen Fäden verhältnismäßig leicht entwirren, wenn wir uns vor Augen halten, daß an den Auseinandersetzungen eigentlich nur vier Familien beteiligt waren: die Wittelsbacher, die Luxemburger, die Habsburger und die Grafen von Görz-Tirol.
Bei seinem Regierungsantritt besaß Ludwig IV. zwar einiges Ansehen, doch als eigenen Besitz nur das Herzogtum Oberbaiern. Die Pfalz, in der sein Bruder Rudolf regierte, erhielt er erst 1317. Da nach dem Aussterben der Askanier die Mark Brandenburg als erledigtes Lehen an das Reich zurückfiel, übertrug er sie 1327 sogleich an seinen damals erst achtjährigen Sohn Ludwig. Damit hatte er für sein Haus nicht nur einen erheblichen territorialen Machtzuwachs geschaffen, sondern neben der pfälzischen auch die brandenburgische Kurwürde gewonnen – also gleich zwei Stimmen bei künftigen Königswahlen für sich sicher gestellt. Die Pfalz erhielten allerdings bereits 1329 die Söhne seines Bruders im Hausvertrag von Pavia zurück.

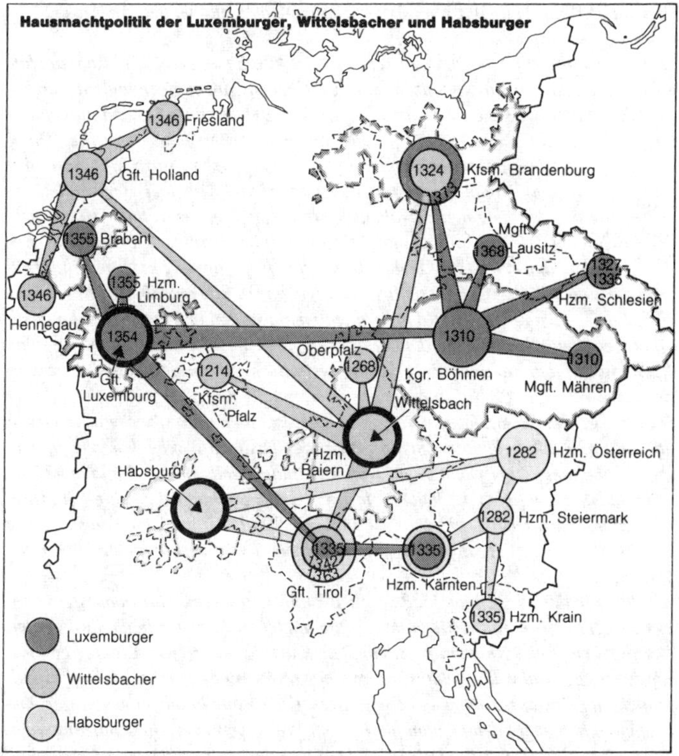

Die Luxemburger besaßen zu dieser Zeit außer ihrem kleinen Stammland im Westen noch das Königreich Böhmen. 1306 war dort der letzte König aus dem Geschlecht der Przemysliden gestorben. Der tschechische Adel hatte erst Herzog Heinrich von Kärnten aus der Familie Görz-Tirol als König berufen, sich dann aber in unzufriedener Stimmung an Kaiser Heinrich VII. gewandt, der seinen Sohn Johann mit der jüngeren Tochter des verstorbenen Königs vermählte und ihm 1310 Böhmen übertrug.

Heinrich von Kärnten gab auf und verließ das Land, aber er besaß ja außer seinem Herzogtum auch noch Krain und vor allem Tirol, das *der* Zankapfel in der nun folgenden Auseinandersetzung werden sollte.

Kerngebiet der habsburgischen Herrschaft waren die Herzogtümer Österreich und Steiermark. Dazu kamen noch die alten Besitzungen in der heutigen Schweiz und am Oberrhein, die alle gemeinsam von Her-

Giovanni Villani berichtet über die Kaiserkrönung Ludwigs des Baiern 1328

Der Baier verließ am Dienstag, dem 5. Januar, Viterbo und erreichte Rom am folgenden Donnerstag zur Nonenzeit [etwa 14 Uhr] mit einem Heer von gut viertausend Reitern ohne Widerstand anzutreffen. Von den Römern jubelnd aufgenommen, stieg er im Palast von St. Peter ab, wo er vier Tage verweilte. Dann überschritt er den Tiber und nahm sein Quartier in Santa Maria Maggiore. Am folgenden Montag begab er sich auf das Kapitol und hielt hier eine große Versammlung ab, der die ganze Bevölkerung von Rom [. . .] beiwohnte. Hier führte der Bischof von Aleria [auf Korsika], ein Augustiner, in seinem Auftrag mit großem Schwung das Wort, dankte dem römischen Volk für die Ehre, die es Ludwig erwiesen und erklärte, daß dieser beabsichtige, das römische Volk zu erhöhen und zu fördern. Das gefiel den Römern nicht wenig und sie riefen: »Es lebe unser Herr, der König der Römer!« Dieser aber setzte in derselben Versammlung seine Krönung auf den kommenden Sonntag fest und wurde alsbald vom Volke zum Senator und Volkskapitän für ein Jahr ernannt.

Im Gefolge des Baiern kamen viele Kleriker, Prälaten und Mönche aller Orden nach Rom, die Rebellen und Schismatiker der Heiligen Kirche waren [. . .] dem Papst Johannes [XXII.] zum Trotz, während andererseits viele rechtgläubige Kleriker und Mönche Rom verließen. Die Landschaft aber und die heilige Stadt lagen unter dem Interdikt; man sang kein feierliches Hochamt, kein Glockenklang ertönte, soweit nicht der Baier durch seine schismatischen gebannten Kleriker den Gottesdienst versehen ließ. [. . .]

Am Morgen des 16. Januar 1328 brachen Ludwig und seine Gattin mit dem ganzen Kriegsvolk von Santa Maria Maggiore auf [. . .] und zogen nach Sankt Peter. Voran ritten je vier Römer von jedem Bezirk als Bannerträger. Alle Straßen waren reingefegt und voll von Myrthen und Lorbeeren, und vor jedem Hause hingen mancherlei Kostbarkeiten wie die schönsten Tücher und mancherlei sonstige Zieraten herab. Sciarra della Colonna, der zum Volkskapitän ernannt war, Buccio di Proresso und Orsini degli Orsini als Senatoren und Piero da Monte Nero, römischer Ritter, geleiteten ihn, in goldgestickte Gewänder gehüllt. Um ihn zu krönen waren dort auch die zweiundfünfzig Vertreter des Volkes und der Präfekt von Rom, der stets vor ihm einherschritt, wie es seine Würde gebietet. Sein Roß aber führten und umgaben die Genannten und viele andere adelige Römer. Auch ließ er einen rechtsgelehrten Richter vor sich schreiten, der die Reichsordnung im Auszug mit sich führte. In dieser Anordnung wurde er zur Krönung geleitet, und es fand sich kein Mangel dabei, abgesehen von der üblichen Benediktion und Confirmation des Papstes, der nicht da war, und von dem Pfalzgrafen vom Lateran, der sich aus Rom entfernt hatte, während er doch den Kaiser halten müßte, wenn er am Hauptaltar von St. Peter das heilige Öl nimmt, und auch die Krone empfängt, wenn sie abgenommen wird. Deshalb hatte der Baier vorgesorgt und Castruccio [Castruccio Castracani, Emporkömmling mit steiler Karriere, zeitweilig stärkster Machthaber in der Toscana], Herzog von Lucca, den Pfalzgrafentitel verliehen. [. . .] Dann ließ sich der Baier in Abwesenheit des Papstes von Schisma-

tikern und Gebannten zum Kaiser krönen, nämlich vom Bischof von Venedig und vom Bischof von Aleria. In der gleichen Weise wurde seine Gemahlin gekrönt. Danach ließ der Kaiser drei Dekrete verlesen, eines vom katholischen Glauben, ein weiteres, das verlangt, die Geistlichkeit zu ehren und ein drittes, das von der Fürsorge für Witwen und Waisen spricht, ein heuchlerisches Spiel, das den Römern sehr zusagte. Hierauf ließ er eine Messe singen, die den Abschluß der Feierlichkeit bildete. Man brach dann von St. Peter auf und zog nach Santa Maria in Aracoeli, wo das Krönungsmahl bereitet war. Da sich die Feier jedoch sehr in die Länge gezogen hatte, so wurde es bereits Abend, ehe man speiste. Der Kaiser aber übernachtete auf dem Kapitol. Am folgenden Morgen ernannte er den Herzog von Lucca zum Senator und zu seinem Stellvertreter und ließ ihn auf dem Kapitol zurück, während er selbst mit seiner Gemahlin die Johanniskirche des Lateran besuchte. So wurde Ludwig der Baier vom römischen Volk zum Kaiser und König der Römer gekrönt, zur Schmach und Schande des Papstes und der römischen Kirche und unter Mißachtung jeder Ehrfurcht vor der heiligen Kirche. Man überlege, wie groß die Überheblichkeit des Baiern war; denn in keiner alten oder neuen Chronik habe ich gefunden, daß irgend ein anderer christlicher Kaiser sich jemals habe von anderen als vom Papst oder dessen Legaten krönen lassen.

Aus: Chronik des Giovanni Villani Buch X, Kap. 54 und 55 (der Florentiner Villani – † 1348 – begann seine Chronik nach 1300, sie wurde von seinem Bruder Matteo und dessen Sohn bis 1364 fortgesetzt).
Bearbeitung nach der Übersetzung von W. Friedensburg

zog Albrecht II. (dem Weisen) gemeinsam mit seinem Bruder Otto regiert wurden.

Das waren die Hauptfiguren im dynastischen Karussell, Bäumchen-Wechsel-Spiel oder wie immer wir es bezeichnen wollen. Nicht zu vergessen die Frauen, die Ehefrauen und Töchter, denen aber meist nur untergeordnete Rollen zugewiesen wurden und über deren Schicksal einfach verfügt wurde. Die treibende Kraft des ganzen Spiels mit Frauen, Erb- und Heiratsgut und Ländern war allerdings nicht Ludwig IV., sondern der Böhmenkönig Johann. Dieser ungemein agile und lebensfrohe Fürst, ein königlicher Hansdampf, hatte zwar anfangs Ludwig IV. unterstützt, versuchte dann aber zunehmend, seine eigenen Hausmachtpläne durchzusetzen und wurde damit nach dem Ausscheiden der Habsburger zum einzigen potentiellen Gegner des Baiern im Reich.

Daß die aufkeimenden Spannungen zunächst abgemildert werden konnten, war nicht zuletzt ein Verdienst Erzbischof Balduins von Trier, der zwischen seinem Neffen Johann von Böhmen und Kaiser Ludwig IV. auszugleichen suchte. Unmittelbar nach der Rückkehr Ludwigs IV. aus Italien schloß aber König Johann überraschend ein Bündnis mit seinem Vorgänger, dem früheren König von Böhmen und Polen Heinrich VI., Herzog von Kärnten und Graf von Tirol, und vermählte seinen Sohn Johann Heinrich von Mähren mit Margarete Maultasch (siehe Porträt, Seite 159), der Tochter Herzog Heinrichs VI. Was sich hier so einfach wie eben ein unwichtiges dynastisches Faktum anhört, war in Wirklichkeit das Ergebnis langwieriger diplomatischer Verhandlungen und Machenschaften. Fürstliche Ehen waren in dieser Zeit ein besonders wichtiger Teil der Politik. Sie verhinderten Krieg und beschworen ihn herauf, und wir können uns vorstellen, daß viele Bürger ängstlich beobachteten, wer in welches fürstliche Bett kam.

Der wittelsbachische Griff nach Tirol

Die Heirat Johann Heinrichs von Mähren mit Margarete Maultasch, die zwei Parteien – nämlich Luxemburg und Görz-Tirol – im dynastischen Spiel zusammengeführt hatte, löste auf der anderen Seite sogleich ein Zusammengehen zwischen Wittelsbachern und Habsburgern aus. Die Folgen zeigten sich 1335, als Heinrich VI. von Kärnten starb. Da er keine männlichen Nachkommen hatte, belehnte Ludwig IV. sogleich die Habsburger Albrecht II. und Otto mit Kärnten und dem südlichen Teil von Tirol, während der nördliche an seine eigenen

MARGARETE MAULTASCH

Im Jahre 1318 wurde dem söhnelosen Herzog Heinrich VI. von Kärnten, Graf von Tirol, eine Tochter Margarete geboren, die später den Beinamen »Maultasch« erhielt. Nicht eindeutig ist die Herkunft der Bezeichnung geklärt, die an eine entstellende Mundpartie denken läßt. Doch gibt es auch andere Deutungen. Ob hübsch oder nicht – der Erbin ansehnlicher Territorien im Spannungsfeld zwischen Habsburgern, Luxemburgern und Wittelsbachern fehlte es nicht an Bewerbern. Die Zwölfjährige mußte den neunjährigen Luxemburger Johann Heinrich, einen Sohn des böhmischen Königs Johann, heiraten. Diese Ehe entwickelte sich höchst unglücklich. Es hieß, der junge Mann habe Margarete mit Roheiten gequält, sei aber nicht in der Lage gewesen, die Ehe zu vollziehen, auch nicht in späteren Jahren. Margarete, angeblich mannstoll, soll sich ihrerseits durch ein zügelloses Liebesleben entschädigt haben. Johann Heinrich machte sich schließlich in Tirol so unbeliebt, daß sich der Adel erhob und Margarete die Gelegenheit wahrnahm, dem Gatten die Tore kurzerhand zu verschließen (1341). Im Jahr darauf vermählte sie sich mit Ludwig von Brandenburg, dem Sohn Kaiser Ludwigs des Baiern. Diese Ehe scheint problemloser gewesen zu sein; jedenfalls war sie fruchtbar, wenn auch nur ein Sohn, Meinhard, heranwuchs. Überschattet war die gemeinsame Regierungszeit durch eine Reihe von Katastrophen, die über Tirol hereinbrachen: Krieg mit den Luxemburgern, Überschwemmungen, Heuschrecken und schließlich die Pest. Schwer trug das Herrscherpaar auch an dem Unfrieden mit der Kirche. Denn da die erste Ehe Margaretes nicht geschieden, sondern nur nicht vollzogen war, hatte der Papst die beiden mit dem Bann belegt. Erst 1359 wurde der Bann dank der Vermittlung durch die Habsburger aufgehoben, die sich dafür die Nachfolge in Tirol zusichern ließen, wenn Margaretes Stamm aussterben sollte. Nach dem Tod des Gemahls 1361 und des Sohnes 1363 hatte Margarete nicht mehr die Kraft weiterzuregieren. Sie trat Tirol an die Habsburger ab und ging nach Wien, wo sie am 3. September 1369 starb. (R. V.)

Söhne fallen sollte. Daß die Luxemburger eine solche Entscheidung nicht hinnehmen konnten, ist verständlich. König Johann rückte auch sogleich mit einem stattlichen Truppenaufgebot von 4500 Berittenen gegen Österreich vor, aber nach einigen Wochen mehr strategischen als militärisch bedeutsamen Gerangels einigte er sich überraschend mit den Habsburgern, und man bestätigte sich gegenseitig die bestehenden Besitzverhältnisse. Erst 1339 kam es zu einem ähnlichen Abkommen zwischen Johann und Ludwig IV.

Ungewöhnliche Scheidungspraktiken

Alles schien in bester Ordnung, doch dieser Schein trog; denn nach wie vor lauerte Ludwig IV. nur auf eine Gelegenheit zum Erwerb Tirols. Sein Sohn, Ludwig V., Herzog von Baiern und Markgraf von Brandenburg, war schon 1329 Witwer geworden, und ihn gedachte der Kaiser nun in das Spiel zu bringen und mit Margarete Maultasch, der rechtmäßigen Erbin Tirols, zu verheiraten. Das einzige Hindernis in diesem Plan bildete nur die Tatsache, daß diese bereits verheiratet war, nämlich mit Johann Heinrich von Mähren! Viel Freude hatte der luxemburgische Prinz mit seiner vier Jahre älteren Frau sowieso nicht gehabt, die angeblich ebenso häßlich wie mannstoll gewesen sein soll, wenn man den zeitgenössischen Chronisten glauben soll. Auch hatten seine tschechischen Gefolgsleute es nicht verstanden, sich mit dem Adel Tirols auf guten Fuß zu stellen.

So kam es zu einer ›Scheidung auf tirolisch‹. Als Johann Heinrich von Mähren am 2. November von einer Jagd zurückkehrte, fand er die Tore des Schlosses Tirol versperrt, und ebenso die aller anderen Burgen, an denen er anklopfte. Erst beim Patriarchen von Aquileja (an der nördlichen Adria), einem Verwandten, fand er wieder Unterkunft. Der Kaiser schied nun die Ehe durch eigenen Machtspruch, weil sie angeblich nie vollzogen worden sei. Dann verheiratete er im Februar 1342 seinen wenig begeisterten Sohn Ludwig V. mit Margarete Maultasch und belehnte ihn zugleich mit Tirol.

Da durch das Aussterben der niederbaierischen Wittelsbacher schon 1340 auch dieses Herzogtum an ihn gefallen war, sah sich Ludwig IV. im Besitz von Ober- und Niederbaiern, von Brandenburg (seit dem Aussterben der Askanier) mit Pommern und der Lausitz und nun auch von Tirol, hatte also in rund drei Jahrzehnten eine erstaunliche Hausmacht erworben. Allerdings war gerade durch den letzten Schritt der Gegensatz zu den Luxemburgern unüberbrückbar geworden, und selbst Balduin von Trier schwenkte in das Lager seiner Familie ein.

Ludwig IV. und die Kirche

Der Kampf um die Hausmacht war nur ein Teil der wittelsbachischen Politik. Nach wie vor blieb diese überschattet von der Auseinandersetzung mit dem Papsttum, die sich zugleich auch auf die europäische Politik auswirkte. Johannes XXII. setzte den Kampf verständlicherweise auch nach der Rückkehr Ludwigs IV. aus Italien fort, zumal ja der unbefriedigende Ausgang des Römerzuges und die Unterwerfung des Gegenpapstes seine Position nur gestärkt hatten. Aber auch Ludwigs IV. Lage hatte sich verändert. Er operierte jetzt nicht mehr mit einigen tausend Kriegern in einem gesonderten Reichsteil, sondern konnte von Deutschland aus seinem Gegner doch anders gegenübertreten als von Italien aus. Hier hielten Fürsten und Adel, vor allem auch der gesamte niedere Klerus zu ihm, auch ein Teil des Episkopats stand auf seiner Seite.

Ludwig IV., der Baier, selbst war buchstäblich bis zu seinem letzten Atemzug ein frommer Mann. Er mag deshalb unter der kirchlichen Verurteilung gelitten haben, aber er war auch ein kühler Realpolitiker, in der Auseinandersetzung mit dem Papsttum gewiß kein Hasardeur, sondern stets vorsichtig abwägend und zögernd, eher ein Meister des Hinhaltens und politischen Vernebelns als des stürmischen Angriffs. Auf seiner Seite standen ein paar erfahrene Theologen. Es waren jene Franziskanermönche, die sich im Armutsstreit gegen den Papst gewandt hatten. Sie fanden am kaiserlichen Hof Aufnahme und Unterstützung nicht so sehr aus politischen Erwägungen, sondern weil Ludwig IV. die Ideale des heiligen Franziskus und den Orden schätzte. Zu den wichtigsten geistlichen Ratgebern aus diesem Kreis gehörten angesehene Männer wie der Engländer Wilhelm von Ockham, ein bedeutender Theologe der Spätscholastik, später wegen Irrlehren angeklagt, oder die Italiener Bonagratia von Bergamo, ein Franziskaner-Prokurator, und Michael von Cesena, ein Franziskaner-General.

Wir müssen aber auch die andere Seite sehen. Papst Johannes XXII. war ein hochbegabter Mann, ein versierter Theologe, aber auch ein gerissener Diplomat und vor allem ein starrsinniger Greis, einer der ältesten Päpste überhaupt. Mit 72 Jahren hatte er den Stuhl Petri bestiegen, am Höhepunkt der Auseinandersetzung mit dem Kaiser stand er schon in den Achtzigern. Es erscheint fast unmöglich, das diplomatische Spiel und die Winkelzüge im Hintergrund der Auseinandersetzung zu durchschauen, und selbst für die historische Forschung bleiben ungeklärte Fragen. Zu ihnen gehört die angebliche Verzichtserklärung Ludwigs IV. im Spätherbst 1333, zu einem Zeitpunkt also, da seine Position in Deutschland als durchaus gefestigt gelten konnte.

Kniendes Herrscherpaar. *Trotz seiner langwierigen Kämpfe mit den Päpsten war Ludwig IV. ein frommer Mann, der die Kirche mit zahlreichen Stiftungen bedachte. Das Sandsteinrelief zeigt ihn als Kirchenstifter mit seiner Gemahlin*

Margarethe vor der Gottesmutter. Skulptur von 1324 mit Resten älterer Bemalung aus der Lorenzkirche München. München, Bayerisches Nationalmuseum.

***Gerissen und unerbittlich.** Papst Johannes XXII. gehörte zu den starrsinnigsten Widersachern Ludwigs IV. Hier mit Schlüssel Petri, Flammenschwert und weltlichem Schwert. Wien, Österreichische Nationalbibliothek.*

Angeblich auf Anraten Johanns von Böhmen und des französischen Königs versprach Ludwig IV. seinen Rücktritt zugunsten seines Neffen Heinrich von Niederbaiern – der zugleich ein Schwiegersohn des Böhmenkönigs war –, wenn der Papst ihn vom Bann löse. Schon waren einige Fürsten in den Plan eingeweiht, schon versprach Heinrich für den Fall seiner Wahl dem französischen König Reichsbesitz im Westen, um dessen Unterstützung zu gewinnen, und schon begannen Verhandlungen mit den Kurfürsten, da erklärte der Papst, Ludwig IV. müsse erst auf alle Würden verzichten. Daraufhin zog Ludwig alle Zusagen zurück, bezeichnete sie als Scheinmanöver. Was wirklich geschah, läßt sich wohl nie ganz aufklären. Hatte Ludwig IV. nur ein taktisch zwar raffiniertes, zugleich aber auch höchst gefährliches Spiel getrieben? Vielleicht hatte er damit gerechnet, daß nach seiner Lösung vom Bann die Kurfürsten ihre Zustimmung zu dem Handel verweigern würden. Vielleicht hatte er von vornherein die Haltung des Papstes richtig eingeschätzt und nur beweisen wollen, daß er selbst zum äußersten Einlenken bereit war, nicht aber die Kurie.

Der Kurverein von Rhense und die abschließende Definition von Kaisertum

Johannes XXII. konnte keine weiteren Schachzüge mehr unternehmen. Er starb 1334 im Alter von rund neunzig Jahren. Unter seinem Nachfolger Benedikt XII., einem ehemaligen Zisterzienserabt, wurde der Streit in zunehmendem Maße eine Angelegenheit europäischer Politik. Benedikt XII., ein Mann des Ausgleichs, strebte die Versöhnung mit Ludwig IV. an. Sie wäre auch bestimmt zwischen 1335 und 1337 möglich gewesen, hätte sie nicht jetzt der französische König mit allen diplomatischen Mitteln hintertrieben. Als 1337 ein Aussöhnungsversuch scheiterte, ging eine Welle der Empörung durch ganz Deutschland. Die Bischöfe von Basel, Straßburg, Speyer, Paderborn, Würzburg, Bamberg, Augsburg und Eichstätt sandten im Frühjahr 1338 ein gemeinsames Schreiben an den Papst, in dem sie ihn zum Einlenken aufforderten. Die deutschen Fürsten schlugen auf dem Reichstag in Frankfurt schärfere Töne an und erklärten, daß die kaiserliche Gewalt unmittelbar von Gott und nicht vom Papst stamme. Noch deutlicher aber wurden die Kurfürsten, die sich bis auf Johann von Böhmen am 16. Juli, einem schönen Sommertag, unter den Nußbäumen am Rheinufer bei Rhense trafen und erklärten, ein rechtmäßig von ihnen gewählter deutscher König bedürfe weder der Ernennung noch der Billigung oder Zustimmung des Papstes, um den Königstitel zu führen und die Verwaltung im Reich auszuüben.

Dieser »Kurverein von Rhense« zählt zu den wichtigsten Weistümern (Rechtsinstitutionen, Rechtssprüche, Auslegungen) der Reichsgeschichte im späten Mittelalter und bildete in seiner betont zeitlosen Formulierung, die jede Nennung Ludwigs IV. vermied, den Abschluß einer dreihundertjährigen Entwicklung der Staats- und Herrschaftsinterpretation. Ludwig IV. vertiefte sie noch einen Monat später auf einem neuen Reichstag in Frankfurt durch das Reichsgesetz »Licet iuris« und faßte zusammen: Die königliche Würde stammt allein von Gott, der von den Kurfürsten rechtmäßig Gewählte werde sogleich König *und* Kaiser und bedürfe keinerlei Billigung und Bestätigung des Papstes (siehe Band 3, Herrschaftsideologie der Staufer).

Damit ging er einen wesentlichen Schritt über den Entscheid von Rhense hinaus. Die Geschichtswissenschaft sieht heute gerade in der Hervorhebung auch des Kaisertitels den Einfluß der Ratgeber aus den Reihen der Franziskaner. Ludwigs IV. Stellung war jetzt erheblich gefestigt. Schon am nächsten Reichstag in Koblenz demonstrierte ein neues Ereignis das gewachsene Ansehen; denn der englische König Eduard III. nahm zusammen mit seiner ganzen Familie daran teil und wurde zum Reichsvikar ernannt. Damit aber war er, reichsrechtlich gesehen, Vasall des deutschen Königs. Eduard III. zahlte diesen Preis für ein Bündnis mit Ludwig IV. Ein Krieg Englands mit Frankreich stand unmittelbar vor dem Ausbruch, und Eduard III. hoffte, im deutschen Kaiser einen zuverlässigen Verbündeten zu finden. Dieser verpflichtete sich auch, gegen eine Zahlung von 400000 Goldgulden zweitausend Bewaffnete zu stellen.

In diesen Tagen stand Ludwig der Baier auf dem Höhepunkt seines Ansehens und seiner Macht. Aber es sollte sich sehr bald zeigen, daß er nicht imstande war, beides zu bewahren. Schon im folgenden Jahr erwies er sich als ungeschickter Taktiker. Das Bündnis mit England zerbrach wieder, dafür näherte er sich dem französischen König in der Hoffnung, von ihm Unterstützung beim Papst zu finden. Erneut zogen sich aber die Verhandlungen in die Länge, zumal auch Benedikts XII. Nachfolger Clemens VI. wieder eine bewußt starre Haltung einnahm. Auch in Deutschland änderten sich die Verhältnisse grundlegend. Der Erwerb Tirols im Frühjahr 1342 brachte, wie wir schon hörten, zwar einen Machtzuwachs, zugleich aber auch die Todfeindschaft der Luxemburger, die sich mit den Habsburgern arrangierten.

Die letzten Jahre: Enorme Spannungen mit den Luxemburgern und der Kurie – Absetzung und Tod

Die Jahre nach 1343 waren erfüllt von ebenso hektischen wie verwirrenden Verhandlungen. Während der Papst in einer Folge von Prozessen erneut gegen Ludwig IV. vorging, gelang diesem ein Bündnis mit den Königen von Polen und Ungarn gegen Böhmen. Der damit ausgeübte Druck führte noch einmal zu einer kurzfristigen Annäherung der beiden Fürstenhäuser, aber ein ehrlicher Ausgleich unterblieb. 1346 sagte sich Erzbischof Balduin von Trier endgültig vom Kaiser los.

Am 11. Juli 1346, fast auf den Tag genau acht Jahre nach dem denkwürdigen Tag von Rhense, versammelten sich dort wieder die Kurfürsten, die drei geistlichen sowie der König von Böhmen und der Herzog von Sachsen, nur die beiden Wittelsbacher, der Pfalzgraf bei Rhein und der Markgraf von Brandenburg fehlten. Sie erklärten Ludwig für abgesetzt und wählten Karl, den Sohn Johanns von Böhmen, zum neuen deutschen König. Das war allerdings mehr ein formaler Akt als eine machtpolitische Entscheidung; denn noch war Ludwig IV. stark genug, sich im Reich zu behaupten. Gerade das Volk stand auf seiner Seite. Den jungen Karl IV. nannte man abfällig den Pfaffenkönig – nicht nur, weil Papst Clemens VI. sein Erzieher gewesen war. Zum

JOHANN VON LUXEMBURG, KÖNIG VON BÖHMEN

Nur wenige deutsche Fürsten, denen sich die Chance bot, haben dem Ruf oder der Verlockung der deutschen Königskrone widerstehen können. Zu ihnen gehört Johann von Luxemburg. Er war der älteste Sohn Kaiser Heinrichs VII. und wurde am 10. August 1296 geboren. Als er zwölf Jahre alt war, wählten die deutschen Fürsten seinen Vater zum König, und dieser nutzte rasch die Möglichkeit, unter Einsatz des Sohnes eine Hausmacht in Böhmen aufzubauen. Kurz vor seinem Italienzug verheiratete er den Vierzehnjährigen nämlich mit der Erbin des Königreiches Böhmen. Mit erstaunlicher Energie ging der junge König gegen aufständische Adelige und Raubritter vor. Trotzdem verschlechterten sich dort die politischen Verhältnisse von 1315 ab, da sich der tschechische Adel gegen die Deutschen wandte. Der ausbrechende Bürgerkrieg zog sich über Jahre hin, bis schließlich im Lande weitgehend Anarchie herrschte, da König Johann die Lage dort nicht mehr in den Griff bekam. Das hing nicht zuletzt damit zusammen, daß er sich selbst nur zeitweilig in Böhmen aufhielt. Im Reich kämpfte er zwar auf seiten Ludwigs des Baiern gegen die Habsburger, doch unternahm er zwischen 1330 und 1333 einen eigenmächtigen Feldzug in Oberitalien, um sich dort mehrere Städte zu unterwerfen. Jahrelang war er nach dem Scheitern dieser Aktion ununterbrochen unterwegs und mischte sich in verschiedene dynastische Streitigkeiten und Kämpfe, wobei er sich auffallend an Frankreich anlehnte. Ein Augenleiden, von den Ärzten falsch behandelt, führte 1339 zu seiner völligen Erblindung. Seine unstete Politik der Einmischung und das Herumvagabundieren gab er deshalb aber nicht auf. Ludwig dem Baiern entfremdete er sich mehr und mehr, und schließlich schwenkte er ganz in das Lager von dessen Gegnern ein. Zuletzt kämpfte König Johann von Böhmen auf seiten der Franzosen gegen die Engländer. In der Schlacht von Crécy ließ sich der Blinde am 26. August 1346 von zwei Rittern ins Kampfgewühl geleiten. Dabei fiel der Fünfzigjährige zusammen mit seinen Begleitern. *(H. P.)*

Gegenkönig zu Karl IV. *Günther, Graf von Schwarzburg-Blankenburg (1304–1349), 1349 zum König gewählt und gekrönt. Er verzichtete bald auf die Königswürde und starb unter mysteriösen Umständen. Frankfurt, Dom.*

Bürgerkrieg, für den beide Seiten rüsteten, kam es allerdings nicht. Die Belastungen der vergangenen Jahre mochten für Ludwig IV. doch zu stark gewesen sein, und anscheinend befielen den Fünfundsechzigjährigen eine Kreislaufschwäche und Herzbeschwerden. Am 11. Oktober 1347 starb er überraschend auf der Bärenjagd, die einen munkelten an Gift, die andern sagten an einem Schlaganfall, wahrscheinlich aber war es ein Herzschlag.

Während in Avignon jeden Sonntag von der Kanzel aus der Bannspruch gegen »Ludovicus bavarus« wiederholt wurde, starb er, so wird erzählt, mit einer Anrufung Mariens: »Süße Kunigin, unsere Fraue bis (mhd., sei) bei miner Scheidung!«

Die Jugend des Königs Karl IV. von Luxemburg

Fünfundsechzig Jahre alt war Ludwig IV., der Baier, als er starb. Im zweiunddreißigsten stand sein Nachfolger Karl, der vierte deutsche König dieses Namens. Die Historiker stellen gern die offenkundigen Gegensätze in den Persönlichkeiten des Baiern und des Böhmen heraus, aber man sollte über solchem naheliegenden Vergleich auch manches Gemeinsame nicht übersehen. Als Krieger fühlte sich der eine, als Ritter, der »unwissend ist der Buchstaben und der Schrift Subtilität«, als braver Haudegen, der gegen die Ränke der Kurie nicht aufkommen konnte. In Wirklichkeit aber war er ein kluger und nüchterner Realpolitiker, der im Krieg wie im Frieden abzuwarten verstand, ein in seinem baierischen Herzogtum verwurzelter Herrscher, dem beachtliche Erfolge beschieden waren, dem aber das Glück nie treu blieb und der letztlich in seiner Politik scheiterte. Karl dagegen, der kleine, etwas vornübergebeugte Mann mit den breiten slawischen Backenknochen, der Knollennase und dem struppigen, schwarzen Bart, glich in seinem ganzen Wesen eher einem Kaufmann oder Gelehrten als einem ritterlichen König. Nein, er glich ihnen nicht nur, er *war* der »Kaufmann auf dem Königsthron«, ein tüchtiger sogar, fast möchte man sagen ein gerissener. Und er war auch ein Gelehrter, ein für seine Zeit hochgebildeter Mann, der in der Jugend eine exzellente Bildung erhalten hatte und stets bemüht war, sich weiterzubilden. Krieger und Feldherr war er keiner. Was aber nicht heißen soll, daß er sich nicht in verschiedenen Feldzügen, vor allem in seinen jüngeren Jahren, kühn bewährt hätte. Als Politiker zeigte er sich ebenfalls nüchtern und überlegt, er war ein Pragmatiker, der beachtliche, allerdings nicht spektakuläre Erfolge erzielte. Er sprach deutsch, französisch und italienisch, beherrschte aber auch das Tschechische und besaß gute Lateinkenntnisse. Von allen

Autobiographische Erinnerungen Kaiser Karls IV. an seine Jugend

[Während König Johann von Böhmen in Oberitalien Krieg führt, kehrt sein Sohn, der spätere Karl IV. in das Königreich Böhmen zurück, um dort die Verwaltung zu übernehmen. Er berichtet selbst:]
Nun sah unser Vater, daß ihm das Geld ausging und daß er nicht weiter gegen die Herren der Lombardei Krieg führen konnte. Er dachte deshalb an Heimkehr und wollte die lombardischen Städte und die Kriegführung uns anvertrauen. Wir lehnten das ab, denn man konnte sich hier nicht in Ehren behaupten. Da gab er uns Erlaubnis zur Rückkehr und sandte uns nach Böhmen voraus. Nachdem wir vom Gegner sicheres Geleit empfangen hatten, zogen wir durch das Gebiet von Mantua nach Verona und dann in die Grafschaft Tirol [. . .] dann zogen wir durch Baiern. [. . .] Schließlich kamen wir nach elfjähriger Abwesenheit nach Böhmen. Unsere Mutter Elisabeth fanden wir nicht mehr am Leben; sie war einige Jahre zuvor gestorben.
Auch hatten wir die böhmische Sprache ganz verlernt. Doch haben wir uns später ihrer wieder bemächtigt, so daß wir sie sprechen und verstehen konnten wie jeder andere Böhme. Durch Gottes Gnade haben wir außer dem Böhmischen auch das Französische, das Italienische, das Deutsche und Lateinische so zu sprechen, schreiben und lesen gelernt, daß wir eine wie die andere dieser Sprachen geläufig schreiben, lesen, sprechen und verstehen konnten.
Unser Vater zog damals wegen einer Fehde [. . .] in die Grafschaft Luxemburg. Für die Zeit seiner Abwesenheit bestellte er uns zum Herrscher in Böhmen. Dies Königreich war völlig heruntergekommen. Keine einzige Burg war frei; sie waren sämtlich mit allen Krongütern verpfändet, so daß wir keine Bleibe hatten, es sei denn wie jeder andere Bürger in einem Stadthaus. Die Prager Burg war seit den Zeiten Ottokars [Przemysl Ottokar II.] so verödet, verfallen und zerstört, daß sie gänzlich dem Boden gleichgemacht war. Dort ordneten wir mit großen Kosten aufs neue den Bau des weiträumigen stattlichen Palastes an, wie er noch heute vor dem Blick des Betrachters steht. Damals ließen wir unsere Gemahlin holen, die noch in Luxemburg war. Ein Jahr nach ihrer Ankunft gebar sie unsere älteste Tochter Margarete.
Unser Vater hatte uns damals die Markgrafschaft Mähren gegeben; wir führten daher diesen Titel. Alle ehrlichen Böhmer liebten uns, da sie wußten, daß wir ein Sproß aus dem alten böhmischen Königsgeschlecht waren, und liehen uns ihre Hilfe zur Wiedergewinnung von Burgen und des Königsgutes. Mit großen Kosten und Mühen gelang die Rückgewinnung der Burgen Bürglitz, Teyrov, Lichtenburg, Lititz, Königgrätz, Pisek, Netschtin, Zbiroh, Tachau und Trautenau in Böhmen und der Burgen Lukov, Teltsch, Eichhorn, Olmütz, Brünn und Znaim in Mähren und vieler anderer verpfändeter und der Krone entfremdeter Güter. Wir verfügten über zahlreiche bereitwillig dienende Krieger. Das Königreich gedieh von Tag zu Tag. Alle Guten liebten uns, die Bösen jedoch fürchteten uns und mieden den Rechtsbruch, und das Recht gewann wieder an Kraft im Reich, denn zuvor waren die Barone großenteils zu Tyrannen geworden und hatten nicht die ge-

ziemende Scheu vor dem König, ja sie hatten die Königsmacht unter sich geteilt. So hatten wir zwei Jahre lang die Statthalterschaft im Königreich inne und mehrten seinen Wohlstand von Tag zu Tag.
[. . .] Damals gewannen bei unserem Vater schlechte und falsche Räte, die auf ihren eigenen Vorteil bedacht waren, Einfluß gegen uns. [. . .] Sie machten sich an unseren Vater und flüsterten ihm zu: Herr seid auf der Hut! Euer Sohn hat viele Burgen im Königreich und großen Anhang unter euerem Gefolge. Wenn er lange diesen Einfluß behält, wird er euch verdrängen, wann er will. Denn er ist des Reiches Erbe und ein Sproß aus dem Geschlecht der Könige Böhmens, und die Böhmen lieben ihn, ihr aber seid ein Fremdling. Dies sagten sie, weil sie nach Gewinn und Besitz trachteten, und unser Vater ihnen die erwähnten Burgen und Güter ausliefern sollte. Er ließ sich nun so sehr von ihren Ratschlägen bestimmen, daß er gegen uns Argwohn faßte und uns deshalb alle Burgen und die Regierung in Böhmen und in der Markgrafschaft Mähren entzog. So blieb uns nichts als der leere Titel Markgraf von Mähren.

Aus: Vita Karoli quarti imperatoris ab ipso Karolo conscripta (Selbstbiographie Kaiser Karls IV. – vollendet etwa 1355).
Übers. Ottokar Menzel

Karl IV. im Gebet. *Ausschnitt aus dem Votivbild des Johann Očko von Vlašim, nach 1340 entstanden.*
Tempera auf Fichtenholz. Prag, Nationalgalerie.

deutschen Königen war er wohl der entschiedenste Kosmopolit.
Fromm waren sie beide, Ludwig wie Karl. Der erstere allerdings von einer einfachen, ganz persönlichen, schlichten Frömmigkeit, die ihn nicht daran hinderte, die Interessen des Reiches und des Königtums über die Kirche als Institution zu stellen. Karl dagegen, der sich bei seiner Krönung zum Diakon hatte weihen lassen, nahm nicht nur regen Anteil am kirchlichen Leben, er war auch ein bibelfester Theologe und damit den meisten Geistlichen seiner Zeit überlegen, ein treuer Sohn der Kirche. Seine fast mystische Frömmigkeit, die ihn zu Bußübungen und Meditationen trieb, schlug manchmal geradezu ins Bigotte um. Seltsam mutet uns beispielsweise bei einem Realisten wie ihm der Sammeleifer an, mit dem er Reliquien aller Art kaufte.
Die meisten deutschen Könige bleiben für den historischen Laien bis zu ihrer Thronbesteigung weitgehend unbekannt. Mit ihrer Jugend und ihren frühen Schicksalen beschäftigen sich bestenfalls Spezialbiographien, und selbst dort sind diesem Lebensabschnitt oft nur wenige Seiten gewidmet. Wenn das bei Karl IV. anders ist, gibt es dafür zwei

Gründe. Zum ersten war er der einzige deutsche König des Mittelalters, der eine Selbstbiographie verfaßte, die von der Geburt bis zur Königswahl reicht. Und zum andern nutzte sein Vater schon früh die administrativen Fähigkeiten des Prinzen, übertrug ihm wichtige Aufgaben und zog ihn so mit hinein in die politischen Händel seiner Zeit. Nach unserer Erkenntnis scheint Karl mit der Niederschrift seiner Lebensgeschichte kurz nach der Königswahl begonnen und sie etwa ein Jahrzehnt später vollendet zu haben. Die »Bekenntnisse« (lat.: »Confessiones«) des großen Kirchenlehrers Augustinus, mögen das Vorbild gewesen sein. Sicher entsprang das Werk aber auch dem ausgeprägten Geschichtsbewußtsein Karls IV., seinem Bestreben, der Nachwelt zu berichten, wie die politischen und historischen Fäden ineinanderliefen, und schließlich sollte es eine Art Fürstenspiegel für die Nachfolger auf dem Königsthron werden. Die Jahre zwischen 1340 und der Königswahl stammen dann offensichtlich nicht mehr aus seiner Feder, mögen aber unter seiner Anleitung niedergeschrieben worden sein.

Karls Vater war aus dem Westen, dem Grenzland zwischen Frankreich und Deutschland, nach Böhmen gekommen und hatte dort Elisabeth, eine Tochter des letzten Königs aus dem tschechischen Herrscherhaus der Przemysliden, geheiratet. Mochte dieses Geschlecht auch mit deutschen Dynastien verschwägert gewesen sein, so dominierte doch das slawische Element. Karls Blutsverwandtschaft umspannte also den weiten Bogen von Frankreich über Deutschland bis zur östlichen Grenze des alten Przemyslidenreiches, bis Polen und Ungarn. Nicht zuletzt diese Mischung aus deutschem und slawischem Blut mochte es auch sein, die ihm Gelassenheit und Sicherheit gab, in den nationalen Auseinandersetzungen über den Völkern zu stehen und aus den deutschen wie böhmischen Elementen seiner Herrschaft die besten Kräfte zu mobilisieren.

Karls Kindheit fehlte jede Geborgenheit. Man muß sich wundern, daß er ohne auffallende psychische Schäden die Experimente des Vaters überstand, der ihn der Mutter wegnahm und wochenlang in Dunkelhaft hielt, um angeblichen Trotz zu brechen. Dem kleinen Prinzen mag es wie eine Erlösung vorgekommen sein, als er im Alter von sieben Jahren an den Hof des Königs von Frankreich geschickt wurde. Nachdem er die ersten Jahre seines Lebens auf einsamen böhmischen Burgen verbracht hatte, erschloß sich ihm nun eine neue Welt. Die Gemahlin des französischen Königs war seine Tante. Dieser selbst begünstigte ihn, änderte auch seinen slawischen Namen von Wenzel, wie er seit seiner Taufe hieß, bei der Firmung in das französischen Zungen wohlgefälligere Charles-Karl und verheiratete schließlich 1329 den dreizehnjährigen Knaben mit der gleichaltrigen Prinzessin Blanche aus dem Hause Valois. Wichtig für Karl sollte seine Begegnung mit Abt Peter von Fécamp sein, einem hochgebildeten Mann, der 1328 der Lehrer des Prinzen wurde. Aber beide konnten damals nicht ahnen, daß der Lehrer einmal Papst werden und dem Schüler den Weg zur deutschen Königskrone ebnen würde.

Karl IV. muß in die Politik: Der Anfang als Gegenkönig

Die Idylle von Frankreich wurde jäh unterbrochen, als Johann 1330 seinen Sohn abberief, ihn erst nach Luxemburg und wenige Monate später nach Oberitalien schickte, wo er sich nach Abzug Ludwigs des Baiern von einigen Städten hatte zum Stadtherrn küren lassen. Sowenig er als Vater das Kind geschont hatte, so wenig schonte er nun den Vierzehnjährigen, dem er einfach die Statthalterschaft und damit verbunden die Kriegsführung in Oberitalien übertrug, während er sich selbst nach neuen fürstlichen Abenteuern umsah. Im Streit der lombardischen Städte wurden die beiden folgenden Jahre zur militärischen Lehrzeit für Karl, in der er sich tapfer bewährte. Aber der junge Prinz war dabei keineswegs ein williges Werkzeug des Vaters, sondern gebärdete sich im Gegenteil recht selbständig.
Den militärischen Lehrjahren folgten von 1334 an die politischen, als ihm Johann die Verwaltung Böhmens und Mährens übertrug. Deutlich spürt man den Stolz, mit dem Karl in seiner Selbstbiographie über die Tätigkeit während dieser Jahre berichtet. Die böhmischen Länder waren heruntergewirtschaftet und verkommen. Der Adel hatte sich den königlichen Besitz angeeignet. Karl aber schaffte in kürzester Zeit Ordnung. Ihm kam dabei zugute, daß die Böhmen, Bürger wie Adelige, ihn als einen der ihren anerkannten. Johann war der ungeliebte, ja gehaßte Fremde geblieben, Karl dagegen war der Sohn der letzten Przemyslidin. Das gab ihm einen Vertrauensvorschuß, den er klug zu nutzen verstand. Gerade dieses Vertrauen aber löste beim Vater Mißtrauen und Neid aus, und schon nach zwei Jahren entzog er ihm das Regiment wieder. Erst 1340, als Johann schon erblindet war, übernahm er erneut die Herrschaft, und behielt sie nun auch für immer.
In diesen Jahren richtete sich schon das politische Interesse zunehmend auf den Prinzen. Im Streit der Parteien schien er dem Papst und den Gegnern Ludwigs IV. der geeignetste Kandidat für die deutsche Königskrone. Damals besuchte König Johann mit seinem Sohn Wenzel-Karl den päpstlichen Hof in Avignon, wo Abt Roger inzwischen zur Kardinalswürde und zu hohem Einfluß aufgestiegen war. Karl erzählt, der alte Lehrer habe ihm vorausgesagt, daß er König werde, er

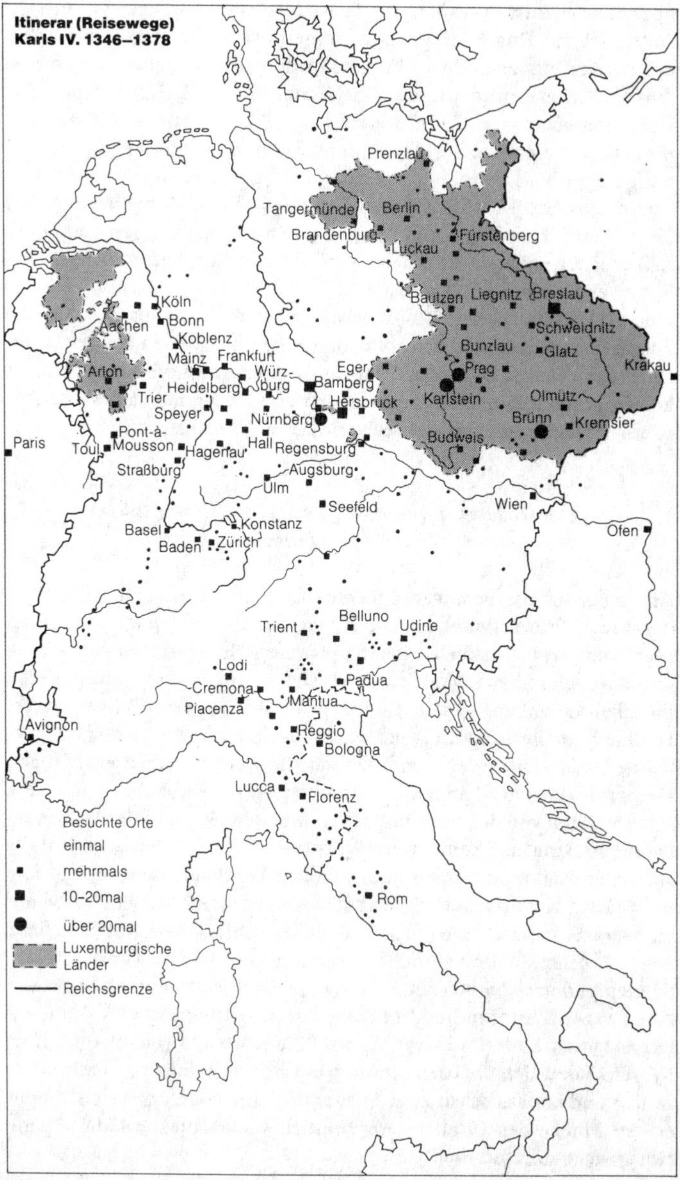
Itinerar (Reisewege)
Karls IV. 1346–1378
Prenzlau
Tangermünde
Berlin
Brandenburg
Fürstenberg
Luckau
Köln
Bonn
Aachen
Koblenz
Bautzen
Liegnitz
Breslau
Schweidnitz
Bunzlau
Glatz
Frankfurt
Mainz
Würz-
burg
Eger
Prag
Krakau
Arlon
Heidelberg
Bamberg
Trier
Hersbruck
Karlstein
Olmütz
Speyer
Nürnberg
Brünn
Kremsier
Pont-à-
Mousson
Hall
Budweis
Paris
Toul
Hagenau
Regensburg
Straßburg
Augsburg
Ulm
Seefeld
Wien
Konstanz
Basel
Ofen
Baden
Zürich
Belluno
Trient
Udine
Lodi
Padua
Cremona
Mantua
Piacenza
Avignon
Reggio
Bologna
Lucca
Florenz
Rom
Besuchte Orte
einmal
mehrmals
10–20mal
über 20mal
Luxemburgische
Länder
Reichsgrenze

aber habe geantwortet: »Du wirst zuvor Papst sein.« Diese Voraussage sollte sich für Roger schon 1342 erfüllen. Als Clemens VI. war er ein erbitterter Gegner Ludwigs IV. und förderte denn auch mit allen Mitteln die Thronkandidatur seines Schülers. Am 11. Juli 1346 wählte, wie wir schon hörten, ein Teil der Kurfürsten Karl IV. zum deutschen König. Dieser zeigte die Wahl dem Papst an, ohne allerdings um Bestätigung zu bitten. Die Freude über den Erfolg wurde getrübt durch den Tod des Vaters. Mochte das Verhältnis zwischen den beiden auch nie besonders herzlich gewesen sein, so war Johann doch stets ein guter Lehrmeister gewesen und hatte vor allem in den letzten Jahren den Sohn sehr geschickt aufgebaut.
Der Tod Ludwigs IV., des Baiern, erübrigte eine Antwort auf die Frage, ob sich Karl in dem drohenden Bürgerkrieg ohne die Unterstützung des Vaters hätte durchsetzen können. Immerhin taktierte er höchst geschickt, und in der Auseinandersetzung mit den Wittelsbachern war ihm jedes Mittel recht, sogar ein Betrüger.

Der falsche Waldemar in der wittelsbachischen Mark Brandenburg

Anfang 1348, also genau zum rechten Augenblick, tauchte nämlich in der Mark Brandenburg ein alter Mann auf, der behauptete, er sei Markgraf Waldemar, der letzte Askanier. Seine Geschichte klang durchaus glaubhaft: Man habe vor siebenundzwanzig Jahren einen Falschen begraben, er selbst sei wegen einer schweren Sünde in das Heilige Land gezogen und jetzt erst nach vielen Abenteuern zurückgekehrt. Einige Historiker vermuten, daß es sich um einen ehemaligen Diener Waldemars handelte, der wegen seiner Ähnlichkeit mit dem Verstorbenen von der Verwandtschaft und den Gegnern der Wittelsbacher jahrelang auf seine Rolle vorbereitet wurde. Diese jedenfalls spielte er so gut, daß sich ihm in wenigen Wochen die meisten Städte der Mark anschlossen. Der Fürst von Anhalt, immerhin ein Verwandter Waldemars, erkannte ihn sofort als den echten Markgrafen an, und Karl IV. belehnte ihn feierlich mit der Mark. Das Spiel war durchsichtig genug; denn dem Anhalter wurde die Nachfolge des gebrechlichen Alten zugesichert, Markgraf Ludwig V. von Wittelsbach (der Brandenburger) – der Sohn Ludwigs IV., des Baiern – war ausgeschaltet, Karl IV. selbst ließ sich die Anerkennung mit der Abtretung der Lausitz bezahlen und konnte damit zwei Fliegen auf einen Schlag treffen, indem er die Macht des Gegners empfindlich schwächte und die eigene Hausmacht stärkte.

Sein Vorgehen löste einen Gegenzug seiner Feinde aus, die Anfang 1349 den thüringischen Grafen Günther von Schwarzburg, einen biederen Krieger und treuen Anhänger des verstorbenen Ludwig IV., zum Gegenkönig wählten. Karl IV. bewältigte das Problem auf seine Weise mit geringem militärischen und geschicktem politischen Einsatz. Da seine Gemahlin Blanche gestorben war, heiratete er jetzt die Tochter des Pfalzgrafen Rudolf und söhnte sich so mit einem Teil der Wittelsbacher aus. Durch geschicktes taktisches Manövrieren im Rheinland trieb er den Gegenkönig Günther militärisch in die Enge, gleichzeitig bot er ihm aber eine beachtliche Summe für seinen Rücktritt. Der schwer erkrankte Günther gab daraufhin nach und ließ sich abfinden. Als er bald danach starb, wurde er auf Weisung Karls IV. mit königlichen Ehren beigesetzt. Nun zeigte sich auch Ludwig V., der Brandenburger zum Einlenken bereit. Er erkannte Karl IV. als König an und erhielt dafür alle seine Länder einschließlich Tirol bestätigt. Blieb nur noch der falsche Waldemar, den Karl IV. nicht mehr benötigte und daher einfach fallen ließ: Ganz plötzlich zweifelte man an seiner Herkunft, stellte ihn vor ein Fürstengericht und setzte ihn ab. Merkwürdigerweise bestrafte ihn aber niemand als Betrüger. In einer Zeit, in der Köpfe viel zu leicht rollten, blieb der Alte nicht nur ungeschoren, sondern durfte in allen Ehren beim Fürsten von Anhalt leben und wurde 1356 nach seinem Tode sogar in der Fürstengruft von Dessau beigesetzt. Die Mark Brandenburg aber ging an die Wittelsbacher zurück. Am 25. Juli 1349 ließ sich Karl IV. noch einmal in Aachen krönen, diesmal am richtigen Ort.

Glückhafter Romzug und Kaiserkrönung 1355

Diese Krönung in Aachen war ein Markstein in der politischen Entwicklung des Reiches. Zum ersten Mal seit fünfunddreißig Jahren hatte Deutschland wieder einen unbestrittenen König, und Karl IV. selbst konnte sich nun ungehindert und unbelastet um die Verhältnisse in Deutschland kümmern. Sie kennzeichnete zeitlich aber auch den Wendepunkt in seinem Verhältnis zum Papst. Clemens VI. verzieh seinem Schüler die Aussöhnung mit den Wittelsbachern und die Heirat mit einer Prinzessin aus dem für die Kurie so verhaßten Fürstenhaus nicht und versagte ihm daher auch seine Unterstützung für einen Romzug.

Dabei hatte es ein seltsamer Zufall gewollt, daß nur wenige Tage vor der Krönung in Aachen die Stadt Rom gleichsam selbst nach dem König und Hüter der Ordnung rief. Denn Cola di Rienzo (siehe Porträt,

Schlüsselstellung innerhalb des Kurkollegiums. *Kuno II., Erzbischof von Trier (1320–1388), spielte die entscheidende Rolle bei der Königswahl Wenzels von Böhmen, des Sohnes Karls IV. Trier, Domschatz.*

COLA DI RIENZO

Zu den schillerndsten Randfiguren der Geschichte Reichsitaliens gehört Nicolo (Cola), der Sohn des Schankwirts Lorenzo (Rienzo). 1313 wurde er in Rom geboren. Sein Vater ermöglichte dem begabten Jungen das Studium der Rechtswissenschaften, und dabei begeisterte sich dieser schwärmerisch für die Staatsform der altrömischen Republik. 1343/44 vertrat er die römische Volkspartei bei einer Gesandtschaft an den päpstlichen Hof nach Avignon, wo sie Beschwerden der Römer vortrugen. Auf Empfehlung Petrarcas gab der Papst dem Dreißigjährigen eine Notarsstelle in Rom. Der aber war damit nicht zufrieden. Ihn peinigten die politischen Verhältnisse und die korrupte Herrschaft des Adels. So kündigte er 1347 ganz offen einen Aufstand an, vertrieb dann tatsächlich die Adeligen mit Hilfe des Volkes und rief die Republik aus. Fortan nannte er sich »Nicolo, der Gestrenge und Gnädige, Tribun der Freiheit, des Friedens und der Gerechtigkeit, Befreier der heiligen römischen Republik«. Mit erstaunlicher Schnelligkeit setzte er seine politischen und gesellschaftlichen Vorstellungen in der Stadt durch und befestigte seine Macht. Aber trotzdem hatte er die Adelspartei unterschätzt, mußte unter ihrem Druck Ende 1347 schließlich wieder zurücktreten. Vom Volk im Stich gelassen, floh er verkleidet in die Abruzzen und ging schließlich 1350 nach Prag. Hier versprach er Karl IV., ihm in sieben Monaten ein geeintes Italien zu Füßen zu legen, wenn er ihm nur militärische Unterstützung gewähre. Dieser aber ließ ihn verhaften, zwei Jahre gefangenhalten und lieferte ihn dann an den Papst aus. Auch in Avignon blieb er in milder Gefangenschaft, als aber Papst Innozenz VI. sich wieder römischen Angelegenheiten zuwandte, kam ihm der Gefangene gelegen, und er schickte ihn als seinen Beauftragten nach Rom, wo es schien, als könne er sich gegen die Adeligen durchsetzen. Dann schürten diese aber eine Empörung gegen den Tribun, der sich durch verschiedene harte Maßnahmen auch beim Volk rasch unbeliebt gemacht hatte. Dabei wurde er von der aufgebrachten Menge am 8. Oktober 1354 erschlagen.

(H. P.)

***Herrschertugend** war besonders die Mildtätigkeit, die Unterstützung der Armen, die deshalb zuhauf an die Höfe strömten. Hier wird Karl IV. mit einem Bittsteller gezeigt. Wien, Österreichische Nationalbibliothek.*

Seite 179), der Abenteurer und ehemalige Tribun in Rom, erschien verkleidet und heimlich am königlichen Hof in Prag und suchte Karl IV. für seine Pläne zu gewinnen: ganz Italien sollte von einer integrativen Persönlichkeit geeint werden! Karl IV. aber mußte gerade jetzt dem Papst einen Beweis seines guten Willens geben, und Rienzo wurde das Opfer dieser Loyalität. Er wurde verhaftet, ein Jahr lang in Böhmen gefangen gehalten und dann nach Avignon abgeschoben.
Noch ein zweites Mal rief wenige Monate später Italien. Diesmal war es der italienische Dichter Francesco Petrarca, dessen Stimme schon erheblich mehr Gewicht hatte als die des Phantasten Rienzo. Auch er forderte Karl mit flammenden Worten zu einem Italienzug auf. Dieser aber war zu sehr Realist, als daß er sich von zwei in ihrer Art so unterschiedlichen Idealisten hätte fortreißen lassen. Er wußte, daß er mit keinerlei Unterstützung des Papstes rechnen konnte, und er wußte auch, daß er warten konnte. Als Clemens VI. 1352 starb, verschwand das erste Hindernis. Sein Nachfolger war ein Franzose, doch dieser Innozenz VI. widmete von Anfang an der Eindämmung des französischen Königs, Rom und – hinsichtlich der mächtigen Visconti – der italienischen Frage weit mehr Aufmerksamkeit als sein Vorgänger. Schon wenige Monate nach der Wahl sandte er den Kardinal Egidio Albornoz als Legaten nach Rom, der mit starker Hand die Ordnung und das päpstliche Ansehen im Kirchenstaat wiederherstellen sollte. Nicht genug damit, wurde auch Rienzo aus der Versenkung geholt. Der Papst entließ ihn aus der Gefangenschaft, und der Tribun kehrte ebenfalls nach Rom zurück, wo er als päpstlicher Senator auftrat. Seine törichte und überhebliche Haltung führte allerdings sehr bald zu seinem Sturz. Er hätte seine wankelmütigen römischen Mitbürger kennen müssen, die ihm erst zujubelten, sich aber schon wenige Wochen später gegen ihn empörten und ihn erschlugen.
Jetzt schien für Karl IV. die Stunde gekommen. Er hatte sich die nötige politische Rückendeckung im Reich gesichert und konnte nun unbesorgt nach Süden ziehen. Am 13. September 1354 brach er auf, begleitet nur von dreihundert Berittenen. Nie zuvor war, abgesehen von dem gebannten Salier Heinrich IV., ein deutscher König mit so bescheidenem, ja geradezu ärmlichem Aufgebot nach dem Süden gezogen. Den Zeitgenossen mochte das befremdlich erscheinen, und gewiß war auch ein Risiko dabei, aber Karl IV. vertraute auf seine Verhandlungstaktik, zu der auch die demonstrativ kleine Schar der bewaffneten Begleiter gehörte. Allerdings hatte er Glück; denn gerade in diesen Tagen starb der Mailänder Erzbischof Giovanni Visconti, der zu den mächtigsten Männern Oberitaliens und entschiedensten Gegnern des deutschen Königtums gehörte. Seine Neffen zogen es vor, sich mit Karl IV. zu ar-

Szenen aus dem Leben Karls IV. Links oben: der König und die Königin, umgeben von vornehmen Frauen aus ihrem Gefolge. Daneben Karl IV., allein auf seinem Thron sitzend. – Unten: der Kaiser beim Mahl, in Gesellschaft dreier geistlicher Kurfürsten. Der Illustrator kam mit der perspektivischen Darstellung der Tischbeine noch nicht perfekt zurecht. Aus der »Goldenen Bulle«.
Wien, Österreichische Nationalbibliothek.

rangieren, so daß dieser am Dreikönigstag 1355 ungehindert in Mailand zum König von Italien gekrönt werden konnte. Was nun folgte, glich mehr einem Geschäftsunternehmen als den gewohnten teutonischen Zügen durch Oberitalien, die immer auf Kampf oder Herrschaft abgezielt hatten. Karl IV. verhandelte, gewährte feierlich Privilegien – und kassierte. Man kann nur staunen, wie sich die Städte zur Kasse drängelten. Pisa zahlte 60 000 Goldgulden für die Bestätigung der alten Vorrechte, 150 000 die Visconti von Mailand als Reichsvikare, und selbst Florenz, die alte guelfische Hochburg und Gegnerin von Karls IV. Großvater Heinrich VII., schloß nach tagelangen zähen Verhandlungen einen Vertrag, in dem es sich zur Zahlung von 100 000 Gulden als Ersatz für die jahrelang ausgefallenen Reichssteuern und zu jährlicher Weiterzahlung von 4000 Gulden verpflichtete. Damit erkannte Karl IV. – wenn auch gegen Bezahlung – die bestehenden Gewalten an und öffnete kampflos den Weg nach Rom.
Wenn es auch gelegentlich kleinere Reibereien gab, so glich der Marsch dorthin zunehmend einem Triumphzug, und als Karl IV. die Ewige Stadt erreichte, war sein Gefolge auf 10 000 Begleiter angewachsen. Zusammen mit seiner Gemahlin wurde er von den Römern begeistert aufgenommen. Am Ostersonntag 1355 erfolgte nach altem Zeremoniell in St. Peter die Krönung durch einen päpstlichen Legaten. Dann schlug der Kaiser mit seinem Zepter 1500 junge Römer zu Rittern und verließ noch am gleichen Abend die Stadt wieder, um in dem Kloster San Lorenzo vor den Mauern zu nächtigen.

Italienpolitik: Zwiespältig beurteilt

Der Rückweg nach Deutschland verlief etwas hastig, unköniglich fast, und manchen erscheint er wie die Flucht eines Mannes, der eine nicht unerhebliche Beute in Sicherheit bringen mußte, bevor es sich die alten Gegner anders überlegten. Die Feinde, aber auch manche Freunde spotteten, am ärgsten wohl Petrarca, der sich lauthals empörte und beklagte, daß Karl IV. alte Kaiserrechte preisgegeben habe. Grob warf er ihm vor: »Tüchtigkeit und Tapferkeit vererben sich nicht. Obwohl du Kenntnisse und Fähigkeiten hättest, Völker zu regieren und Kriege zu führen. Dir fehlt es aber an Willen.« Obwohl sich manche Historiker solchen abfälligen Urteilen angeschlossen haben, dürfen wir heute doch befriedigt feststellen, daß es nur zu gut war, wenn Karl IV. der Wille zum Kriegführen fehlte. Seine kluge Diplomatie hatte ihm die Krönung durch den päpstlichen Legaten ermöglicht und gleichzeitg seine Kassen gefüllt. Die Rechte des Reiches waren nicht angetastet

***Der Papst im ›Exil‹.** Urban V. (1362–1370) versuchte vergeblich die Rückkehr nach Rom, mußte nach Avignon zurückkehren und starb dort. Gipsabdruck nach einem Kopftorso. Avignon, Papstpalast.*

worden, und Karl hatte sich weiterhin die Freiheit des Handelns im Reich bewahrt.
Es sollte mehr als ein Jahrzehnt vergehen, bis der Kaiser ein drittes Mal nach Italien kam. 1364 war er eigens nach Avignon gereist und hatte versucht, Papst Urban V. (1362–1370) zur Rückkehr nach Italien zu bewegen. Dort waren die Zustände immer unhaltbarer geworden, weil eine zentrale politische Ordnungsinstanz und Rechtssicherheit fehlten. Der päpstliche Generalvikar in Italien, Albornoz, hatte seine Kräfte in den Auseinandersetzungen mit den Visconti von Mailand und manchen anderen Stadttyrannen überbeansprucht, Söldnertruppen zogen plündernd durch das Land und bedrohten auch den Papst in Avignon. Nun mußte der Kaiser eingreifen. Diesmal aber zog er nicht mit einer Handvoll Reitern, sondern mit einem stattlichen Heeresaufgebot von 50000 Mann nach Italien. Doch auch sie reichten nicht, um im Kampf mit den Visconti den Sieg zu erzwingen. Erneut bewährte sich aber das diplomatische Geschick Karls IV., der einen halbwegs günstigen Frieden aushandelte und damit freie Hand für

Mittelitalien und Rom erhielt. Papst Urban V. war schon im Oktober 1367 in die Stadt zurückgekehrt. Genau ein Jahr später erschien dort auch der Kaiser, und wieder einmal, das letzte Mal in der Geschichte, wiederholte sich jenes Spektakel, das von den einen bejubelt, von den andern verurteilt wurde. Der Papst ritt dem einziehenden Kaiser auf einem weißen Pferd entgegen. An der Engelsburg stieg Karl IV. von seinem Roß und führte das Pferd des Papstes bis St. Peter am Steigbügel. Es waren nur wenige hundert Meter, die dem tiefgläubigen Kaiser als selbstverständlicher Dienst am »Stellvertreter Christi« gar nicht einmal schwergefallen sein mögen. Doch der Nürnberger Ulrich Stromer vermerkte höchst unwirsch: »Daz heten die Romer für ein groß smochheit dem reych« – das sahen die Römer für eine große Schmach des Reiches an, für eine Unterwerfungsgeste des Kaisers.
Acht Wochen verhandelten Kaiser und Papst, nur ließen sich ihre Beschlüsse nicht verwirklichen; denn die Städte der Lombardei und der Toscana gingen ihre eigenen Wege als ›Stadtstaaten‹, regiert von mächtigen Familien. Das merkte Karl IV. nur allzu deutlich auf dem Heimweg. Diesmal gab es statt Geld nur Ärger. Immerhin waren die Auseinandersetzungen mit Pisa, Siena und Florenz im Vergleich mit den Streitigkeiten seiner Vorgänger noch harmlos. Am Dreikönigstag 1370 traf Karl IV. wieder in Prag ein, wo ihn die Bürger jubelnd begrüßten. Er sollte Italien von da an nie mehr betreten, wo er insgesamt viereinhalb Jahre seines Lebens verbracht hatte.

Karls IV. Reichspolitik in schweren Zeiten Pest, Unsicherheit und religiöser Fanatismus

Von Kaiser Maximilian stammt das böse Wort, Karl IV. sei Böhmens Vater und des Reiches Stiefvater gewesen. Die Geschichtsschreibung hat längst das Gegenteil erwiesen. Vielleicht erschließt sich uns ein Grundzug seiner Deutschlandpolitik beim näheren Betrachten seines Itinerars (Übersicht über Reisewege und Aufenthalte, siehe Seite 175) seit seiner Krönung. Die deutschen Könige, so heißt es, regierten vom Sattel aus, weil sie im Reich keine feste Residenz hatten. Das gilt in besonderem Maße für Karl IV., der die Hälfte seines Lebens auf Reisen war, es also mit manchem modernen Politiker durchaus aufnehmen kann. Wenn sich auch in den verschiedenen Phasen seines Lebens gewisse Unterschiede ergeben, so fällt doch auf, daß sich auf dem Itinerar eine deutliche Achse quer durch die Mitte des Reiches von Ost nach West, von Prag über Nürnberg mainabwärts an den Rhein zieht. Hier liegen die meisten Orte, die Karl IV. besuchte, hier liegen die

Städte mit den häufigsten Aufenthalten. Die alte Nord-Süd-Linie der deutschen Königsitinerare ist auch noch erkennbar, aber sie hat sich auffallend nach Osten verschoben, führt von Prag aus über die Lausitz durch die Mark Brandenburg hinauf zur Ostsee. Das sind die beiden Koordinaten Karls IV., aus denen heraus sich seine Politik entwickelt. Der Beginn seiner Regierung in Deutschland stand unter keinem glücklichen Stern. 1347 war von den Mittelmeerländern aus die Pest – der »Schwarze Tod« – nach Mitteleuropa vorgedrungen, erfaßte in den folgenden vier Jahren weite Teile des Reiches und behinderte in starkem Maße auch das politische Leben. Wie wir aus den Itineraren ablesen können, wich Karl IV. bei seinen Reisen der Seuche aus, so gut es nur ging. Den Judenpogromen im Gefolge der Pest und der Geißlerfahrten (siehe Seite 210) stellte er sich in seinen böhmischen Ländern zwar mit aller Entschiedenheit entgegen, ließ ihnen aber im übrigen Deutschland verschiedentlich nicht nur ihren Lauf, sondern begünstigte sie sogar, wie das Beispiel Nürnberg beweist, wo sich die Bürger von ihm Straffreiheit für den Fall zusichern ließen, daß es bei ihnen zu Ausschreitungen gegen die Juden käme. Daraufhin billigte er ihnen zu, im Judenviertel zwei große Marktplätze und anstelle der Synagoge eine Marienkirche zu errichten, und erteilte den Nürnberger Burggrafen das Recht, die Juden »bei ihrem Leben oder nach ihrem Tode zu schatzen«. Erst nachdem alle diese bürokratischen Maßnahmen mit seiner Unterstützung erledigt waren, setzte drei Tage später der ›spontane‹ Judenmord ein.

Kaum hatte sich nach Abklingen der Pest die Lage im Reich wieder etwas stabilisiert, erkrankte Karl IV. an einem schweren Nervenleiden, das ihn für fast ein Jahr in seiner Handlungsfähigkeit schwer beeinträchtigte, und erst 1351 war er wieder voll bei Kräften. Dann aber begannen schon die Vorbereitungen für den ersten Romzug, von dem wir bereits hörten. Unmittelbar nach der Rückkehr aus Italien nahm Karl IV. jenes Reichsgesetz in Angriff, das für die politische Entwicklung der folgenden Jahrhunderte eine wichtige Bedeutung erlangen sollte. Zu diesem Zweck berief er Ende November 1355 einen Reichstag nach Nürnberg. Die Wahl des Ortes war kein Zufall. Als wichtigste Station zwischen Prag und dem Rheinland nahezu in der Mitte des Reiches gelegen, erhielt diese Stadt wie keine andere, Prag ausgenommen, Privilegien und Gunstbezeigungen, und nirgends hielt sich, wiederum Prag ausgenommen, Karl IV. so gern und so häufig auf wie in ihren Mauern.

Hier nun wurde als Ergebnis des Reichstages Anfang 1356 das Reichsgesetz verkündet, das unter dem Namen *»Goldene Bulle«* *(K, Seite 187)* fortan die Wahl des deutschen Königs genau regelte. Sie wurde allein

Goldene Bulle

Das Wort kommt von lat. bulla (Kapsel) und bezeichnet die mittelalterlichen Metallspiegel an den Urkunden von weltlichen Herrschern und geistlichen Fürsten. Die Päpste verwendeten meistens Bleisiegel, daher werden päpstliche Urkunden im allgemeinen kurz »Bullen« genannt. Bei den deutschen Königen kamen schon seit Otto I. für wichtige und daher entsprechend prunkvoll ausgefertigte Urkunden goldene Siegel in Gebrauch, deshalb werden einige besonders wichtige Urkunden, wie etwa das Grundgesetz des Deutschen Ordens oder das Reichsgesetz Karls IV. über die Königswahl, als »Goldene Bullen« bezeichnet.

in die Hände der sieben Kurfürsten gelegt, deren Mehrheit, also vier Stimmen, über die Gültigkeit der Wahl entschied. Die Bedeutung dieser Wähler wurde durch eine Reihe von Privilegien unterstrichen, die sie nun ausdrücklich verbrieft bekamen. So erhielten sie z. B. bisher königliche Rechte im Münz- und Zollwesen, ihre Untertanen durften nicht vor fremde Gerichte gezogen werden, und um Streitigkeiten wegen der Erbfolge zu vermeiden, wurden die weltlichen Kurfürstentümer für unteilbar erklärt. Vom Papst und seinem Bestätigungsrecht war im ganzen Gesetz nicht mehr die Rede. Was Ludwig IV. begonnen, die Kurfürsten in Rhense weitergeführt hatten, war nun vollendet, die freie Königswahl gesichert, zugleich aber auch die Rechte der bedeutendsten Reichsfürsten anerkannt und gestärkt. Damit kann man, mit einem neuzeitlichen Begriff, die Reichsverfassung als ›föderativ‹ bezeichnen. Die damit verbundenen Entwicklungstendenzen mochten den Zeitgenossen, vielleicht sogar Karl IV. selbst, in ihrer entscheidenden Konsequenz nicht ganz deutlich geworden sein. Erst die Nachwelt hat ihre Folge durchlebt und ihre Bedeutung richtig einzuschätzen gelernt.

Erbschaften und starke Frauen Hausmachtpolitik im Osten

Eines aber wußte Karl IV. sicher: Wollte er eine vernünftige Reichspolitik betreiben und durchsetzen, so mußte er wie seine Vorgänger versuchen, die eigene Hausmacht auszubauen und zu festigen. Aber er wollte keinen territorialen Machtzuwachs um jeden Preis, sondern suchte den luxemburgischen Besitz in den Grenzen des oben aufge-

Bestimmungen aus der Goldenen Bulle Karls IV. von 1356

Von der Wahl eines römischen Königs:
Wenn die Kurfürsten in die Stadt Frankfurt gekommen sind, sollen sie sogleich am nächsten Morgen alle zusammen in der Kirche Sankt Bartholomeo die Messe vom Heiligen Geist singen lassen, damit dieser ihre Herzen erleuchte und das Licht seiner Kraft in sie ergieße, damit sie mit seinem Beistand einen gerechten, guten und tüchtigen Mann zum römischen König und künftigen Kaiser zum Heil der ganzen Christenheit wählen. Sobald die Messe zu Ende ist, sollen die Kurfürsten zum Altar herantreten, an dem die Messe gesungen wurde. Allda sollen die geistlichen Fürsten vor dem Johannesevangelium, das vor sie hingelegt wird, mit Ehrfurcht ihre Hände über der Brust kreuzen, die weltlichen Fürsten aber sollen es mit ihren Händen berühren. Sie alle aber sollen mit ihrem Gefolge dort unbewaffnet sein. Und der Erzbischof von Mainz soll ihnen die Eidesformel vorsprechen, und er zusammen mit ihnen und sie oder die Gesandten der Abwesenden leisten den Eid in der deutschen Sprache auf folgende Weise:
»Ich [. . .] schwöre auf dieses heilige Evangelium, daß ich gemäß der Treue, mit der ich Gott und dem Heiligen Römischen Reich verbunden bin, nach all meinem Verstand und mit aller Vernunft mit Gottes Hilfe der Christenheit ein weltliches Oberhaupt, das heißt einen römischen König und künftigen Kaiser wählen will, der dazu geeignet ist [. . .] und daß ich meine Stimme und die Kür abgeben werde ohne alle Verabredung, Belohnung oder wie immer so etwas genannt werden mag – so wahr mir Gott helfe und alle Heiligen.«
Wenn nun der Eid von den Kurfürsten oder deren Gesandten in vorgenannter Weise geschworen wurde, so sollen sie zur Wahl schreiten und von Stund an die genannte Stadt Frankfurt nicht mehr verlassen, bevor nicht die Mehrheit von ihnen ein weltliches Haupt gewählt hat, der Christenheit einen römischen König und künftigen Kaiser. Haben sie das aber binnen dreißig Tagen, gezählt vom Tage des Eides an noch nicht getan, so sollen sie von da an nur noch Wasser und Brot erhalten und keinesfalls aus dieser Stadt weggehen dürfen, bis nicht die Mehrzahl von ihnen einen Herrscher oder der Christenheit ein Oberhaupt erkoren hat.
Nachdem sie oder die Mehrheit von ihnen gewählt haben, muß diese Wahl so angesehen werden, als sei sie von allen ohne Gegenstimme getan. Und wenn einer von den Kurfürsten oder den Boten eine Zeitlang nicht anwesend sei, verhindert wäre oder sich verspätete, dann soll dieser, wenn er noch kommt, bevor die Wahl vollzogen ist, zu ihr zugelassen werden in demselben Stand wie bei seiner Ankunft. Und weil es nach alter bewährter und löblicher Gewohnheit bisher stets unverbrüchlich gehalten worden ist, wie es hier geschrieben steht, so setzten wir aus kaiserlicher Gewalt fest, daß der zum römischen König Erwählte sogleich nach der Wahl keinerlei andere Geschäfte aus Vollmacht des heiligen Reiches unternehmen darf, bevor er nicht allen geistlichen und weltlichen Kurfürsten, die bekanntlich die nächsten Glieder des heiligen Reiches sind, alle Briefe, Freiheiten, alte Gewohnheiten und Würden, die sie vom Reich bis zum Tag dieser Wahl emp-

fangen haben, bestätigt und ohne Verzug und Widerspruch durch Brief und Siegel bekräftigt. Und alles Vorgenannte soll er ihnen erneuern, nachdem er mit den kaiserlichen Insignien gekrönt worden ist. Diese Bestätigung soll der Erwählte einem jeglichen Kurfürsten zuerst als König und danach als Kaiser erneuern. Er soll gehalten sein, alle Kurfürsten zusammen und einen jeden von ihnen im besonderen dabei keineswegs zu benachteiligen, sondern ohne Arglist zu unterstützen. Wenn drei der anwesenden Kurfürsten oder die Gesandten der Abwesenden den vierten unter ihnen oder aus ihrer Gemeinschaft, also einen der anwesenden oder nichtanwesenden Kurfürsten, zum römischen König wählen, dann bestimmen wir durch unser Gesetz, daß die Stimme des Gewählten selbst oder bei seiner Abwesenheit die seines Gesandten volle Gültigkeit haben und die Zahl der Wähler vermehren und die Mehrheit gleich den Stimmen der anderen Kurfürsten bilden soll.

Bearbeitet nach der Übersetzung von H. G. Thülemeyer

zeigten Koordinatensystems, also von Böhmen ausgehend, planmäßig zu erweitern und abzurunden.
Nach wie vor bildete dabei die dynastische Komponente, wie wir sie schon bei Ludwig IV. kennengelernt haben, die Grundlage allen Taktierens. Luxemburger, Habsburger und Wittelsbacher belauerten sich gegenseitig und verbündeten sich, je nach Bedarf, mit- und gegeneinander. Die unwichtigste Rolle in Karls IV. Interessenbereich spielte dabei Tirol, wo er nur die Hypothek des Vaters übernommen hatte und mit den Wittelsbachern rivalisierte. Solange die Alpenübergänge für seine Italienpolitik wichtig waren, suchte er die luxemburgischen Ansprüche zu halten, seit den sechziger Jahren erlosch aber zunehmend das Interesse, und nach dem Tode der Margarete Maultasch kam das Land mit seiner Zustimmung endgültig an die Habsburger.
Es fällt auf, wie klug und vorsichtig der Kaiser den Weg von Prag nach Westen absicherte. Größerer territorialer Besitz war hier nicht zu erwerben, wohl aber ließ sich eine Kette von Stützpunkten ausbauen und zu einem beachtlichen Streubesitz erweitern. Als Ausgangspunkt dienten dabei einige oberpfälzische Orte mit und um Auerbach, die seine zweite Frau in die Ehe einbrachte. Ihnen gliederte Karl IV. teils durch Kauf, teils durch Lehnsübertragung und teils durch Übertragung von Privilegien von der Oberpfalz bis an den Untermain weitere Dörfer, Burgen und Städte an, die schon von den Zeitgenossen ebenso treffend wie leicht spöttisch »Neuböhmen« genannt wurden. Verwalten ließ der Kaiser dieses merkwürdige Territorium von Sulzbach aus, wo ein Mitglied des böhmischen Adels als sein Landeshauptmann und Stellvertreter fungierte.
Anders die Nachbargebiete Böhmens im Osten und Norden. Hier können wir das Wachsen der geschlossenen Hausmacht augenfällig miterleben. Schon 1348 fügte Karl IV. die schlesischen Herzogtümer »in die böhmische Krone«. Breslau wurde in der Verlängerung der West-Ost-Achse zum zentralen Verwaltungspunkt, den er ähnlich wie Nürnberg häufiger besuchte und durch Privilegien begünstigte. Noch fehlte aber, wie ein Blick auf die Karte deutlich zeigt, ein wichtiges Glied zur Abrundung und unmittelbaren Verbindung mit Böhmen. Es waren die Herzogtümer Schweidnitz und Jauer. Als 1353 Karls IV. zweite Gemahlin starb, die ihm die Aussöhnung mit den Wittelsbachern in die Ehe gebracht hatte, zögerte er nicht lange und heiratete noch im gleichen Jahr in dritter Ehe Anna von Schweidnitz, die Erbin dieser Länder, die dann allerdings erst 1368, sechs Jahre nachdem sie schon gestorben war, an Böhmen fielen.
Den von den Grenzen Schlesiens und Böhmens gebildeten Zwickel füllte die Markgrafschaft Lausitz aus, die Karl in zwei Portionen ver-

Heiratspolitik Karls IV.

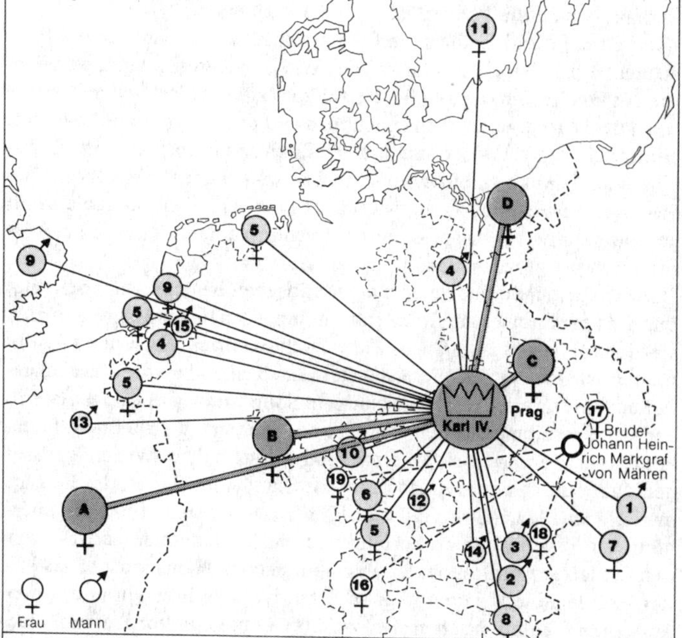

Karl IV.

- A – 1. Ehe 1323–48 Blanche von Valois (Frankreich)
- B – 2. Ehe 1349–53 Anna von Wittelsbach (Rheinpfalz)
- C – 3. Ehe 1353–62 Anna von Schweidnitz (Hzm. Schweidnitz-Jauer)
- D – 4. Ehe 1363–78 Elisabeth von Pommern

Die Kinder Karls IV.

- Margarete 1335–49 – 1 – König Ludwig von Ungarn
- Elisabeth 1358–73 – 2 – Albrecht III. von Habsburg Herzog von Österreich
- Katharina 1. Ehe 1359–65 – 3 – Rudolph IV. von Habsburg Hz.v.Österreich
- 2. Ehe 1365–79 – 4 – Otto v.Wittelsbach Herzog v.Baiern Mgf. v. Brandenbg.
- Wenzel IV. 1. Ehe 1370–86 – 5 – Johanna von Wittelsbach
- 2. Ehe 1389–1419 – 6 – Sofie von Wittelsbach Baiern
- Sigismund 1. Ehe 1385–92 – 7 – Maria von Anjou Ungarn
- 2. Ehe 1408–37 – 8 – Barbara von Cilli Grafschaft Cilli
- Anna 1381–94 – 9 – König Richard von England
- Margarete 1381–1410 – 10 – Johann von Hohenzollern Burggraf v. Nürnberg
- Johann 1388–96 – 11 – Richardis von Schweden

Geschwister Karls IV.

- Margarete 1322–39 – 12 – Herzog Heinrich von Niederbaiern
- Gutta 1332–49 – 13 – König Johann von Frankreich
- Anna 1335–38 – 14 – Otto von Habsburg
- Wenzel 1352–83 – 15 – Johanna von Brabant

Johann Heinrich Markgraf von Mähren

- 1. Ehe 1329–41 – 16 – Margarete von Tirol
- 2. Ehe 1349–63 – 17 – Margarete von Troppau
- 3. Ehe 1364–66 – 18 – Margarete von Habsburg
- 4. Ehe – 19 – Elisabeth von Oettingen

einnahmte, zuerst die sogenannte Oberlausitz und 1367 durch Kauf endgültig auch die Niederlausitz, die er sich erstmals schon 1348 von dem falschen Waldemar hatte übertragen lassen, die aber in der Zwischenzeit dann noch einmal an die Wittelsbacher gegangen war. Um die Nord-Süd-Verbindung bis hinauf zur Ostsee zu schließen, fehlten noch die Markgrafschaft Brandenburg und das Herzogtum Pommern. Einfluß auf letzteres gewann er 1363 durch seine vierte Ehe mit Elisabeth von Pommern, einer hünenhaften und bärenstarken Frau, die Hufeisen verbiegen konnte, wie die zeitgenössischen Skandalchronisten unberührt von allen dynastischen Problemen als besonders bemerkenswert hervorheben.
Daß sich bei einer derartigen machtpolitischen Konstellation der Ring um die Markgrafschaft Brandenburg immer enger schloß, ergab sich scheinbar von selbst. Sie war, wie wir schon hörten, nach der Aussöhnung Karls IV. mit den Wittelsbachern noch einmal an diese zurückgefallen. Otto IV., der Faule, der jüngere Sohn Ludwigs IV., des Baiern, der sie von seinem Bruder (dem Brandenburger) übernommen hatte, konnte sie aber nur noch rund zwei Jahrzehnte halten. Wie ein gerissener Kaufmann wartete Karl IV. auf die Stunde des Bankrotts. Sie kam im Sommer 1373, als Otto IV. seinen Besitz verkaufen mußte. So unerhört der Vorgang war, so horrend war die Kaufsumme. Karl IV. ließ sich die letzte Abrundung der luxemburgischen Hausmacht etwas kosten und legte teils in bar, teils in Schuldverschreibungen und durch Abtretung neuböhmischen Besitzes im heutigen Nordbayern eine halbe Million Goldgulden auf den Tisch. Wenige Wochen später belehnte er schon seine Söhne mit dem neuen Besitz.

Der Vater Böhmens

Der Kern der gesamten Hausmacht bildete das Königreich Böhmen, die Heimat seiner Mutter. Wenn Karl IV. die Abstammung von dem Przemysliden immer wieder betonte, so hatte das gewichtige politische Gründe; denn das Verhältnis zum eingesessenen böhmischen Adel, d.h. zu den tschechischen Herren, blieb gespannt. Diesen Vasallen gehörte rund die Hälfte des böhmischen Landes. Sie akzeptierten ihn, gewährten ihm sogar in einigen kritischen Situationen entscheidende militärische Unterstützung, waren aber andererseits mächtig genug, ihren Willen auch gegen ihn durchzusetzen. Das zeigte sich besonders deutlich 1355 bei dem Versuch Karls IV., für Böhmen ein eigenes Gesetzbuch einzuführen. Mit dieser »Majestas Carolina« wollte er die Rechtswillkür und Fehdelust seiner Vasallen eindämmen. Diese aber

***König von Gottes Gnaden.** Karl IV. als römischer König und König von Böhmen. Originalabdruck seines Majestätssiegels an einer Urkunde von 1349. Köln, Historisches Museum der Stadt.*

wandten sich so energisch gegen die Einführung, daß er den Entwurf unter dem fadenscheinigen Vorwand, er sei verbrannt und müsse erst wieder neu geschrieben werden, zurückzog. Doch übernahm der Landtag wenigstens die Klausel zum Schutz der Armen beim Landgericht vor der Willkür der Mächtigen. Allein schon mit dieser Bestimmung war Karl IV. seiner Zeit weit voraus.

Gut war das Verhältnis zu den Städten und ihren Bürgern, die das deutsche Element im Königreich repräsentierten, am engsten aber war die Bindung an die Hauptstadt Prag. Ihr gehörte die besondere Liebe des Königs seit seinen Jugendtagen, ihr Gesicht hat er geprägt wie kein anderer böhmischer Herrscher. In der Mitte zwischen Rhein und Weichsel, Ostsee und Adria gelegen, über Moldau und Elbe mit den Hansestädten verbunden, gehörte sie neben Paris und London zu den damals bedeutendsten Großstädten Europas mit 35 000 bis 40 000 Einwohnern, deren Zahl in der Regierungszeit Karls IV. auf das Doppelte anwuchs.

Hier ließ er nicht nur Burg und Dom und die nach ihm benannte

Drei Ehefrauen Karls IV.: *Blanche von Valois (links oben) hatte als Siebenjährige den Gleichaltrigen geheiratet. Anna von Schweidnitz war die dritte Gattin und starb 1362 (links unten). Elisabeth von Pommern, vierte Ehefrau, 1393 verstorben (rechts oben). Auch die Büste Karls IV. (rechts unten), von Peter Parler geschaffen, befindet sich auf dem Triforium des Veitsdoms. Prag, Veitsdom.*

Brücke über die Moldau bauen, sondern auch zahlreiche Gebäude errichten und auf der Kleinseite einen etwa zwei Kilometer langen Befestigungsgürtel ziehen. Hier gründete er die Neustadt, eine nach modernsten städtebaulichen Grundsätzen errichtete Anlage mit breiten Straßen und drei Märkten, einer davon der größte Europas. Gleich zu Beginn seiner Regierung hatte er 1348 hier auch eine Universität gegründet, wo seine Landeskinder, Deutsche wie Tschechen, gleichberechtigt ihren Studien nachgehen konnten.

Stichworte zur Zeit Ludwigs des Baiern und Karls IV.

Hausmachtpolitik: Zu den wichtigsten innenpolitischen Zielen Ludwigs IV. und Karls IV. gehört der Ausbau einer Hausmacht für ihre Familie. Ludwig IV. ergreift dabei jede sich bietende Gelegenheit. Niederbaiern wird nach dem Aussterben der dortigen wittelsbachischen Linie mit Oberbaiern vereinigt, vorübergehend auch die Pfalz. Nach 1322 Wittelsbacher als Kurfürsten in Brandenburg, seit 1341 Herzöge von Tirol, doch fällt dieses Land schon 1363 an Österreich.
Karl IV. geht wesentlich systematischer vor und sucht mit seiner Hausmachtpolitik den luxemburgischen Besitz um das von der Mutter ererbte Böhmen abzurunden. Schlesien wird mit Böhmen vereinigt, 1363/64 erhält Karl IV. auch die Niederlausitz, durch Verträge wird die luxemburgische Herrschaft in »Neuböhmen« (= Besitzungen in der Oberpfalz und Franken) erweitert und gefestigt, 1373 kauft Karl IV. von den Wittelsbachern die Mark Brandenburg.
Letzte große Auseinandersetzung zwischen Kaiser und Papst unter Ludwig IV. Da dieser den Anspruch des Papstes auf Bestätigung des deutschen Königs nicht anerkennt, wird er 1324 gebannt. Die 1328 erfolgte Einsetzung eines Gegenpapstes durch den Kaiser bleibt ohne Auswirkung. Aber 1338 stellt ein Kurfürstenbeschluß in Rhense fest, daß ein von den Kurfürsten rechtmäßig gewählter deutscher König keiner Bestätigung durch den Papst bedarf. Im Reichsgesetz »Licet iuris« dehnt Ludwig IV. diese Entscheidung auch auf den Kaisertitel aus. Seit 1343 Verschärfung des Streites und Einlenken der meisten deutschen Fürsten in das päpstliche Lager (auch als Folge der Hausmachtpolitik Ludwigs IV.). Unter Karl IV. wieder Aussöhnung mit dem Papsttum. Im Reichsgesetz der »Goldenen Bulle« werden 1356 die päpstlichen Approbationsansprüche stillschweigend übergangen.
Fürstenmacht: Die Königswahl durch Kurfürsten wird juristisch formalisiert und zwingend anerkannt. Insgesamt gehen die Fürsten ihre eigenen Wege (Landesausbau und Territorialisierung), nur wenn ihre eigenen Interessen bedroht scheinen, Bündnisse oder Gegenkoalitionen mit dem König je nach Opportunität.

Lieblingsburg. *Auf einem hohen Kalksteinfelsen südwestlich von Prag, zwischen 1348–57 von Matthias von Arras als Residenz und Aufbewahrungsort für die Reichskleinodien in kaiserlichem Auftrag erbaut. Burg Karlstein (CSSR).*

Als sicheren Aufbewahrungsort für die Reichskleinodien ließ der König dann dreißig Kilometer südlich von Prag in einem einsamen Tal auf hochragendem Felsen den Karlstein errichten, die schönste Burg Böhmens und nicht nur eine der prächtigsten des Heiligen Römischen Reiches, sondern wohl des ganzen Abendlandes. Es ist keine der üblichen Trutzfesten. Ihr sakraler Charakter erschließt sich dem Besucher erst im Innern, erreicht seinen geistigen und zugleich künstlerischen Höhepunkt in der Kapelle des Heiligen Kreuzes im großen Turm mit ihrer unerhört kostspieligen Ausstattung, die den »Glanz des Imperiums« (in den Urkunden lateinisch: »splendor imperii«) spiegeln und gleichzeitig erhöhen sollte. »Auf dem weiten Erdkreis gibt es keine Kapelle mit so kostbarem Werke, denn hier sind des Reiches Kroninsignien mit dem ganzen Schatz des Königreiches aufbewahrt [. . .]«, schrieb des Kaisers Geschichtsschreiber Benesch von Weitmühl mit vollem Recht über dieses Heiligtum.

War Prag schon durch die Universität als ein geistiges Zentrum des Reiches hervorgehoben, so verstärkte sich diese Bedeutung noch durch den kaiserlichen Hof. Wie nur wenige deutsche Könige verstand es Karl IV., hochgebildete Männer um sich zu versammeln, die als seine weltlichen Ratgeber fungierten und denen er gleichzeitig hohe geistliche Würden übertragen ließ. Zu ihnen gehörten der Hofkaplan, Diplomat und Protonotar Meister Velislav und der Prager Erzbischof Ernst von Pardubitz, beides Förderer der Kunst, denen wir einige der schönsten Handschriften verdanken, an denen gerade diese Zeit so reich ist. Vor allem aber zählte Johann von Neumarkt dazu, der von 1353–1374 als Kanzler wirkte und durch den der Frühhumanismus Eingang in Böhmen fand (siehe Seite 263).

Man spricht heute gern von Karl IV. als dem »europäischen« Kaiser – eine Formulierung, die richtig und falsch zugleich ist. Richtig, wenn wir die aus seiner Mittlerrolle zwischen Ost und West erwachsene kosmopolitische Haltung als »europäisch« bezeichnen wollen; falsch, wenn wir sie im Sinne eines geeinten Europas sehen würden. Weit mehr gilt die Bezeichnung »Friedensfürst«, die so wie er nur ganz wenige Könige des Heiligen Römischen Reiches verdient haben. Karl IV. starb am 29. November 1378, zweiundsechzig Jahre alt, in Prag. In dem von ihm gebauten Dom fand er seine letzte Ruhestätte, sein einfacher Sarkophag trägt heute nur den tschechischen Namen »Karel«.

Sein Lebenswerk beurteilen deutsche wie tschechische Historiker heute gleichermaßen positiv, ohne daß eine methodische oder ideologische Richtung ihn für sich allein okkupieren möchte. Vielleicht beweist diese Tatsache deutlicher als manches andere das Bleibende und die Größe seiner Leistung, die auf so vielen Gebieten heute noch sichtbar ist.

Literatur

Benker, Gertrud: Ludwig der Bayer. Ein Wittelsbacher auf dem Kaiserthron, München 1980

Eschborn, Michael: Karlstein. Das Rätsel um die Burg Karls IV., Stuttgart 1971

Glaser, Hubert (Hrsg.): Die Zeit der frühen Herzöge. Von Otto I. zu Ludwig dem Bayern, München 1980 (Katalog zur Ausstellung »Wittelsbach und die Bayern«, Landshut 1980)

Seibt, Ferdinand: Karl IV. Ein Kaiser in Europa, München 1978

Seibt, Ferdinand: Kaiser Karl IV. Staatsmann und Mäzen, München 1978 (Katalog der Ausstellung, Nürnberg 1978)

Stejskal, Karel / Neubert, Karel: Karl IV. und die Kultur und Kunst seiner Zeit, Hanau 1978

HEINRICH PLETICHA

Schwarzer Tod und Geißlerzüge

Nicht jeder stirbt gleich: Beulen- und Lungenpest – Verbreitungslinien der Pestkrankheit – Um 1350 ist die Seuche allgegenwärtig – Gottergeben und bußfertig: die Haltung der Menschen – Die Praktiken und Ziele der Flagellanten – Judenhaß, Judenverfolgung – Bilanz.

Die medizinischen Nachschlagewerke vermerken unter dem Stichwort »Pest« (lat. pestis: Seuche): ursprünglich eine Tierkrankheit der Nagetiere, die nur unter besonderen Umständen auf den Menschen übergreift. In Zentralasien und an den Seen Zentralafrikas beheimatet, wurde sie vor allem von Ratten verschleppt. Der Rattenfloh übertrug dann die Krankheit auf die Menschen, bei denen sich zwei verschiedene Krankheitsbilder zeigten. Da waren zunächst einmal die durch Flohbisse hervorgerufenen Schwellungen der Lymphknoten an den Leisten-, Achsel- und Halsdrüsen, die sogenannte Beulenpest. Wenn das Blut aber mit Pestbakterien überschwemmt war, kam es zur Erkrankung der Lunge, der sogenannten Lungenpest. Diese konnte dann durch Tröpfcheninfektion leicht von Mensch zu Mensch übertragen werden.

Lag damals die Sterblichkeitsrate bei der Beulenpest etwa um 15 Prozent, so betrug sie bei der Lungenpest meist 100 Prozent. Solche medizinischen Fakten und Zahlen gilt es vor Augen zu halten, wenn von der Pest die Rede ist. Denn zu allgemein, zu unüberlegt und häufig auch zu ungenau wird in Texten der Zeit und in modernen Darstellungen vom »Schwarzen Tod« berichtet.

Für die Menschen des 14. Jahrhunderts, die nichts von Bazillen, Pestflöhen, Tröpfcheninfektion und Hygiene wußten, war diese Seuche die große Bedrohung ihrer Existenz schlechthin, eine Geißel Gottes, der sie trotz Gebeten und Gelübden unterlagen, ein schauerlicher Totentanz, wie er fortan aus dem Bewußtsein der Menschen nicht mehr wegzudenken war. Eng verbunden mit dem Auftreten dieser Seuche waren zwei Auswüchse der Massenhysterie, der kollektiven Erregung: die sogenannten »Geißlerfahrten« und die furchtbaren Ausschreitungen gegen die Juden, die Pogrome.

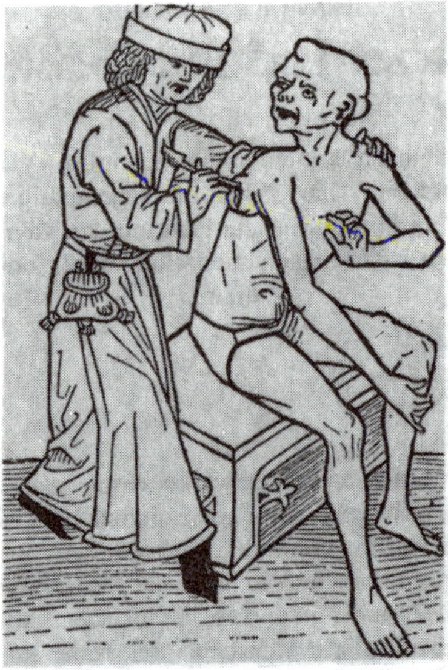

Linderung der Pest.
Durch Aufschneiden der Pestbeulen erhoffte man Heilung und Abhilfe gegen den Schmerz.

Die »Geißel Gottes« und ihre Begleiter

Von Asien aus war die Pest seit Beginn des zweiten nachchristlichen Jahrtausends Stück um Stück westwärts gewandert, hatte bis 1348 die Küsten des Schwarzen Meeres erreicht und von da aus die nördlichen Mittelmeerländer bis hinüber nach Spanien erfaßt. Für Mittel- und Westeuropa gab es damals keinen »Cordon sanitaire« (frz., etwa Sicherheitsgürtel), wie ihn drei Jahrhunderte später die Habsburger Monarchie mit ihrer Militärgrenze auf dem Balkan schuf. Die Alpen bildeten nur eine unwirksame Grenze, die von der Pest bald auf verschiedenen Wegen überschritten wurde. Rascher aber noch als die Seuche selbst drangen Nachrichten und Gerüchte nach Norden vor, wo sie Angst und Schrecken verbreiteten. Sie allein schon lösten jene seltsame Bewegung der Geißlerfahrten aus, die zur Begleitmusik des großen Totentanzes wurden. Diese ihrerseits fachten den seit langem glimmenden Funken des Judenhasses zu einem neuen furchtbaren Brand an, dem Tausende von Juden in den deutschen Städten zum Op-

***Hautkrankheiten** waren schon vor und während der Großen Pest verbreitet. Ein an Impetigo erkrankter Mann in einer Handschrift des Roger von Salerno, 13. Jahrhundert. Cambridge, Trinity College Library.*

fer fielen. Damit war latenter Haß wieder einmal umgeschlagen in unverhüllte Brutalität, geheime Aggression unter dem Druck einer lebensbedrohenden Gefahr zu offener Aggression geworden.
So und in dieser Reihenfolge scheinen wir die zeitlichen Abläufe und Zusammenhänge der Ereignisse sehen zu müssen. Da sie aber verschiedentlich ineinandergreifen, manchmal auch zeitliche Verschiebungen eintreten, wird es letzten Endes kaum möglich sein, einen fundierten und endgültigen Beweis über die Abfolge des Geschehens zu erbringen. Gerade deshalb erscheint es notwendig, die ineinanderlaufenden Stränge etwas zu entwirren und sie einzeln zu verfolgen.
Die Angaben über den Ausbruch der Pest in den verschiedenen Territorien des Deutschen Reiches bleiben ungenau, weil sich die mittelalterlichen Chronisten überhaupt und in diesen unsicheren Zeiten ganz besonders oft mit summarischen Hinweisen auf Seuchen und Pestilenz begnügen, Zahlen sehr global abrunden, Fakten und Gerüchte kritiklos durcheinandermischen. Das Vorrücken der Pest glich der Bewegung einer Zange, deren Maul sich allmählich schließt. Der rechte

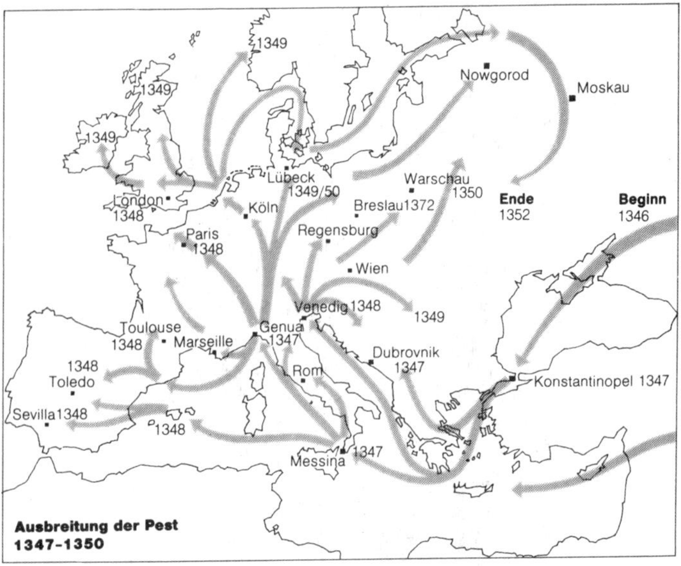

Schenkel, das war der Weg von Südosten her, auf dem die Seuche im Herbst 1348 aus Oberitalien nach Kärnten und in die Steiermark vordrang – für das Mürztal beispielsweise verzeichnen wir die erste Meldung am 11. November. Von hier aus erreichte sie das Herzogtum Österreich im Frühjahr 1349, forderte in Wien zahlreiche Opfer und drang dann langsam westwärts nach Baiern und nordwärts nach Mähren vor, Regensburg wurde erst im Sommer 1350 erreicht, ebenso Brünn und Znaim in Mähren. Der Weg von Westen bildete dann den linken Schenkel. Er führte über das Rhônetal in die Schweiz, wo die Pest schon im Frühjahr 1349 auftrat und teilweise bis in den Herbst hinein wütete. Für den Aargau in der Nordschweiz wird die Dauer der Seuche vom September 1349 bis zum Januar 1350 angegeben. In Konstanz erreichte sie den Höhepunkt im Winter 1349. Ein zweiter Strang von Schrecken und Krankheit zog sich über Burgund und das Tal des Doubs in die Oberrheinebene.

Straßburg war bereits im Juli 1349 erreicht, bis Oktober klang dort die Seuche schon wieder ab. Auf dem weiteren Weg rheinabwärts scheint es ziemlich rasch gegangen zu sein; denn für Frankfurt vermerkt eine zeitgenössische Notiz das Wüten der Pest vom 22. Juli bis 2. Februar 1350. Zu diesem Hinweis paßt die Tatsache, daß Kaiser Karl IV., der verseuchte Orte sorgfältig mied, einen Aufenthalt in Frankfurt am 5.

Juli beendete und weiter nach Aachen und damit vor der Pest herzog, die Köln im Dezember 1349 erreichte.
Besonders bedroht waren naturgemäß die Küstenorte, wohin die Seuche durch die Schiffe und damit durch die Schiffsratten eingeschleppt wurde. Friesland war im Dezember 1349 befallen, ebenfalls Preußen, in Jütland tauchte sie Anfang 1350 auf und verbreitete sich von da südwärts über Schleswig und Holstein.

Höhepunkt der Seuche um 1350
Abflauen und zweites Sterben

Damit hatten sich die Schenkel der Zange geschlossen. Die Infizierung Innerdeutschlands erfolgte nun gleichermaßen von allen Himmelsrichtungen im Lauf des Jahres 1350. Vereinzelt setzte die Herrschaft der Pest sogar erst im folgenden Jahr ein wie etwa in Bremen.
Merkwürdigerweise gab es in dem bald völlig verseuchten Reich auch Gebiete, die von ihr weitgehend oder zumindest teilweise verschont blieben. Dazu gehörten wahrscheinlich auch fränkische Städte wie Würzburg und Nürnberg, wo wir Hinweise auf Pesterkrankungen erst in späteren Jahren finden (Würzburg 1356 und 1363, wobei offen bleiben muß, ob es sich um die echte Pest mit den oben beschriebenen Krankheitssymptomen gehandelt hat). Völlig frei blieben bei dieser Pestwelle Böhmen, Schlesien und Polen, wo »lediglich die spätere Geschichtsschreibung die Pest eingeschleppt hat«, wie der Historiker Robert Hoeniger ironisch bemerkt. Für Breslau haben wir eine glaubwürdige Meldung über ein Auftreten der Pest erst für das Jahr 1372.
1351 schien überall in Deutschland das Wüten der Seuche gebrochen, und für die verängstigten Menschen folgten ein paar Jahre der Ruhe, aber schon 1356 flackerte sie erneut auf, und die Chroniken vermerken »das zweite große Sterben«, das diesmal seinen Weg von Norden nach Süden nahm und Ende der fünfziger Jahre auch die bisher verschonten ostdeutschen Gebiete erreichte. Nach einer erneuten kurzen Pause fiel schließlich das dritte Auftreten der Krankheit in das Ende der sechziger Jahre, und von da an verging bis zum Ende des 14. Jahrhunderts fast kein Jahr, in dem nicht irgendwo in Deutschland ein örtlich begrenzter Seuchenherd vermerkt wird.
Es scheint mitunter fast so, als hätten sich die Menschen an die Krankheit schon gewöhnt und sie als etwas geradezu Selbstverständliches gleichermaßen hilflos und gottergeben hingenommen. Aber dies ist nur die eine Seite der Wirklichkeit – denn der mittelalterliche Mensch mußte zwar mehr leiden als heute , sann aber auch stets auf Abhilfe.

Hoffnung auf Heilung, *angeregt durch Beispiele aus dem Alten und Neuen Testament: Heilung des aussätzigen Naaman im Jordanwasser. Aus der Weltchronik des Rudolf von Ems. Berlin, Staatliche Museen Preußischer Kulturbesitz, Handschriftenabteilung.*

Selbstgeißelung als Abwehrmittel

Im engsten Zusammenhang mit dieser Ausbreitung des »Schwarzen Todes« stehen nun die Geißlerfahrten, die schon die Zeitgenossen so beschäftigten, daß Chronisten und Augenzeugen in allen Einzelheiten und weit ausführlicher darüber berichten als über die Pest selbst. Bußübungen, bei denen sich einzelne Büßer selbst geißelten, also mit einer Riemen- oder Stückpeitsche den Rücken blutig schlugen, waren nichts Neues und kamen schon seit dem frühen Mittelalter immer wieder vor. Unter dem Eindruck der drohenden Pest aber kam die Vorstellung auf, man müsse nur tüchtig Buße tun, auf solche Weise den göttlichen Zorn besänftigen und könne damit die Pest abwehren. Was ursprünglich Sache des einzelnen gewesen war, wurde damit rasch zu einer Massenbewegung. Auch Geißler- oder Flagellantenprozessionen (lat. flagellare: geißeln) hatte es schon 1260 in Oberitalien gegeben, von wo aus diese Bußbewegung über die Alpen nach Kärnten, in die Steiermark und nach Baiern übergriff. Aber sie erlosch ebenso rasch, wie sie aufgekommen war. Unter dem Eindruck der drohenden Pest besann man sich nun wieder auf derartige Massenbußen, mit denen man den göttlichen Zorn zu besänftigen und das Strafgericht der Seuche abzuwehren hoffte. Wir stehen heute religiösem Eifer, der sich zur Hysterie steigert, verständnislos und ablehnend gegenüber, müssen aber immer wieder erleben, daß er in irgendeiner Form als Folgeerscheinung religiöser oder politischer Ideologien aufflackern kann. Für die Menschen des 14. Jahrhunderts schien die Bewegung in den ohnehin fieberhaft erregten Zeiten ein letzter Hoffnungsstrahl vor dem drohenden Massensterben. Und aus den Liedern der Geißler spricht noch heute die entsetzliche Seelenangst, die sie alle, Büßer wie Abseitsstehende, erfaßt hatte.
Die Geißlerfahrten kamen spontan im Osten des Reiches auf. Von ersten Selbstgeißelungen als Bußübung hören wir im Zusammenhang mit der Erwartung des Weltendes 1260 in Perugia, dann im Herbst 1348 in Österreich. Am 1. März 1349 gab es in Böhmen, wohin die Pest gar nicht gekommen war, solche Geißlerprozessionen, wenige Tage später in Sachsen, Mitte April in Magdeburg, am 6. Mai in Würzburg, am 19. in Augsburg, Mitte Juni am Bodensee und in Straßburg. Man staunt, wie bei allem emotional geprägtem Fanatismus die Geißler ihre Fahrten doch sehr nüchtern und sorgfältig organisierten. Eine Fahrt dauerte ursprünglich dreiunddreißig Tage, und nur Männer – zwischen 50 und 200 je Prozession – durften an ihr teilnehmen. Sie ordneten sich willig den von ihnen gewählten Führern unter und verfügten auch über das nötige Verpflegungsgeld, um sich unterwegs verköstigen zu können. Meist stammten sie aus der ärmsten Gesellschaftsschicht.

Beispiele aus der Schöppenchronik von 1349:
Die Geißler in Magdeburg

In diesem Jahr erhoben sich gemeine [d. h. einfache] Leute und nähten Kreuze auf ihre Kleider und auf ihre Hüte und gingen zusammen in Partien und nahmen eine Buße und ein Leben an sich zu 34 Tagen. Und sprachen, es wäre geboten von dem Himmel zu tun für das Sterben der Leute, das da über Meer kommen war. Die ersten, die hier gesehen worden in der Stadt, die waren von Pirna. Sie lagen zu Bergen auf dem Hofe und sandten ihre Hauptleute in die Stadt zu dem Rat und ließen bitten, daß sie in die Stadt dürften kommen und ihre Buße gehen. Da die Ratmannen ihre Briefe sahen und ihre Weise hörten, däuchte ihnen, es rührte die Pfaffenheit und gingen zu den Domherren in das Kapitel und frageten, ob sie die Leute einlassen sollten oder ob es dem Leben oder den Pfaffen etwa möchte schaden. Diese antworteten: ihnen däuchte, man könnte sie wohl zulassen, es wäre niemandes Schaden. Also kamen die Leute in die Stadt.
Der selben Leute Gebärde stand also: Sie gingen mit Fahnen an einer Prozession, zween und zween zusammen. Sie sprachen, sie dürften keine Frauen berühren, darum hieß man die Frauen von ihnen gehen. Wann sie dann kamen in die Kirchen oder auf den Kirchhof oder an einen freien Platz, so zogen sie ihre Kleider bis auf das Untergewand aus und hängten sich ein Tuch um, das reichte von den Lenden bis auf die Füße, so daß sie unten bedeckt waren und oben bloß. Sie hatten Geißeln in ihren Händen von dreien Strängen und daran geknotet harte Knoten, in die kreuzweise scharfe Nadeln eingedrückt waren. Damit schlugen sie sich, daß sie bluteten. Etliche schlugen auch mit Sinn, daß sie es kaum fühlten. Also gingen sie dreimal um den Kirchhof und fielen bei jedem Umgang dreimal kreuzweis auf die Erden. [. . .] Es waren einige, die fielen quer vor der Prozession nieder, einige auf den Rücken, einige auf den Bauch, einige auf die Seiten. Das waren Totschläger, Ehebrecher und Räuber. Da ging denn die Prozession über ihnen hin und schlugen die mit Geißeln. So ging denn ihr höchster Meister nach und schlug jeden mit einem Schlag und sprach: »Bruder steh auf, daß dir Gott alle deine Sünden vergebe.« Dann kleideten sie sich alle und gingen auf den Markt. Da kamen die Leute und baten sie alle um Gott zu Tische, einer zwei, einer drei oder vier, minder oder mehr, wie jeglicher vermochte. Wenn sie dann vor das Haus kamen, da sie geladen waren, fielen sie auf ihre Knie und sprachen ihr Gebet. Dasselbe taten sie am Tische vor dem Essen und danach.
Von dieser ersten Partie wurden alle zu Haus geladen; denn ein jeder wollte sie vor dem andern haben. Danach erhob sich die Gemeinde, und ihrer wurden so viele, daß ihrer zuletzt niemand mehr begehrte. Da begannen sie zu predigen und lange Briefe zu verlesen und sprachen, Gott hätte diese gesandt vom Himmel. Darin stand, wie Gott zornig wäre und die Welt wollte vergehen lassen [. . .] und sie begannen Zeichen zu verkündigen [. . .] und zuletzt sagten sie, sie hätten Tote auferstehen lassen und daß Gott hätte ihre Speise vermehret auf dem Felde, da sie zu wenig zu essen hatten. Dies war alles gelogen, das erfuhr man später wohl. Zuletzt begann das gemeine Volk zu murren gegen die Pfaffen. Da verbot der Bi-

schof von Magdeburg, man solle sie nicht mehr zulassen; denn hier in der Stadt waren wohl acht Rotten, so daß man sie anschlug auf sechshundert, die gingen ihre Buße auf der Marsche und auf dem Neuen Markt. Der Bischof hieß seinen Vögten, sie sollten alle die hindern, die auf diese Weise gingen in seinem Lande. Darum sammelte sich das gemeine Volk und brachten die Geißelbrüder nach Helmstedt, wo die von Braunschweig und von Hildesheim waren. Und etliche schnitten die Kreuze ab und liefen heimlich hinweg, denn die von Braunschweig waren Feinde des Bischofs. Der Bischof sandte an die Bürger von Insleben und strafte sie deshalb, daß sie das Volk zugelassen hatten ohne der Pfaffen Rat. Sie antworteten und sprachen: »Herr, wir taten das mit Rat eures Dekans und der Domherren, die hier sitzen.« Also ließ der Bischof die Ratmannen unbestraft, da sie es klüglich mit der Domherren Rat getan hatten und man mochte es den Bürgern nicht anrechnen. Also verging das Volk, mit dem so viele Täuschung war. Die Frauen begannen auch in etlichen Städten so zu gehen. Hätte das länger gestanden, es wäre dem Glauben schädlich gewesen.

Aus: Magdeburger Schöppenchronik (in: Chroniken deutscher Städte, Bd. VII).
Bearbeitet und gekürzt nach einer Übertragung bei O. H. Brandt

***Selbstbestrafung** sah man als das probateste Mittel gegen die drohende Pest an. Flagellanten oder Geißelbrüder in einer Konstanzer Weltchronik des 14. Jahrhunderts. München, Bayerische Staatsbibliothek.*

Der Straßburger Chronist Closener hat ein besonders farbiges Bild der Bewegung überliefert. Er erzählt, daß die Geißler sich vor den Städten zu feierlichen Prozessionen ordneten und hinter Kirchenfahnen und Kreuzen, paarweise marschierend und fromme Lieder singend, in die Stadt einzogen. Nach einer ersten Andacht wurden sie von den Bürgern zu Tisch geladen, dann erst sammelten sie sich auf dem Markt oder dem Kirchhof und begannen mit ihren spektakulären Bußübungen. Sie legten ihre Oberkleider ab, warfen sich zu Boden und deuteten durch Gesten oder durch die Körperlage ihre Sünden an. Der Meineidige reckte drei Finger über das Haupt empor, der Ehebrecher legte

***Ausdruck gesteigerter Frömmigkeit: die Askese.** Selbstbestrafung durch Geißelung übte Hedwig von Schlesien. Miniatur aus der Schlackenwerther Handschrift der Hedwigslegende. Wien, Österreichische Nationalbibliothek.*

sich auf den Bauch, der Mörder auf den Rücken. Dann schritt ihr Meister und Anführer über den ersten hinweg und berührte ihn mit der Geißel, dieser stand auf, folgte ihm über den nächsten usw. bis alle standen. Erneut sangen sie ein Bußlied und begannen nun, sich mit ihren Geißeln den Rücken blutig zu schlagen. Zum Schluß wurde noch die »Geißlerpredigt« verlesen, angeblich ein Brief, den ein Engel in Jerusalem zur Erde gebracht haben sollte und mit dem Gott persönlich die Menschen zu Reue und Buße aufgefordert hätte. Mit Hinweisen auf Heuschreckenplagen, Hungersnöte, Erdbeben und die Pest trug dieser Text dazu bei, die braven Bürger noch mehr zu verängstigen.

Dieser Brief enthielt aber auch Vorwürfe gegen jene Geistlichen, »die nur Priester werden, um gut zu essen und zu trinken und Gottes Wort nicht predigen wollen«. Die hier anklingende Opposition gegen die offizielle Kirche und ihre Vertreter, den Klerus, fand in weiten Bevölkerungskreisen Zustimmung und steigerte sich allmählich zu scharfer antiklerikaler Opposition. Das bequeme und häufig sittenlose Leben zahlreicher Geistlicher bot ja zu allen Zeiten genug Anlaß für Kritik und hatte – besonders im 11. Jahrhundert – im Brennpunkt kirchenreformerischen Interesses gestanden. Ob mit derartigen Anschuldigungen und mit Hilfe der Flagellantenbewegung allerdings eine radikale, umstürzlerische Gruppe einen erbitterten Kampf gegen Staat und Kirche und ganz allgemein gegen die Grundlagen der damaligen Gesellschaft führen wollte, wie einmal angenommen wurde, muß zweifelhaft bleiben. Sicher haben sich in der Geißlerbewegung sozialpolitische und religiöse Elemente vermischt. Das spürte auch die Kirche, die ihr nach kurzem anfänglichem Wohlwollen bald äußerst kritisch gegenübertrat und sie schließlich bekämpfte, wo sie es nur konnte. Das war freilich nicht einfach; denn das Volk, das zwischen frommen und kritisch-aufrührerischen Tönen nicht so recht unterscheiden konnte und nur zu gern das aufregende, blutige Spektakel erlebte, wandte sich gegen jede Behinderung der Geißlerpraxis. Aber vielleicht hätte es gar nicht erst der scharfen päpstlichen Bann-Bulle vom 20. Oktober 1349 bedurft, in der die Prozessionen verurteilt und bei strenger Kirchenstrafe verboten wurden; denn sie überlebten sich selbst erstaunlich rasch. Wo die Pest die Geißler einholte, erkannte man nur zu bald, daß derartige Bußübungen gar nichts halfen, und hatte andere Sorgen. Der Reiz des Neuen, Aufregenden verflüchtigte sich auch rasch. So sperrte eine Stadt nach der anderen die Tore vor den Geißlern. In Lübeck warf man sie sogar ins Irrenhaus – eine Maßnahme, die so rational und geplant erscheint, daß sie eher wie der Vorbote der Neuzeit aussieht, gar nicht mehr ›mittelalterlich‹. Immerhin war an einigen Orten das Ansehen der Geißler noch so gut, daß die Geistlichkeit nichts gegen sie zu unternehmen wagte und die notwendigen Maßnahmen den weltlichen Behörden überließ. Schon nach ein paar Monaten war die Bewegung wie ein dunkler Spuk vorübergezogen.

Judenverfolgungen, Produkt aus Massenwahn und Todesangst

Aber es wäre falsch, die Geißler und ihre Ideen allein als Spuk zu sehen, trugen sie doch einen Großteil der Schuld an den Judenmorden jener Tage. Sie haben sie zwar nicht verursacht, aber sie haben den

***Rädern und Verbrennen.** Die Judenverfolgungen im Nationalsozialismus haben eine lange Tradition. Schon vor 500 Jahren praktizierte man grausame Foltermethoden an den Juden. Anonymer Holzschnitt von 1475.*

»Judenbrand« im wahrsten Sinne des Wortes zu heller Flamme geschürt.

Ausgangsland der Pogrome war Südfrankreich, wo die Pest schon Anfang 1348 auftrat. Dort schob man die Schuld an ihrem Entstehen den Juden in die Schuhe und behauptete, sie hätten die Brunnen vergiftet, um auf solche Weise die Christen zu ermorden. So lächerlich solche Anschuldigungen auch waren, so bildeten sie doch die Ursache für eine Verfolgung der Juden, die sich erstmals für den Mai 1348 in einer südfranzösischen Stadt nachweisen läßt. Von hier eilte das Gerücht der Pest voraus nach Nordosten und hinterließ eine grauenvolle Spur.

Im September 1348 erpreßte die Folter den Juden am Genfer See ein Geständnis angeblicher Schuld, im November wurden sie in Solothurn, Zofingen, Stuttgart und Augsburg verbrannt, einen Monat später folgten Landsberg, Memmingen, Lindau, Esslingen, im Januar 1349 Basel, Freiburg, Speyer, Ulm, im Februar Straßburg, Schaffhausen, St. Gallen, Gotha, Eisenach, Arnstadt, Würzburg, Ilmenau, Frankenhausen, Dresden, im März Worms, Konstanz, Baden und Erfurt, im Mai Breslau, im Juli Frankfurt, im August Mainz und Köln, im September Krems und im Dezember Nürnberg, um hier nur einige der wichtigsten Orte zu nennen. Verschont von den Pogromen blieben Norddeutschland, weil hier nur wenige Juden wohnten, Böhmen und Mähren.

Ursachen und Folgen

Man hat versucht, die Ursache für die Massenmorde in der sozialen und wirtschaftlichen Stellung der Juden zu sehen. Die durch die Angst vor der Pest geschürte Unruhe bot willkommenen Anlaß für den »Judenbrand«, bei dem es nicht zuletzt auf die Vernichtung der Schuldscheine ankam, die in den Händen der geldverleihenden Juden waren. Wo sich vereinzelt Fürsten und Städte gegen die Verfolgung wandten, wie etwa die Herzöge Albert von Österreich und Rupprecht von Baiern oder der Rat von Basel und Straßburg, richteten sich die Drohungen des verhetzten Volkes sogleich auch gegen sie. Die Geißler trieben dabei gerade in den Städten wie Köln, Erfurt und Frankfurt die leicht mobilisierbaren armen und ärmsten Schichten zum Widerstand gegen die Behörden an und unterstützten sie bei Ausschreitungen. Die Chronisten verzeichnen zwar häufig das Datum solcher Pogrome, schweigen aber über Einzelheiten und die grauenvollen Schicksale der Juden. In Straßburg stürzten sich jüdische Mütter mit ihren Kindern freiwillig in die Flammen, um zu verhindern, daß die christlichen Fanatiker sie ihnen entrissen und taufen würden. In Esslingen, Speyer und Worms versammelte sich die jüdische Gemeinde angesichts der heranrückenden Geißler in den Synagogen, zündeten diese an und verbrannten sich schließlich selbst, ähnlich in Erfurt, wo sie in einer Gasse sämtliche Häuser in Brand steckten. Mit dem Ende der Geißlerbewegung hörte auch der Judenmord auf.

Die Pestwelle hatte schwere Verluste unter der Bevölkerung gefordert. Zwar müssen wir den hohen zeitgenössischen Angaben mißtrauen, doch dürfte die Seuche etwa 25 bis 35 Prozent der Bevölkerung hinweggerafft haben. Die größten Verluste erlitten dabei die unteren Bevölkerungsschichten, die mit Sicherheit oft unterernährt und anfällig waren. Es ist kein Wunder, wenn ein Chronist nach 1350 vermerkt, daß in Westfalen »kein Hirt bei den Herden, kein Schnitter zur Erntezeit zu finden sei«. Die wirtschaftliche Folge war das Steigen der Arbeitslöhne. Aber auffallenderweise erholte sich die Bevölkerung sehr bald von den schweren Verlusten, und für eine Reihe von Städten werden ausdrücklich das rasche Wachstum und der zunehmende wirtschaftliche Wohlstand vermerkt. Die Limburger Chronik stellt mit knappen Worten fest: »Danach das Sterben, die Geißlerfahrt und Judenschlacht ein Ende hatten, hub die Welt wieder an zu leben und fröhlich zu sein.«

Literatur

Hoeniger, Robert: Der Schwarze Tod in Deutschland. Ein Beitrag zur Geschichte des vierzehnten Jahrhunderts, Berlin 1882
McNeil, William H.: Seuchen machen Geschichte, München 1978
Nohl, Johannes: Der Schwarze Tod. Eine Chronik der Pest 1348–1720, Potsdam 1924

HANSWERNFRIED MUTH

Die Kunst der Gotik

Begriff und Name »Gotik« – Die Entstehung der gotischen Kunst in Frankreich – Gotische Architektur in Deutschland – Die Entwicklung der »Deutschen Sondergotik« – Plastik und Malerei in der gotischen Zeit – Die Entdeckung eines neuen Weltbildes im 15. Jahrhundert – Der spätgotische Schnitzaltar.

Mit dem Begriff »Gotik« assoziiert man nur allzu schnell spitzgiebelige Bürgerhäuser, hoch aufragende Dome, enge schmale Fenster, anmutig bewegte Madonnen und kunstvoll mit *Maßwerk (K, Seite 228)* überzogene Wände, verzierte Fenster und Decken. Gotik, das heißt allgemein »Mittelalter«. Weil sie ein Stil ist, der etwa vom 13. bis zum 15. Jahrhundert in ganz Europa vorherrschte, stimmt dies auch teilweise, jedoch gingen ihr andere Zeitstile voraus (siehe Band 1, 2 und 3). Die Gotik selbst ist vielmehr geistesgeschichtlich wie kunsthistorisch Höhepunkt und Abschluß des christlichen Mittelalters.
Diese zweite große Kunstform, die das Mittelalter neben der Romanik hervorgebracht hat, wurde von dem italienischen Maler, Baumeister und Künstlerbiographen Giorgio Vasari (1511–1574) abfällig »stilo gotico« genannt. Damit meinte er, die Gotik sei ein Stil, der von den Goten, den Barbaren aus dem finsteren Norden, geschaffen worden sei. Den Künstlern der italienischen Renaissance, die nach maßvoll harmonischer Schönheit suchten, die ihre Kunst als eine Wiedergeburt der klassischen Antike empfanden, erschien die Zeitspanne zwischen Romanik und Renaissance als eine »dunkle« Epoche. Die gotische Kunst mit ihren dynamischen Akzenten und ihrem Streben, mystisches Erleben sinnlich sichtbar zu machen, erschien ihnen abstrus, unverständlich, unfaßbar. Sie lehnten sie deshalb ab. Erst im späten 18. Jahrhundert und insbesondere bei den Romantikern des 19. Jahrhunderts (siehe Band 10) wuchs das Verständnis für die Größe und Besonderheit der Gotik, wurde die Bedeutung und schöpferische Leistung dieses Stils innerhalb der europäischen Kunstgeschichte auch wissenschaftlich erarbeitet. Die Vollendung des Kölner Domes nach den wiedergefundenen mittelalterlichen Plänen in den Jahren 1842–1880 ist das Symbol für eine fast andächtige, bisweilen pathetische Hinwen-

dung zu einer Kunst, die damals in ihren feinsten stilistischen Verästelungen durchforscht, durchdacht und nach deren Regeln und Vorbild auch wieder gebaut wurde.

Mittelalterliche Weltschau und gotische Kunstauffassungen in Reinform: Die Kathedrale

Stilistisch bringt die Gotik nach der wuchtig-schweren Romanik eine bewußte Hinwendung zu mehr idealisierten und vergeistigten Formelementen. Kennzeichnend für die neue künstlerische Grundeinstellung ist die Entwicklung der gotischen Architektur. Schon der erste Eindruck einer gotischen Kirche macht den wesentlichen Unterschied zwischen romanischer und gotischer Baukunst augenfällig: Dort standen große Baumassen ruhend und festgefügt; hier steigen die Linien in einem jähen, großen Aufschwung empor. Das ganze Bauwerk und alle seine Formen sind diesem vertikalen Streben unterworfen und werden dadurch zu einer unlösbaren Einheit zusammengeschlossen. Ebenso sind im Innenraum die einzelnen Raumteile nicht mehr optisch voneinander geschieden und durch Mauern und Stützen getrennt, sondern erscheinen als Teile *eines* großen Ganzen.
Hohes technisches Können, künstlerische Inspiration und intellektuelle Spekulation verbinden sich in der gotischen Architektur, insbesondere im Kirchenbau. Der gotische Baumeister ist verwegener Statiker, Mathematiker und mit dem Zirkel kalkulierender Rechner, vor allem aber Visionär. Ein neuer und beweglicher Geist trägt und beherrscht die gotischen Bauformen, die uns zuerst an den großen französischen Kathedralen voll ausgeprägt begegnen.
Der Spitzbogen ist das augenfälligste Merkmal des neuen Stils. Im Gegensatz zum Rundbogen der Romanik ist er von größter Variabilität. Durch den Knick im Scheitel wird er beliebig veränderbar. Er kann weiter oder enger gespreizt werden. Er leitet den Blick nicht ruhig von einem Auflager zum anderen wie der Bogen des Halbkreises; durch den Spitzbogen wird vielmehr der Blick nach oben gewiesen, er erhält »etwas Ungestilltes«. Technisch bietet der Spitzbogen die Möglichkeit, auch Räume mit unterschiedlichen und unregelmäßigen Grundflächen – etwa ein Rechteck – zu überwölben. Damit war der Grundriß frei von der Bindung an das schematische System der romanischen Baukunst, deren Grundmaß das Quadrat bildete. Zum Spitzbogen kommen als weitere charakteristische Momente der gotischen Baukunst Strebepfeiler und Strebebogen. Dieses Strebewerk nimmt statisch die Last der Gewölbe und deren Seitenschub auf und leitet ihn

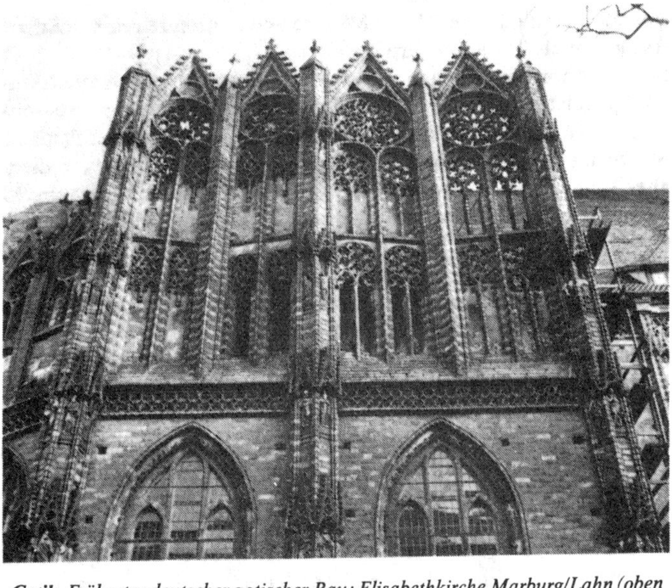

***Gotik.** Frühester deutscher gotischer Bau: Elisabethkirche Marburg/Lahn (oben links). – Westfassade des Regensburger Doms (oben rechts). – Backsteingotik: Südhaus-Querfassade der Katharinenkirche Brandenburg (unten).*

Juwel deutscher Gotik: der Kölner Dom. *Blick in den 1322 geweihten Ostchor. Plastiken, Pfeiler und Glasfenster entstanden vor der Baueinstellung 1559, nach der der Dom 500 Jahre lang auf seine Fertigstellung warten mußte.*

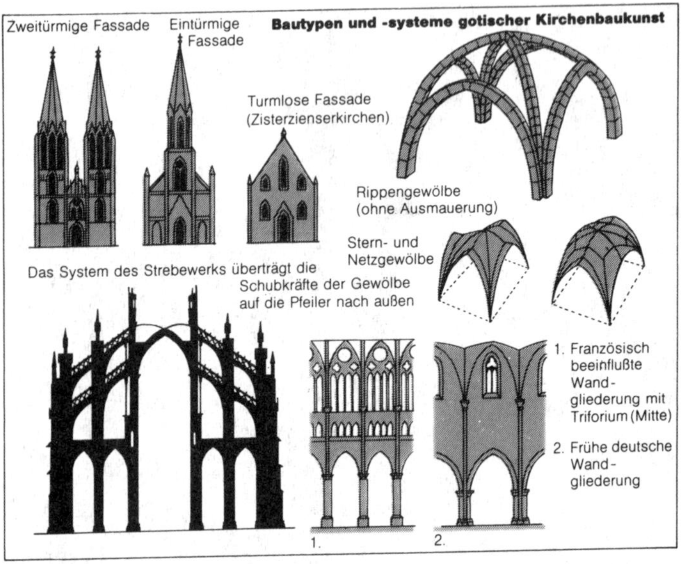

gleichsam ins Freie, aus dem Gebäude heraus. Die zwischen den Stützen liegenden Wände haben deshalb keine tragende Funktion mehr; sie können wie ein Gitter kunstvoll durchbrochen werden oder sich in Fensterflächen auflösen. Mag auch das Konstruktive von großer Bedeutung sein, es ist doch keineswegs Selbstzweck, sondern Mittel zum Ausdruck eines über das Irdische hinausweisenden, religiösen Empfindens. Die gotische Kathedrale ist Vergegenwärtigung und Sinnbild der christlichen Weltanschauung des hohen Mittelalters in der abbildhaften Gestalt einer Himmelsstadt, des Himmlischen Jerusalem nämlich, wie es Johannes in seiner Offenbarung geschaut hat. Schwebend hat man sich diese Stadt vorzustellen, nicht aus festen Mauern, sondern aus selbstleuchtenden Edelsteinen erbaut. Der Charakter dieses Schwebens wird in der gotischen Kathedrale durch einen Ausgleich der nach oben drängenden und zugleich von oben nach unten wirkenden Kraftlinien erreicht, auf welche der ganze Bau reduziert zu sein scheint. Der Eindruck der leuchtenden Edelsteinwände dagegen ergibt sich aus der Auflösung der Wände, die durch große, buntleuchtende Glasfenster ersetzt werden. Der gesamte Figurenschmuck an den Fassaden, Kapitellen und in den Fenstern enthält wie ein großes Bildlexikon das gesamte Glaubens- und Wissensgut der Zeit und gliedert es der göttlichen Weltordnung ein.

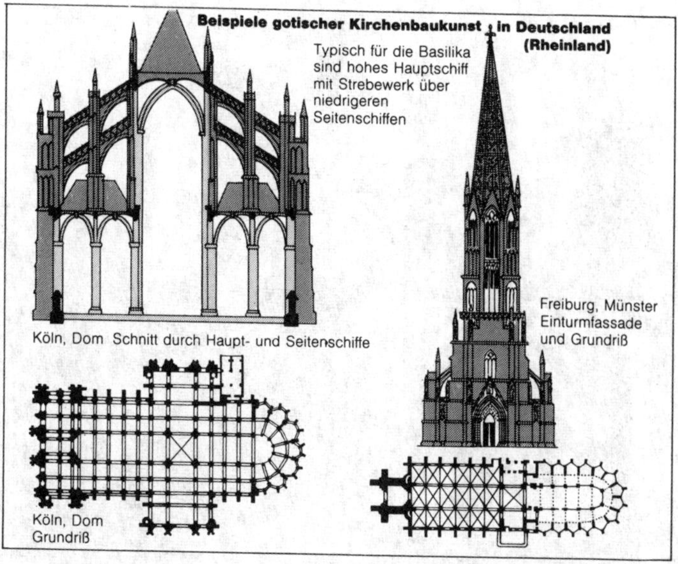

Das Stadtbürgertum, Bauherr der gotischen Dome

Die Verwendung des aufstrebenden Spitzbogens, der nicht nur technisch die Einwölbung erleichtert, sondern in seiner Bewegung über sich hinausweist, die Auflösung der Mauerflächen zu riesigen farbigen Fensterwänden, die Übertragung der statischen Lasten auf Dienstbündel und Rippen sowie auf ein Außensystem von Strebepfeilern und Strebebogen, die Vorliebe für leichte, emporstrebende Formen, müssen einen tieferliegenden Grund haben.

Auf fast allen sozialen, politischen und ästhetischen Gebieten vollzog sich um 1200 ein großer Wandel, entstand ein verändertes Lebensgefühl. Traditionen kamen ins Wanken, breite Schichten wurden von einer religiösen Begeisterung erfaßt, die ihren Ausdruck auch in einer Baulust fand, an der weite Kreise Anteil hatten. Soziologisch wird die gotische Kunst nicht mehr wie die vorausgehende Romanik in der Hauptsache von Königshaus, Fürsten und Klöstern getragen, sondern in wachsendem Maße von den Bürgern der aufstrebenden Städte, aus deren Häusergewinkel die Dome und Stadtkirchen emporwachsen. Neben den Adel treten jetzt als Auftraggeber in steigendem Maße die Bürger, die im Laufe des 13. Jahrhunderts den Bischöfen nicht selten den Bau der großen Kathedralkirchen mehr und mehr aus der Hand

***Böhmische Vorbilder** hatte die bemalte Predella des Hochaltars: Fischzug Petri, Befreiung aus dem Kerker, Begegnung mit Christus und Martyrium. Darüber sechs weibliche und sechs männliche Schnitzfiguren. Brandenburg, Dom.*

Gotische Architekturteile. *Verzierte Arkaden krönen drei Apostel auf dem rechten bemalten Flügel eines um 1370 entstandenen Hauptaltars mit Schnitzfiguren im Mittelteil, Rathenow, Andreaskirche.*

Gotische Hallenkirchen Süd- und Mitteldeutschlands

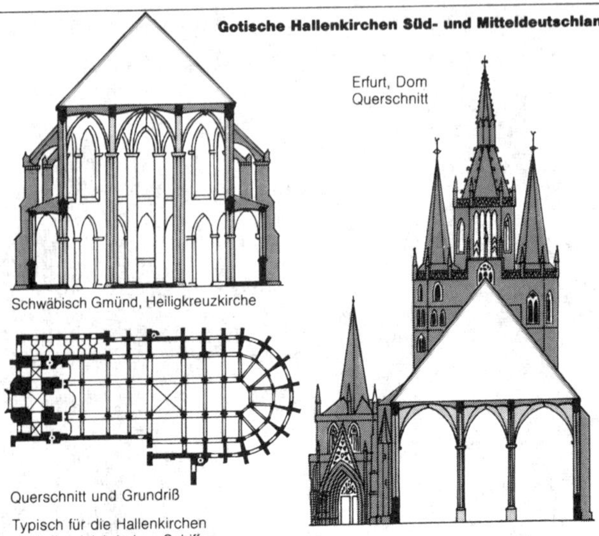

Typisch für die Hallenkirchen sind die gleich hohen Schiffe

nehmen. Diese Veränderung verstärkt wiederum das volkstümliche Element des Christentums. Neue religiöse Vorstellungen werden damit auch in der Kunst konkret. Mit dem gesteigerten Verlangen nach direktem Schauen, nach dem Augenerlebnis, wie es sich zum Beispiel in der Einführung des Fronleichnamfestes dokumentiert, hängt die vermehrte farbige Ausgestaltung des Kircheninneren zusammen, die sich im Übergang vom Fresko zum Glasgemälde und schließlich zum Altarbild zeigt.

Dieser ›bürgerliche‹ Zug der Gotik wird besonders deutlich in Malerei und Plastik. Mit dem Andachtsbild entsteht ein ganz neuer Bildtypus, der bewußt für eine intime Aufstellung auch im privaten Bereich geschaffen ist. Die heiligen Gestalten verlieren zugleich mehr und mehr ihren typisierten und oft starren Charakter. Gesichter und Tracht werden individuell, nehmen Züge und Formen ihrer bürgerlichen Stifter und Schöpfer an. Der feierlich ernste Ausdruck der Figuren wandelt sich oft bis hin zum Lieblichen, wobei das Ideal des Höfischen anklingt, oder bis zu kompliziertesten, erregt bewegten und naturalistischen Körperformen und Gesichtern, wie sie uns in der Spätgotik begegnen.

Ähnlich wirkt sich die zunehmende Naturliebe aus. Die Blätter von Kapitellen, *Wimpergen (K)* und *Kreuzblumen (K, Seite 228–229)* begin-

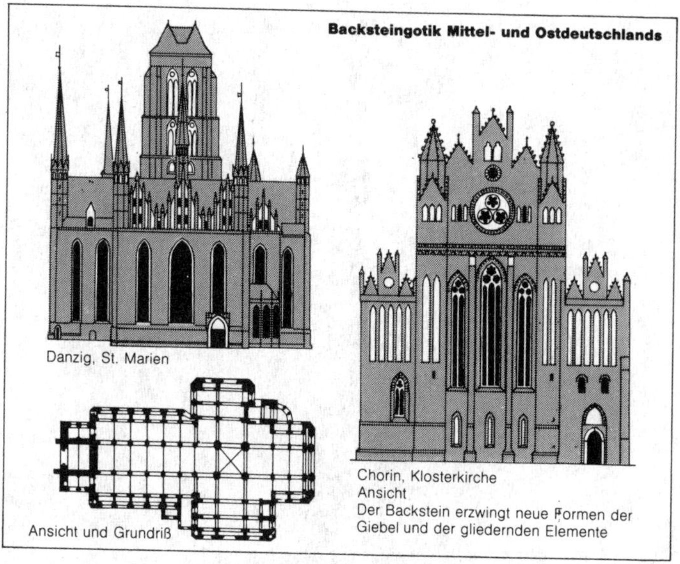

nen gegen 1250 verstärkt Pflanzenformen anzunehmen. Daß die Zeitgenossen auch ein ganzes Bauwerk in diesem Sinne auffassen konnten, bezeugt das 1275 niedergeschriebene Wort des Bischofs Konrad von Straßburg: »Das Werk des Münsters von Straßburg steigt wie die Blume des Mai in vielfältiger Pracht empor, zieht die Augen des Beschauers immer höher hinaus und erfüllt sie mit süßem Geruch.« Naturliebe und wissenschaftliche Erkenntnis galten jedoch der Gotik nicht als Werte an sich, sie erhielten ihren Sinn und Wert erst als Spiegel oder Sinnbild des Jenseitigen. Ähnlich erklärt sich auch der irrationale Zug dieses Stils. Das Streben der Zeit nach Versinnlichung, Darstellung des Übersinnlichen schuf sich die gotische Kathedrale, in der scheinbar die Gesetze der Schwerkraft aufgehoben sind und das Losgelöstsein vom Irdischen und das Schweben nach oben unmittelbar veranschaulicht wird. Die Architektur der gotischen Kathedrale ist berechnet auf den Eindruck, den das Kircheninnere hervorruft. Da man hier das tragende und stützende Strebepfeilersystem nicht wahrnimmt, bleibt dem Betrachter die Statik des Bauens unbegreiflich; es erscheint ihm wie ein Wunder, er fühlt sich in eine jenseitige Welt versetzt, die anderen, nichtirdischen Gesetzen gehorcht. Dieser transzendentale Charakter der Gotik, d.h. ihr Hinausweisen über die konkrete, sinnlich erfahrbare Welt, entsprach dem insbesondere an der Universität

Höchster Kirchturm der Welt. *161 Meter mißt der Hauptturm des Ulmer Münsters, der den gewaltigen Kirchenbau überragt. Begonnen wurde der Dombau 1377, Parler und Ensinger arbeiteten daran. Fertigstellung erst 1890.*

Paris gepflegten Geist des spekulativen Denkens. Dazu kam als tragendes Fundament eine leidenschaftliche geistige Erregung der Zeit, die poetische Grundstimmung des 13. Jahrhunderts, ein neuer religiöser Aufbruch, verkörpert in Franz von Assisi und Elisabeth von Thüringen.

Die Entstehung der gotischen Kunst in Frankreich

Ursprungsland der Gotik ist Mittelfrankreich. Dort war seit der Mitte des 12. Jahrhunderts aus Elementen normannischer und burgundischer Romanik durch die Weiterentwicklung von Architektur und Plastik der neue Stil entstanden. Die Summe der neuen Errungenschaften konkretisiert sich erstmals in der Abteikirche von St. Denis. In der 1140 von Abt Suger begonnenen Kirche – heute ist sie freilich weithin verändert – überspannen Rippengewölbe die unterschiedlich geformten *Joche (K);* Strebepfeiler ersetzen die massiven Mauern. Das ganze fügt sich zu einer räumlichen Einheit, die keine Trennung der einzelnen Schiffe und Raumteile mehr kennt. Sugers Kirche wurde maßgebend für die meisten Kathedralen Frankreichs zwischen 1140 und 1250. Der Neubau von Chartres – seit 1194 – strafft noch den Aufbau der Hochschiffwände, indem man hier die *Emporen (K)* über den *Arkaden (K, Seite 226)* aufgibt und dafür hohe, dreiteilige Fenster einfügt. Diese klassisch-gotische Lösung wird dann in Reims und Amiens übernommen. Gleichzeitig recken sich diese Bauten immer mehr in die Höhe. In Chartres, Reims und Amiens erreicht die Scheitelhöhe der Gewölbe bereits 36, 38 und 42 Meter. Die Übersteigerung dieser Höhentendenz führt dann beim Bau der Kathedrale von Beauvais, deren Chor bei einer Spannweite von nur 15,5 Metern eine Höhe von 48 Meter besaß, zu konstruktiven Schwierigkeiten. Die 1247 in riesigen Ausmaßen begonnene, eingestürzte und sogleich wiederaufgebaute, freilich nur im Chor vollendete Kirche wirkt wie ein sprechendes Exempel auch für den bedeutsamen Wandel in der Entwicklung des Kirchenbaus in Frankreich um die Mitte des 13. Jahrhunderts. Das Gegenteil der groß angelegten Kathedralen wird nun zum baukünstlerischen Ideal dieser Zeit: die Kapelle. Immer noch großartig in den Proportionen, aber gegenüber den Kathedralen wie deren Verkleinerung auf den Chorteil allein wirkend, erscheint die 1248 vollendete Saint-Chapelle in Paris, ein mächtiger Saalraum, der sich über einer hallenartigen Unterkirche erhebt, und dessen Wirkung auf der gerüsthaft feingliederigen Architektur und der Leuchtkraft der Fenster beruht. Auch in Deutschland entfernt man sich von der Kathedrale.

Stilelemente und Begriffe der gotischen Baukunst

Wesentliches konstruktives Merkmal der Gotik ist die Auflösung der bisher weitgehend geschlossenen Gewölbe- und Wandflächen zum »Skelettbau«, in dem die Kräfte des lastenden Gewölbes über Rippen, Dienste, Strebebögen und Strebepfeiler abgeleitet werden. Die Verwendung des Spitzbogens erlaubt es dem Baumeister, je nachdem in welchem Winkel der Bogen in seinem Scheitel geknickt wird, sich nicht nur aus dem Zwang des quadratischen Gewölbegrundrisses zu lösen, sondern im Zusammenwirken mit dem Strebesystem auch weitere Räume zu überspannen. Die Wände können durch Arkaden, Triforien und Fenster freier gegliedert werden. Je nach ihrem Heimatland und ihrem Bauherrn – reiche Bürgerschaft, Bischof, Bettelorden – kommt es zu reicherer oder schlichterer Ausprägung der gotischen Kirche.

Archivolte	*Bogeneinfassung, in mehrfacher Staffelung vor allem beim gotischen Kirchenportal als Fortsetzung der seitlichen Portalsäulchen, vielfach mit Archivoltenfiguren geschmückt.*
Arkade	*Bogen über zwei Stützen, Grundelemente der Bogenreihe.*
Backsteingotik	*Die vor allem in Nord- und Ostdeutschland verbreitete Form der Gotik, die auf den Backstein als Baumaterial zurückgreift, da anstehendes Gestein als Baumaterial nicht vorkommt. Ritterorden, Zisterzienser und die Hanse sind Träger dieses Stils.*
Basilika	*Kirchenbau mit hohem Langhaus und niedrigeren Seitenschiffen. Ursprünglich Form der römischen Gerichtshalle.*
Bauhütte	*Arbeits- und Lebensgemeinschaft der an einem großen Kirchenbau tätigen Baumeister, Steinmetze, Schmiede.*
Birnstab	*Rippe mit birnförmigem Querschnitt.*
Blendbogen, Blendfenster, Blendmaßwerk	*Auf das Mauerwerk zur Gliederung aufgesetzte, rein dekorative Elemente, die selbst keine Funktion haben.*
Bündelpfeiler	*Gruppierung mehrerer Dienste oder Säulchen um einen Pfeiler. Entsprechend Bündelsäule.*
Chorhaus	*Der einfache, rund abgeschlossene romanische Chor wird zum vieleckigen, von den verlängerten Seitenschiffen umzogenen und mit Kapellen besetzten Chorhaus der Gotik.*
Chorumgang	*Entstanden durch Verlängerung der Seitenschiffe.*
Dachreiter	*Kleines, auf das Dach aufgesetztes Türmchen, cha-*

	rakteristisch vor allem für die ansonsten turmlosen Kirchen der Zisterzienser und Bettelorden.
Dienste	*Säulchen, die – um Pfeiler oder Säulen angeordnet – optisch die nun nicht mehr im Kapitell endenden Gewölberippen und deren Gewölbelast nach unten weiterleiten.*
Dreipaß	*Kleeblattförmige, mit dem Zirkel konstruierte Form innerhalb eines Kreises. Siehe auch Paß.*
Empore	*Geschoß in Form einer Galerie über den Seitenschiffen oder als Umgang im Zentralbau. In manchen gotischen Kirchen zusätzlich zwischen Arkaden und Triforium (z. B. Limburg a. d. Lahn).*
Faltwerk	*Geschnitzte Parallelfalten in Holzflächen, vor allem im Mobiliar der Spätgotik und Renaissance.*
Fächergewölbe	*Fächerförmig von einer Säule ausstrahlende Gewölberippen.*
Fensterrose	*Großes, vielfältig durch Maßwerk untergliedertes Rundfenster in gotischen Kirchenfassaden.*
Fiale	*Vierkantiges, spitz auslaufendes Ziertürmchen auf Pfeilern und Wimpergen gotischer Kirchen.*
Figurierte Gewölbe	*Gewölbe, deren Rippen geometrische Muster, sogenannte Netz- oder Sterngewölbe, bilden. Vor allem in der Spätgotik.*
Fischblase, Flamboyant	*Fisch- oder flammenförmige Form spätgotischen Maßwerks.*
Galerie	*Empore, Laufgang oder sonstige Arkadenreihe in Fassade oder Wand.*
Gesprenge	*Kunstvoll geschnitzter, turmartiger Aufbau auf einem Altar oder Schrein der Spätgotik.*
Gewölberippe	*Siehe Rippe.*
Gewändefiguren	*Die schräg in die dicken Mauern eingearbeiteten Portal- oder Fensterwangen wurden vielfach mit Figuren besetzt, die nach dieser auch Gewände genannten Fenster- oder Portalwange ihren Namen erhielten.*
Gratgewölbe	*Gewölbe, das aus der Durchdringung zweier Wölbungen entsteht. Die Schnittlinien bilden Grate.*
Gurtbogen	*Bogen quer zum Schiff zwischen zwei Gewölbefeldern.*
Hallenkirche	*Alle Gewölbe der Haupt- und Seitenschiffe liegen in dieser Kirche auf gleicher Höhe.*
Joch	*Gewölbefeld des Hauptschiffes mit den zugehörigen Gewölbefeldern der Seitenschiffe.*

Kämpfer	*Widerlager des Gewölbes.*
Kapitelsaal, Kapitelhaus	*Raum oder Haus eines Klosters, in dem Kapitel der Heiligen Schrift zur Verlesung kamen. Versammlungsort der Klostermitglieder.*
Kathedrale	*Ursprünglich Bischofskirche mit Bischofsstuhl (griech. cathedra), dann allgemein große Kirche, meist Dom oder Münster.*
Knagge	*Stützholz eines überstehenden, tragenden Balkens, oft figürlich geschnitzt.*
Königsgalerie	*Arkaden mit Königsfiguren, vor allem in den Fassaden französischer Kirchen.*
Kreuzblume	*Pflanzlich geformter Kreuzstein als Abschluß gotischer Türme oder Fialen.*
Kreuzgang	*Gedeckter Umgang um den Klosterhof.*
Kreuzgewölbe	*Entsteht durch Schnitt zweier sich senkrecht durchdringender Tonnengewölbe. Im Schnitt entsteht ein Kreuzgrat.*
Maßwerk	*Ornamental-geometrische Fenster- und Fassadengliederungen aus Steinrippen, deren Form rein mit Zirkel und Lineal konstruiert wurde.*
Münster	*Ursprünglich Klosterkirche (von lat. monasterium), heute vor allem in Süddeutschland Bezeichnung für alle großen Kirchen, insbesondere Bischofskirchen – entsprechend dem Dom.*
Netzgewölbe	*Siehe figurierte Gewölbe.*
Paß	*Mit dem Zirkel im Kreis konstruierte mehrblättrige Figur (Dreipaß, Vierpaß, Fünfpaß usw.). Teil des Maßwerks.*
Pilaster	*Der Wand vorgelegter Pfeiler.*
Portal	*Das gotische Portal wird in seinen schrägen Gewänden und Archivolten reich mit Säulchen, Rippen und Figuren geschmückt, so daß ein eigenes Kunstwerk entsteht.*
Pultdach	*Schräges Dach über den Seitenschiffen.*
Rippe	*Die Gewölberippen unterschiedlichster Querschnittprofile überspannen die gotischen Kirchenschiffe wie ein Netzwerk, sei es schlicht in der Linienführung der einstigen Gewölbegrade oder reich in vielfältigem Ornament wie bei den Netz- und Sterngewölben. Sie entstehen zuerst als Brücken von Säule zu Säule, von Wand zu Wand, erst im zweiten Arbeitsgang werden die Gewölbefelder dünn ausgemauert.*

Schöner Stil	*Besonders anmutig-liebliche Darstellungsform vor allem der Madonnen etwa um 1500, hervorgegangen aus der Verschmelzung idealisierender und naturalistischer Elemente. Stärkere Vergeistigung führt zum »Gotischen Schwung«, einer S-förmigen Körperhaltung, die der Plastik Schwerelosigkeit gibt.*
Spitzbogen	*Ein im Scheitel geknickter bzw. aus zwei Bogen spitz zusammengesetzter Rundbogen.* *Je nach Winkelgröße seiner Spitze lassen sich verschieden große Räume überspannen.*
Strebebogen	*Bogen zwischen Hauptschiff und Außenpfeiler.*
Strebepfeiler	*Direkt der Außenwand aufgesetzter Pfeiler, der die nach außen drückenden Kräfte des Baus und vor allem der Gewölbe auffängt, oder frei neben den Seitenschiffen aufragender Pfeiler, auf den die Kräfte durch Strebebogen übertragen werden.*
Strebewerk	*Das System von Strebebogen und Strebepfeilern, das die lastenden Kräfte des Baukörpers auffängt und ableitet.*
Schlußstein	*Meist bildlich gestalteter Stein im Zentrum von Rippengewölben oder Portalwölbungen.*
Triforium	*Für die gotische Wandgliederung des Hauptschiffes typische Galerie, meist Laufgang, zwischen unterer Bogenreihe und Fenstern des Obergaden.* *Das Triforium liegt im ›toten Raum‹ des Pultdaches über den Seitenschiffen.*
Triumphbogen	*Bogen zwischen Chor und Hauptschiff.*
Turmfassade	*In Deutschland wird die vertikal betonte, steil nach oben weisende Einturm- oder Zweiturmfassade mit durchbrochenen Turmhelmen bevorzugt, mit Ausnahme der Zisterzienser- und Bettelordenkirchen, die auf Türme verzichten.* *Frankreich und England entwickelten stärker im Gleichgewicht von Vertikale und Horizontale befindliche Fassaden.*
Tympanon	*Feld über dem Portal, in der Gotik streifenweise reich mit Figurenschmuck versehen.*
Wasserspeier	*Figürlich als Fabelwesen und Dämonen gestaltete, schräg nach unten überkragende Wasserrinnen des Dachgeschosses.*
Wimperg	*Schmuckgiebel über gotischen Portalen und Fenstern oder den Wänden vorgeblendet, reich mit Fialen und Maßwerk gestaltet.*

Gotische Architektur in Deutschland

Obgleich den deutschen Baumeistern die ausgereifte Gotik der französischen Kathedralen wohl bekannt war, entwickelten sie in ihrer Heimat einen eigenständigen frühgotischen Stil. Gegen 1250 werden spätromanische, frühgotische und hochgotische Bauten nebeneinander aufgeführt. Der Durchbruch der Kathedralgotik französischer Prägung, vorbereitet mit dem Chorbau des Magdeburger Domes (um 1220) und mit dem Westchor des Bamberger Domes (vollendet 1237), vollzieht sich in den Neubauten des Kölner Domes (1248 begonnen) und des Straßburger Münsters. Köln, das so lange an der bodenständigen Tradition des Spätromanischen in einer besonders reichen Ausprägung festgehalten hatte, schließt sich jetzt ganz entschieden an die Vorbilder der Kathedralen von Amiens und Beauvais an. In Grundriß und Aufriß entspricht der Kölner Dombau, der wie viele gotische Bauten erst in der romantischen Begeisterung des 19. Jahrhunderts vollendet wurde, weitgehend der Kathedrale von Amiens. Durchaus eigenständig ist dagegen die im Mittelalter zwar noch geplante, aber damals nur zum geringsten Teil ausgeführte Fassade. Sie wird in einer dem französischen Empfinden fremden Weise von den beiden mächtigen Türmen beherrscht.

Schönes Beispiel für diese deutsche Liebe zu den Türmen ist der Turm des Freiburger Münsters, erbaut von etwa 1280 bis gegen 1350, kunstvoll in einer durchbrochenen, filigranartigen Spitze endend. Er gibt damit zugleich ein Beispiel für die Sonderentwicklung der Gotik in Deutschland, die zur Eintürmigkeit neigt. Vielfach sind diese Türme nicht nur im Hinblick auf die zugehörigen Kirchenbauten konzipiert. Oft erscheinen sie wie ein Wächter der ganzen Stadt, wie ein Zeichen ihres Stolzes.

Auch in der Gestaltung des Innenraumes geht die Entwicklung der gotischen Architektur in Deutschland von Anfang an ihren eigenen Weg. Die Marburger Elisabethkirche, erbaut 1235 bis 1283 über dem Grab der bereits 1235 heilig gesprochenen Landgräfin Elisabeth von Thüringen, weist als erste Kirche auf deutschem Boden rein gotische Formen und Konstruktionen auf. Die Baumeister zeigen hier deutlich die Schulung, die sie in französischen Bauhütten erhalten hatten. Formen, die aus Reims, Soissons und Lyon stammen, lassen vielfach die Ableitung der Bauformen erkennen. Die eigentliche Absicht aber zielte darauf, mit den übernommenen Mitteln zwei echte deutsche Baugedanken zu verwirklichen. Der Grundriß folgt nämlich mit dem Dreikonchenchor älterer rheinischer Tradition, und in der Hallenform des Langhauses lebt das überlieferte Raumideal westfälischer Prägung

weiter. Die Eigenart der Hallenkirche besteht darin, daß alle Schiffe des Langhauses gleich hohe Gewölbescheitel haben. Der Kirchenraum wird also nur durch die Fenster der Seitenschiffe, nicht wie beim basilikalen Typus zusätzlich durch die hochgelegenen Fenster des Mittelschiffs belichtet. Von nun an ist die deutsche Gotik vor allem die Gotik der Hallenkirchen. Sie werden in Westfalen folgerichtig weiterentwickelt, in Hessen, in Schwaben, in Baiern, in Franken ebenso wie in Böhmen und Sachsen. Dabei wird das klassische System der französischen Gotik immer mehr aufgegeben. Die Profile der Pfeiler werden verschliffen, die Lisenen verschwinden, und schließlich bleiben schlanke Pfeiler ohne Kapitelle und *Kämpfer (K, Seite 228)* übrig, denen unvermittelt die scharfen Gewölberippen entwachsen. Dadurch ist eine Vereinheitlichung und Zusammenfassung des Raumes möglich, in dem alle Schiffe ohne Trennung ineinander übergehen. Der Kirchenraum ist nicht mehr hieratisch, d.h. vorwiegend den liturgischen und kirchlichen Funktionen entsprechend in ›Einzelräume‹ untergliedert. Die Hallenkirche ist eher ein zusammenhängender ›Gemeinderaum‹, unter dem mächtigen Kirchendach zu einer Einheit zusammengeschlossen.
Auch die Liebfrauenkirche in Trier, begonnen vor 1242, ist trotz des hier ebenfalls angewendeten französischen ›Bauvokabulars‹ eine durchaus individuelle und originelle Schöpfung. Sie ist eine Nebenkirche des dortigen Domes. So übernahm die hier tätig gewordene Bauhütte die für eine solche Funktion auch übliche Zentralform. Man fügte gleichsam zwei durchfensterte Chöre in der Art französischer Kathedralgotik aneinander, so daß als Grundrißform ein griechisches Kreuz entstand.
Beim Weiterbau des Straßburger Münsters blieb das spezifisch deutsche Raumgefühl schon durch den Anschluß an den kurz vor 1250 vollendeten spätromanischen Ostbau und durch die Weiterbenutzung der Langhausfundamente des frühromanischen Vorgängerbaus gewahrt. Von 1240 an werden gotische Formen durch die Straßburger Hütte, die ihrerseits wieder ganz Deutschland beherrschte, aufgenommen. 1275 konnten die Gewölbe des Langhauses geschlossen werden. Da die Hüttenmeister ein gleichseitiges – nicht nur gleichschenkliges – Dreieck als Maßregel für den Aufbau des Langhauses wählten, blieb dem Bau der Eindruck des Ruhenden und Gelagerten trotz der Spitzbogenwölbung erhalten. Die Grundlinie dieses Dreiecks bildet die Gesamtbreite der drei Schiffe. Die seitlichen Schenkel führen von dem Fußpunkt der Außenmauern der Seitenschiffe bis zum Scheitelpunkt des Mittelschiffgewölbes. 1277 begann man dann mit dem Bau der Westfassade. Bischof Konrad von Lichtenberg entschloß sich damals,

das alte Westwerk abzubrechen, um seiner Bischofskirche eine neue, ›moderne‹ Fassade zu geben. Der erhaltene Fassadenriß, nach dem der Bau auch begonnen wurde, zeigt das französische Vorbild deutlich in den drei wimperggekrönten Portalen und in der zentralen Fensterrose. In deutscher Tradition steht dagegen das stärkere Betonen der Türme, die sich oberhalb des zweiten Geschosses frei aus der Fassade lösen sollten. Dieses in sich sehr ausgeglichene Projekt wurde im Verlaufe der Bauzeit, die sich über 150 Jahre hinzog, wiederholt und entscheidend abgeändert. Dennoch ist die Westfassade des Straßburger Münsters ein Werk von höchster, kaum zu übertreffender Schönheit geworden. Statt der geplanten Doppelturmfront kam über dem hohen Unterbau nur der eine, kühne Turmbau zur Ausführung. 1439 vollendet, zählt er zu den wagemutigsten Schöpfungen der späten Gotik in Europa. Mit seiner außerordentlichen Höhe von 142 Metern ist der Turm zum Symbol der mittelalterlichen Stadt und ihrer Gesellschaft geworden. Bezeichnend ist auch der Wechsel der Bauherrschaft in diesen 150 Jahren. Lag sie anfangs beim Bischof, seit 1263 beim Domkapitel, so ging 1286 die Verwaltung der ›Münsterfabrik‹ an die Stadt über, die seitdem Stiftungen und Schenkungen für die Baufinanzierung und Bauunterhaltung der Kathedrale verwaltete.
Mehr und mehr wird die deutsche Gotik seit dem 13. Jahrhundert eine Baukunst der Hallenkirche. Vor allem die beiden *Bettelorden (K, Seite 271)*, die Franziskaner und Dominikaner, die sich insbesondere um die Seelsorge der Stadtbürger bemühen, greifen diese Bauform auf, wandeln sie aber ihren Bedürfnissen entsprechend ab. Das Programm dieser Orden war auch im Kirchenbau Einfachheit und – da sie besonders die Predigt pflegten – Weiträumigkeit. Ein sehr frühes Beispiel ist die Franziskanerkirche in Würzburg, erbaut bald nach 1250, und die Dominikanerkirche in Frankfurt (um 1240). Wie die Hallenkirche die Anzahl der Bauglieder im Aufriß reduziert – sie kennt keine Staffelung, kein Strebewerk – so findet auch bei der Basilikaform eine Vereinfachung des komplizierten französischen Systems statt. Man verzichtet auf das *Triforium- (K, Seite 229)* oder auf das Emporengeschoß; es entfallen, wie beispielsweise am Regensburger Dom (um 1270–1325), der Chorumgang und der Kapellenkranz.

Die »Deutsche Sondergotik«

Mit der Mitte des 14. Jahrhunderts tritt die deutsche Gotik in ihre Spätzeit ein. 1351 begannen Angehörige der Baumeisterfamilie der Parler den für die Wende entscheidenden Bau: den Hallenchor des

ERWIN VON STEINBACH

Er war einer der Baumeister des Straßburger Münsters und stand im Zentrum des Aufsatzes »Von deutscher Baukunst«, den Goethe 1773, überwältigt vom Erlebnis des Münsters, niedergeschrieben hatte.
Erwin von Steinbach begann vermutlich 1277 den Bau der Straßburger Münsterfassade nach dem sogenannten »Riß B«, von dem man früher annahm, Erwin habe ihn selbst gefertigt. Urkundlich wird er erst 1284, mit Sicherheit sogar erst 1293 und 1316 erwähnt. Wann Erwin von Steinbach die Leitung der Münsterbauhütte in Straßburg übernommen hat, welcher Anteil an dem Entwurf und an der Ausführung der Fassade ihm zugesprochen werden darf, ist daher umstritten. Wahrscheinlicher ist, daß Erwin von Steinbach erst 1284 die Leitung der Bauhütte antrat. Doch bereits 1277 war die Fassade nach dem französisch bestimmten Riß B zu bauen begonnen worden. Vermutlich war man 1284 noch mit dem Bau der Portale befaßt. So dürfen Erwin von Steinbach der innere Aufbau des Westbaues und das Rosengeschoß der Fassade zugeschrieben werden. Die große Rose ist einer der schönsten Gedanken der Fassade. Sechzehnblättrig ausstrahlend ist diese Rose in die glatte Wand eingeschnitten. Die Zwickel ihrer quadratischen Rahmung füllen spitzenartige Rosetten und lilienbesetzte »Nasen«. Erst nach Erwin von Steinbachs Tod wurden durch seinen Sohn Johannes dieses Fassadengeschoß, erst 1365 die Obergeschosse der zunächst geplanten Doppeltürme vollendet. Nach 1384 wurde die Glockenstube über der Rose eingefügt und die Plattform geschaffen, über deren Nordteil bis 1439 der hohe Einturm errichtet wurde. Daß der junge Goethe 1771 diesen enormen architektonischen Entwurf als Einheit sah, war berechtigt; Erwin von Steinbach prägte, auch wenn sein Anteil am Münsterbau nicht scharf abzugrenzen ist, mit Anlage und Bau von Erdgeschoß und Rosengeschoß die entscheidende Zone der Schauseite.
Er starb am 17. Januar 1318 in Straßburg. Sein Epitaph, das Goethe 1771 vergeblich suchte, steht in der Laurentius-Kapelle des Straßburger Münsters. (H. M.)

Ausklang und Höhepunkt der Gotik. *Auf ehemaligem deutschen Kulturgebiet errichteten die Baumeister Jakob Hellwig aus Schweinfurt und Jörg von Maulbronn eine Stadtpfarrkirche. Besonders die Innenausstattung der*

Hallenkirche ist bemerkenswert: reiche spätgotische Netzgewölbe mit sternförmigen und ornamentalen Rippen. Die einzelnen Gewölbefelder sind floral ausgemalt. Brüx/CSSR (tschech. Most), Stadtpfarrkirche.

Heiligkreuzkirche in Schwäbisch-Gmünd. Die hier und damit begonnene Entwicklung war bereits auf das Endziel, das um 1500 erreicht wurde, eingestellt. Schlanke Rundpfeiler tragen das Gewölbe des Hallenchores. Zwischen den eingezogenen Strebepfeilern ergeben Kapellen im Innenraum eine zweite, malerische Raumfolie. Gleichzeitig betonen die geschlossenen Kapellenwände in der Außenerscheinung des Chores den beabsichtigten Eindruck einer gelagerten Breite. Die an diesem Bau beteiligte Baumeisterfamilie der Parler ist bald zur erfolgreichsten Sippe von Baumeistern im deutschen Raum geworden.
1353 (oder 1356) wurde Peter Parler als Hüttenmeister an den Dom zu Prag berufen. Dort übernahm er einen Bau, der bereits in der Tradition der französischen Kathedralgotik begonnen worden war. Doch schon die Gewölbe der Seitenkapellen (um 1360) und die Gewölbe des Hochchores (um 1375) bezeichnen den Anfang der ›figurierten‹ Gewölbe in Deutschland, deren Rippen jetzt zunehmend plastischer ausgearbeitet und damit betont werden. Von Schwäbisch-Gmünd und von Prag her entwickelt sich ein Nationalstil der Spätgotik, den man mit Recht wegen seiner Eigenarten als »Deutsche Sondergotik« gekennzeichnet hat. Was ihn charakterisiert, sind die einfache, oft fast karge Erscheinung des Außenbaues mit großen Dachflächen, die schlanken Pfeiler des Innenraums, die ohne Kapitelle in die phantastisch reichen und komplizierten Rippengewölbe übergehen. Die schlanken Stützen erlauben zudem mannigfache Durchblicke durch den Gesamtraum, der sich dem Blick als eine erfaßbare Einheit darbietet, während er noch im 13. Jahrhundert in eine Anzahl paralleler Einheiten aufgeteilt war, die sich erst beim Durchschreiten des Raumes erschlossen.
Einer der großen, im Parlerkreis geschulten Baumeister des frühen 15. Jahrhunderts war Hans Stethaimer, Schöpfer so mächtiger Hallenkirchen wie der Stadtpfarrkirchen in Landshut (begonnen 1380) und Straubing (begonnen 1415). Hans Stethaimer, der aus Burghausen stammte, bevorzugte den Typus der Hallenkirche, verwendete als Baumaterial vor allem Backstein und beschränkte sich auf nur wenige Ornamente am Bau. In der Salzburger Franziskanerkirche, deren Chor er nach 1408 baute, sind die langen, schlanken Chorpfeiler das schönste Motiv des Baues. Sie sind so angeordnet, daß ein einzelner Pfeiler – wie in Schwäbisch-Gmünd – genau im Osten, d. h. in der Mittelachse des Raumes steht. Der Betrachter nimmt dadurch nicht den Zwischenraum zweier Pfeiler wahr, der von dem Licht, das durch das mittlere Chorfenster strömt, malerisch umspielt wird. Andere große Kirchen dieses Jahrhunderts sind die Stadtpfarrkirchen Nördlingen (begonnen 1427), Dinkelsbühl (ab 1448) und Amberg (ab 1421), der Chor der Lorenzkirche Nürnberg (ab 1439) und die Münchner Frauenkirche (ab 1468).

PETER PARLER

Peter Parler entstammte einer weitverzweigten deutschen Baumeister- und Bildhauerfamilie des 14./15. Jahrhunderts, deren Name von der Berufsbezeichnung für den zweiten Baumeister (Parlier – Polier) abgeleitet ist. In drei Generationen hinterließen die Mitglieder dieser Familie – mehr als ein Dutzend sind bezeugt – von Köln bis Bozen, von Straßburg bis Krakau und Wien bedeutende Werke. Die Ausstrahlung ihrer Kunst, mit der erst die eigentliche Spätgotik beginnt, reichte noch weit über diesen Raum hinaus nach Siebenbürgen, Oberitalien und Frankreich.

Peter Parler war der Sohn des Stammvaters der Familie, Heinrich Parler, der aus Köln als Werkmeister des Heiligkreuzmünsters nach Schwäbisch-Gmünd gekommen war. Dort wurde Peter 1330 (oder 1333) geboren. Seine Lehrzeit hat er bei seinem Vater absolviert, seine Wanderschaft führte ihn an den Oberrhein und nach Köln, wo er seine erste Frau Gertrud, Tochter des Steinmetzen Bartholomäus von Hamm, kennenlernte. Als Dreiundzwanzigjähriger wird er 1353 (oder 1356) von Kaiser Karl IV. als »magister« und Nachfolger des Matthias von Arras an den Prager Veitsdom berufen. Er übernimmt dort einen Bau, der als gotische Kathedrale angelegt ist; aber Peter Parler fügt Elemente hinzu, die seine unverwechselbare Handschrift verraten. Hier ist Peter Parler auch als Bildhauer tätig geworden. Er schuf die Grabmäler der Könige Ottokar I. und Ottokar II. und die porträtähnlichen Bildnisse der Verwandten und Ehefrauen Karls IV. Inmitten dieser Herrscherbildnisse am Triforium hat sich Peter Parler selbst dargestellt. Dies unterstreicht seine angesehene Stellung am Prager Kaiserhof. Die Beischrift führt seine großen Bauwerke auf: Chor der Allerheiligenkirche, Moldaubrücke in Prag, Chor der Kirche in Kolin / Elbe. Am 13. Juli 1399 ist Peter Parler in Prag gestorben; 1928 wurde sein Grabstein wieder aufgefunden. *(H. M.)*

***Ein Sternengewölbe** schließt den weiten Chorraum der Lorenzkirche in Nürnberg ab. Er öffnet sich aus einem schmalen Mittelschiff mit abgetrennten Seitenschiffen, 1477 vollendet und wohl der schönste deutsche Hallenchor.*

Diese besitzt noch die traditionellen Westtürme, aber die Leidenschaft der spätgotischen Bürgerkirchen war der Einturm, so hoch und so kühn, wie man ihn riskieren und sich leisten konnte. Diese Entwicklung kulminiert im Turm des Ulmer Münsters, das 1377 mit dem Chorbau begonnen worden war. Um 1390 legte Ulrich von Ensingen den Plan für den kolossalen Westturm vor. Die unteren Partien gehen direkt auf ihn zurück, der weitere Ausbau wurde durch diesen Plan in den Grundzügen festgelegt, freilich erst im 19. Jahrhundert zu Ende

***Veitsdom auf dem Prager Hradschin.** Ein Blick in den 1385 geweihten Hochchor. Matthias von Arras und Peter Parler waren die Baumeister des Chores, das Langhaus wurde erst 1929 fertiggestellt.*

geführt. Die Mehrzahl der genannten Kirchen waren Stadtpfarrkirchen. Auch das ist charakteristisch für die Zeit der Spätgotik. Im norddeutschen Gebiet sind die wichtigsten Backsteinbauten die Marienkirche in Lübeck und die Marienkirche in Danzig. Doch was den internationalen Ruhm der norddeutschen Baukunst des Mittelalters mehr als alles andere bestimmt hat, sind die Bauten des Deutschen Ordens, die Marienburg, Marienwerder und in diesem Zusammenhang auch das Rathaus in Thorn, eines der größten Rathäuser dieser Zeit in Europa.

Andere bedeutende spätmittelalterliche Rathäuser sind die in Stralsund mit dem besonders schönen Spiel der Ziegeldekoration, in Braunschweig und in Köln der »Gürzenich«, ein städtischer Saalbau. In Lübeck hat sich außer dem Rathaus des späten 13. und frühen 14. Jahrhunderts das monumentale Hl.-Geist-Spital aus der gleichen Zeit erhalten. In vielen Städten bestimmen die Bürgerhäuser der gotischen Zeit trotz aller Verluste, besonders auch durch die Zerstörungen des Zweiten Weltkrieges, das Gepräge der alten Viertel. Zumeist sind es Fachwerkbauten.
Der Übergang von der Burg zum Schloß vollzog sich ebenfalls in der Spätzeit der Gotik, wenn auch aus politischen Gründen in einem wesentlich langsameren Prozeß, als dies etwa in Frankreich der Fall war. Er läßt sich auf einzelnen Burgen verfolgen, so z. B. in Meißen, deren Neubau Arnold von Meißen nach 1470 für die beiden Brüder Kurfürst Ernst und Herzog Albrecht errichtet hat, oder auf dem Hradschin in Prag. Dort hat Benedikt Rieth 1493 den Wladislaw-Saal begonnen. Hier zeigen sich bereits italienische Renaissancemotive, unvollkommen verstanden zwar, aber doch ein Zeichen der kommenden Abkehr von der Gotik.

Gotische Plastik und Malerei

Wie die gotische Architektur erfuhr auch die gotische Plastik ihre erste Ausbildung im Herzen Frankreichs, in der Île de France. In engster Verbindung zum Bauwerk, ja die Skulptur geradezu aus der Säule entwickelnd, wird die Plastik schließlich doch mehr als nur schmückendes Beiwerk; sie gibt an den Portalen, an Strebepfeilern und in den *Archivolten (K)* der großen Kathedralen in umfassenden Bilderzyklen die ganze christliche Vorstellungswelt wieder. So finden sich zum Beispiel an der Kathedrale von Chartres über 8000 Bildwerke. Die starren *Gewändefiguren (K, Seite 227)* an den Portalen stehen am Anfang der Entwicklung. Bald jedoch zeigen die Köpfe ein sehr persönliches, individuelles Leben, und auch die Körperformen gewinnen mehr Bewegungsfreiheit. Gerade von diesen Figuren waren die deutschen Bildhauer, vielfach in Frankreich geschult, sehr beeindruckt. Tiefstes Anliegen der Bildhauer war es, seelische Regungen der Menschen zum Ausdruck zu bringen. Es gelang ihnen mit diesen Bildwerken, die höchste Aufgabe der bildenden Kunst zu meistern: die Wiedergabe von Geist, Gefühl und Seele im schönen Menschenbild.
Schon in dieser Frühzeit erfährt die gotische Statue ihren plastischen Ausdruck durch das in kunstvollen s-förmigen Falten um den Körper

gelegte Gewand. Die »Gewandfigur« ist typisch für die kommenden Jahrhunderte und bleibt eine immer neue Lösungen heischende Aufgabe für die Bildhauer.

In rascher Folge entstehen auch an den deutschen Domen seit etwa 1220 die klassischen Schöpfungen der frühgotischen Bildhauerei, die wir mit dem Begriff »staufische Skulptur« verbinden: der Bamberger Reiter und die Stifterfiguren von Naumburg (siehe Band 3). Sie markieren bereits den schmalen Grat der klassischen Epoche innerhalb der gotischen Bildkunst. Der gleiche Meister, dem wir die Stifterfiguren danken, schuf am Westlettner des Naumburger Domes nach 1250 die Passion Christi. Zum ersten Mal wird hier das Geschehen als menschliches Schicksal begriffen; Christus wird nicht mehr als triumphierender König, der jenseits allen Leidens steht, sondern als der Dulder verstanden.

Im 14. Jahrhundert erhält die Plastik andere Aufgaben. Unter dem Einfluß der Mystik entstehen die Andachtsbilder. Sie heben aus dem Geschehen der Evangelien die gefühlsbetonten Szenen heraus: aus dem Abendmahl die innige Begegnung zwischen Christus und dessen Lieblingsjünger Johannes; aus der Geißelung den Schmerzensmann; aus der Grablegung Christi das Bild der Mutter Maria, die ihren toten Sohn im Schoß trägt. Viele andere Darstellungen wie das Weihnachtsbild oder die Marienbilder erhalten, aus der gleichen Quelle der mystischen Betrachtung gespeist, eine neue seelische, sehr persönliche Tiefe. Die Figuren verlieren nun an körperlicher Fülle, sie werden von Linien überschwungen, die den Blick über die Gestalt hinausführen. Am stärksten wird in den Grabmälern, wie dem des Bischofs Otto von Wolfskeel († 1345) im Würzburger Dom, der als asketischer Aristokrat dargestellt ist, die Rückwendung zu der christlichen und urmenschlichen Sehnsucht nach Erlösung deutlich. In der zweiten Hälfte des 14. Jahrhunderts wurde die Plastik – weitgehend durch die Parler mitbestimmt – vorübergehend von einem ausgeprägt realistischen Zug erfaßt. Dieser Realismus weicht um 1400, im sogenannten »Weichen Stil«, einer eleganten, gemütstiefen und reichen Beseeltheit, der wir vor allem die sogenannten »Schönen Madonnen« verdanken. Aus Kalkstein oder Steinguß gearbeitet, kostbar bemalt, dienten sie als Andachtsbilder und waren einzeln im Kirchenraum aufgestellt. Dieser Gruppe, die mehr im östlichen Ausstrahlungsbereich der Gotik beheimatet ist, entspricht in der Rheingegend eine andere ›Familie‹ von stehenden Madonnen von höchster Qualität. Sie deuten ein französisches Vorbild in vielen Varianten um und variieren es über Jahrzehnte hin. In ihnen wird deutlich, daß spielerische und verspielte, aber auch tänzerische Züge ganz eng mit der Gotik verbunden sind, auch wenn sie

Hallenkirche mit originellem Chorschluß. *Nur ein Pfeiler steht in der Mitte des Hauptchors, den, wie auch Haupt- und Seitenschiffe, ein reiches Netzgewölbe überzieht. Landshut, Heilig-Geist-Kirche.*

Erste große Hallenkirche in Süddeutschland. *Baumeister aus der Parler-Familie schufen das Innere der Heilig-Kreuz-Kirche: mächtige Rundstützen, fein verzierte Kapitelle und herrliches Netzgewölbe. Schwäbisch-Gmünd.*

Ein asketischer Aristokrat. *Ohne körperliche Fülle, dafür von Linien überschwungen, die den Blick über den Abgebildeten hinausführen sollen: Grabmal des Bischofs Otto von Wolfskeel. Würzburg, Dom.*

etwas abwertend unter dem Begriff des »Preziösen« (lat.-frz., geziert, gekünstelt) aufgeführt werden.
Die gotische Malerei entwickelt sich ähnlich wie die Plastik. Die Wandmalerei (wie z. B. die Fresken auf der Insel Reichenau, siehe Band 1) trat um so mehr zurück, je konsequenter die Wandflächen architektonisch-baulich ›aufgelöst‹ wurden. Statt dessen erhielt die Glasmalerei große Aufgaben. Seit der Mitte des 14. Jahrhunderts begann, besonders in Deutschland selbst und in den Niederlanden, das Tafelbild eine überragende Stellung einzunehmen. In der Auseinandersetzung mit dem »weichen« französischen Stil und der Kunst des

Italieners Giotto bildet sich in der böhmischen Malerschule nach 1350 eine naturnahe und zugleich höfische Malerei heraus. Mit Meister Bertram, der aus Westfalen stammte und zwischen 1367 und 1410 in Hamburg tätig war, erwächst der deutschen Malerei die erste mit Namen faßbare Persönlichkeit, dessen Werke ›ideale‹ gotische Schönlinigkeit mit ersten ›realistischen‹ Ansätzen einer niederdeutschen Drastik verbinden. Am Rhein und in Westfalen entwickelt sich besonders der aus Burgund stammende Malstil weiter, dessen idealisierende Empfindsamkeit der »Schönen Madonnen« der gleichzeitigen Plastik entspricht. Gegen Ende des 14. Jahrhunderts wird dann der Bildstil eckiger, die Maler suchen nach plastisch-räumlicher Darstellung. Zugleich wird ein neuer Wirklichkeitssinn spürbar.
Um 1400 wird die Loslösung der Kunst aus dem mittelalterlichen Weltbild spürbar. Wie die geographischen Entdecker um 1500 die Welt ›erfuhren‹, so erfuhr im Jahrhundert zuvor die Kunst die Welt. Ihr Ziel war dabei nach Jacob Burckhardts (Baseler Kulturhistoriker, 1818–1897) bekanntem Wort »die Entdeckung der Welt und des Menschen«. In diesem Zielstreben ähnelten sich die Künstler im Norden und Süden Europas, obwohl sie ihre jeweils typische Formsprache hatten. Nördlich der Alpen freilich vollzog sich die große Wende zum Individualismus und Realismus unabhängig von den Vorbildern der Antike. Zumal die niederländischen Maler gingen ihre eigenen Wege. Sie stellten die Mannigfaltigkeit aller Dinge mit so penibler Sachtreue dar, daß der Portinari-Altar des Hugo van der Goes, den er im Auftrag einer florentinischen Familie 1476–1478 geschaffen hatte, bei seinem Eintreffen in Florenz wegen seiner realistischen Schilderung der Details eine Sensation hervorrief. Eine andere Leistung der niederländischen Malerei war die Luftperspektive mit ihrer Abstufung der einzelnen Bildhintergründe bis zu ihrem völligen Verschwinden im blauen Dunst der Ferne. Damit war der Weg für die Landschaftsdarstellung beschritten. Erste Darstellungen von Städten und Bergen finden wir gegen Ende des 15. Jahrhunderts vermehrt auf den Hintergründen der niederländischen und deutschen Altartafeln.

Der Schnitzaltar

Im Jahr 1331 ließ der Propst des niederösterreichischen Stiftes Klosterneuburg die kostbaren Emailtafeln einer Kanzelverkleidung, 1181 geschaffen und mit Mühe aus einem Kirchenbrand gerettet, zu einem Altaraufsatz umarbeiten. Damit beginnt eine Entwicklung, die nach einem Jahrhundert zum sogenannten Wandelaltar führt. Aus dieser Ent-

***Spätgotische deutsche Schnitzkunst.** G. Erhart schuf 1493 die fünf überlebensgroßen Figuren des Mittelschreins für den doppelten Wandelaltar mit beidseitig bemalten Außenflügeln. Blaubeuren, Klosterkirche.*

wicklung geht um 1450 der süddeutsche Schnitzaltar hervor mit seinem plastischen und malerischen Formenreichtum. Er dient in anschaulicher Weise der Liturgie, der feierlichen Gestaltung des Gottesdienstes und war zugleich ein einzigartiges Kunstgebilde, das die Möglichkeit bot, Themen und Inhalte der Andacht der Gemeinde sichtbar zu machen. Auf einer »Staffel« oder »Predella« stehend, steigt der Flügelaltar mit seinem turmartigen Aufbau, dem »Gesprenge«, bis zum Gewölbe des Kirchenraums auf. Zu dieser letzten, reifen Entwicklung hatten gegen 1460 der Ulmer Maler und Bildhauer Hans Multscher sowie Nikolaus Gerhaert, der aus den Niederlanden über Straß-

burg nach Wien kam, entscheidende Anregungen gegeben. 1471–1481 schuf Michael Pacher den Hochaltar der Pfarrkirche von St. Wolfgang im Salzkammergut, 1489 folgt der monumentale Marienaltar des Veit Stoß in der Marienkirche zu Krakau. Nur wenig später entsteht in Kefermarkt das prächtigste Altarwerk des Donauraumes und als Beitrag Schwabens zu diesem Sonderkapitel deutscher Kunst der Altar in Blaubeuren.
Was früher üblicherweise an den Fassaden der Kirchen ausgearbeitet war, sammelte sich jetzt in der Spätgotik an den ›Bauwerken‹ der Altäre, die gewaltige Ausmaße erreichen. In ihnen verdichtet sich das mittelalterliche Weltbild zu einer letzten Steigerung. Realismus und Abstraktion, Ruhe und Bewegung, Raum und Licht gehen eine Verbindung ein, die Wirklichkeit zu Vision, Visionen zu Wirklichkeit werden lassen.

Literatur

Bandmann, Günter: Mittelalterliche Architektur als Bedeutungsträger, Berlin 1951
Gerstenberg, Kurt: Deutsche Sondergotik, München 1913
Gross, Werner: Die abendländische Architektur um 1300, Stuttgart 1948
Karlinger, Hans: Die Kunst der Gotik, Berlin 1927
Neuwirth, Josef: Peter Parler von Gmünd, Prag 1891
Panofsky, E.: Gothic Architecture and Scholsticism, Latrobe 1951
Reitzenstein, Alexander Frhr. von / Schmidt-Glassner, Helga: Deutsche Plastik der Früh- und Hochgotik, Königstein i.T. 1962
Schädler, Alfred / Schmidt-Glassner, Helga: Deutsche Plastik der Spätgotik, Königstein i.T. 1962
Schindler, Herbert: Der Schnitzaltar, Regensburg 1978
Stange, Alfred: Deutsche Malerei der Gotik, I–XI, München / Berlin 1934–1961

Kurz, gut illustriert und informativ sind viele Beiträge in den Katalogen zu den hier genannten Ausstellungen:
Europäische Kunst um 1400, Wien 1962
Gotik in Österreich, Krems a.d. Donau 1967
Die Parler und der Schöne Stil 1350–1400 – Europäische Kunst unter den Luxemburgern, Köln 1978/79
Schöne Madonnen 1350–1450, Salzburg 1965

HANSWERNFRIED MUTH

Die Bauhütten

Räumlicher und organisatorischer Aspekt – Arbeits- und Lebensgemeinschaft – Funktion und Stellung des Werkmeisters – Parliere, Meistergesellen und Knechte – Die Bauhütte als überregionale Interessenvertretung und »Normenkontrollinstanz«.

Für die großen Kirchenbauten der gotischen Zeit, deren Entstehen ein Zusammenwirken vieler Spezialisten verlangte, hatten sich eigene Organisationsformen herausgebildet, die man als »Bauhütten« bezeichnete. Dieser Name meinte sowohl das Werkstattgebäude wie auch die Werkstattgemeinschaft. Auch der Zusammenschluß aller Steinmetzen wird damit bezeichnet, obgleich dieser richtiger mit »Steinmetzenbruderschaft« umschrieben ist.

Die Bauhütte als Werkstattraum lag in unmittelbarer Nähe der zu bauenden Kirche und wurde als Holz- bisweilen auch als Steinbau errichtet. So war in Straßburg ein Haus südlich des Münsters, das heutige Œuvre Notre-Dame und jetzt teilweise Museum, der Sitz der Münsterhütte, und zwar sowohl ihrer Verwaltung als auch der Steinmetzwerkstätten. Die Hütte war heizbar, da hier die Steinmetzen im Winter die Werksteine weiter ausmeißelten, die dann im Sommer versetzt wurden. Der Meister hatte darauf zu achten, daß die Bewohner gut miteinander auskamen, Zecherei und ›Unzucht‹ vermieden. Die oft erwähnte Gerichtsbarkeit der Hütten erstreckte sich deshalb auch nur auf Streitigkeiten der Gesellen untereinander oder auf Unstimmigkeiten zwischen Gesellen und Meistern. Hatten sich dagegen Steinmetzen gegen städtisches Recht vergangen oder sich schwerwiegende Dinge zuschulden kommen lassen, so mußten sie vor einem ordentlichen Gericht erscheinen.

Verschiedentlich besaßen die Bauhütten – wie etwa in Straßburg und Basel – eigene Häuser, in denen die Gesellen wohnen konnten. Die Straßburger Hütte unterhielt auch eine Küche, in der die Arbeiter des Baues von der Frau eines Hüttenvorstehers verpflegt wurden. Diese ›Kantine‹ wurde schon früh zu einer der ersten sozialen Einrichtungen der Stadt, da auch Arme und bedürftige Schüler hier verköstigt wur-

Arbeit auf der Bauhütte. *Lasten wurden auf Hebekränen nach oben befördert, wie die Darstellung der Gründung von Kloster Trebnitz zeigt (oben). Hedwigslegende. Wien, Österreichische Nationalbibliothek. – Schmiede schlagen ein Stück Eisen auf dem Amboß zurecht, daneben ein Schmelzofen mit Blasebalgvorrichtung. Miniatur aus dem 12. Jahrhundert. London, British Museum.*

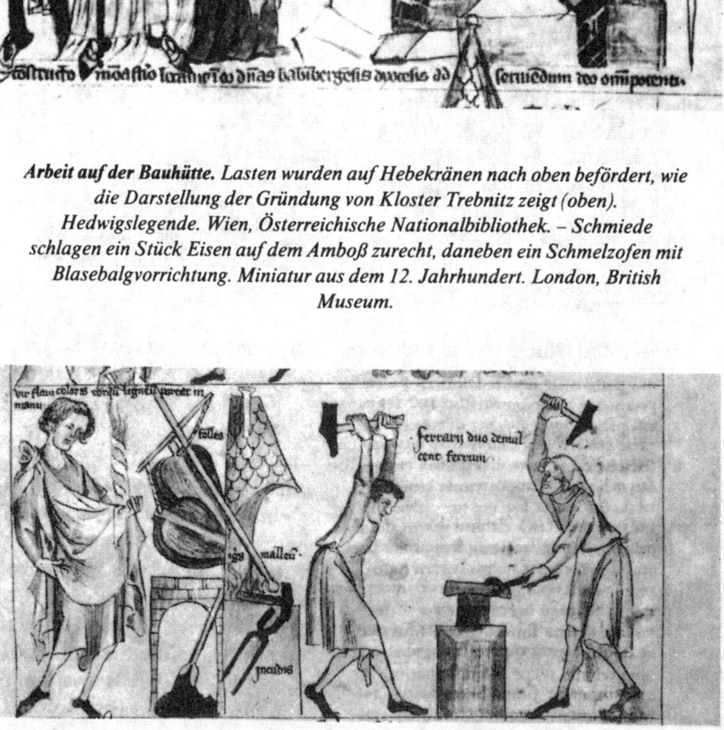

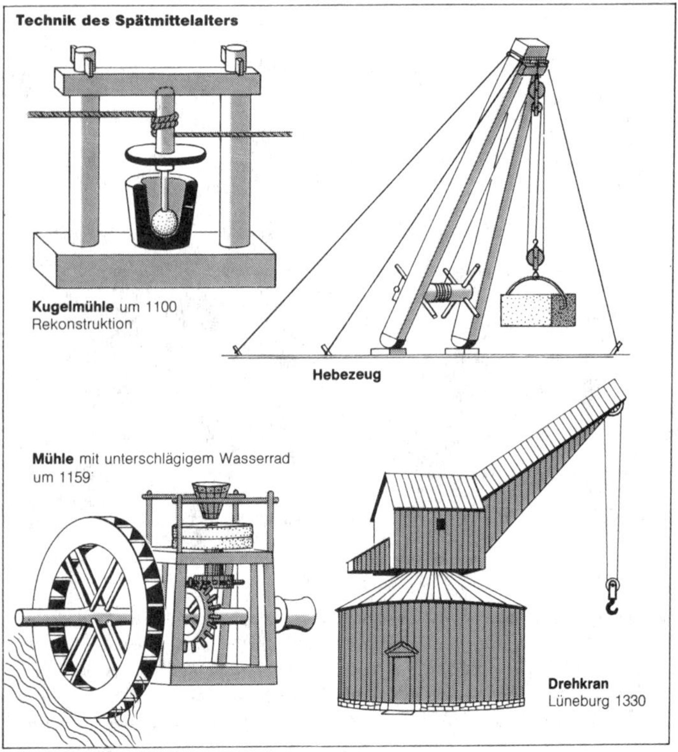

den. In den Hütten wurde auch regelmäßig gemeinsam gefeiert. So gab es bestimmte Festtage, an denen man sich zu feierlichen Gastmälern traf, und immer wurde dann gefeiert, wenn ein Gewölbe geschlossen, ein Dachstuhl aufgerichtet oder eine Glocke aufgezogen worden war. Daher rührt noch heute die Tradition des Richtfestes.

Die Hütte war aber auch Lebensgemeinschaft aller am Bau Beteiligten. Es gab deshalb auch eine Kasse, die »Büchse«, für in Not gekommene Gesellen, also eine Art Versicherungsschutz. Die Büchsengelder wurden verwendet, um den verstorbenen Brüdern eine angemessene Beerdigung gewähren zu können. Auch für Arbeiter der Hütte, die nicht Mitglieder der Steinmetzbruderschaft waren, wie Mägde, Fuhrknechte, Schmiede und andere Hilfskräfte, bezahlte die Straßburger Hütte die Kosten für Beerdigungen; sie wurden bei Krankheit und Siechtum gepflegt; auch richtete ihnen die Hütte die Hochzeit aus.

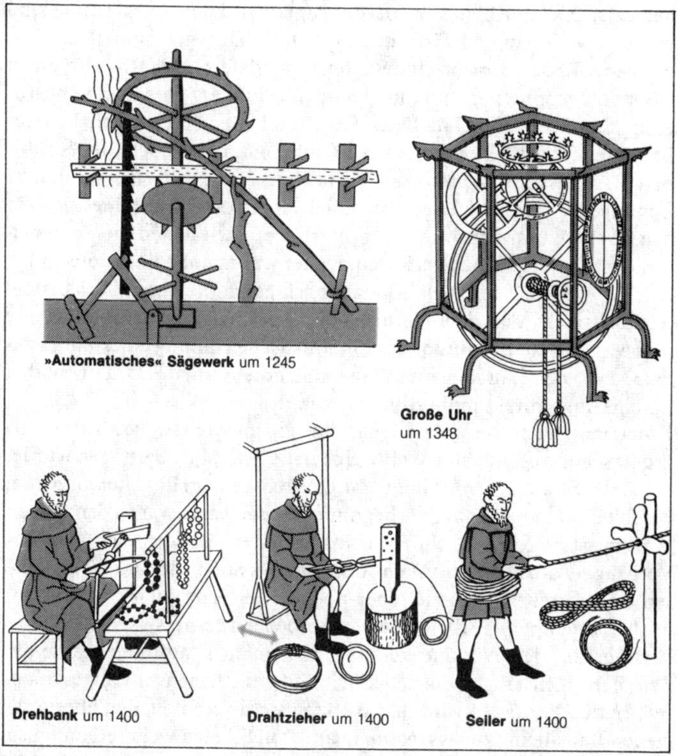

»Automatisches« Sägewerk um 1245

Große Uhr um 1348

Drehbank um 1400

Drahtzieher um 1400

Seiler um 1400

Innere Struktur und Aufgabenverteilung

Die Bauhütte war straff organisiert. Ein Vertreter des Bauherrn kontrollierte die Finanzen, ein Verwaltungsbeamter sorgte für Materialbeschaffung und Entlohnung. Diese Verwaltungsleute werden lateinisch »directores fabricae« oder später »Pfleger« genannt. Auch der in späteren Zeiten oft genannte »Baumeister« war ein solcher Verwaltungsposten.

Der Hütte selbst stand der Hüttenmeister oder Werkmeister vor. Er war auch die bestbezahlte Kraft am Werk. Meist erhielten die Werkmeister ihren Jahreslohn in vier Teilen, dazu kamen noch besondere Geschenke bei verschiedenen Anlässen. Künstlerisch übte der Hüttenmeister die Funktion eines Architekten vom Entwurf des Ganzen bis zur Ausführung im Detail aus. Der Gesamtentwurf bestand zumindest aus einem Grundriß und Aufriß des geplanten Bauwerkes. Leider sind uns solche Gesamtentwürfe nicht erhalten. Dagegen sind Planzeichnungen, »Risse«, für einzelne Bauteile überliefert, etwa Risse für einen Chor unbekannter Bestimmung und die großen Fassadenpläne für Köln, Straßburg und Ulm. Diese Risse erreichten oft erstaunliche Größen. So ist der Kölner Fassadenriß 405 Zentimeter hoch, der Riß für den Straßburger Münsterturm, der in Bern aufbewahrt ist, 457 mal 81 Zentimeter. Ferner hatte der Werkmeister für die Formsteine auch ein Musterstück und Schablonen anzufertigen, nach denen die Steinmetzen die Werkstücke ausmeißelten. Daher war es unbedingt notwendig, daß die Werkmeister auch bildhauerisch geschult waren. Dies bedeutete aber auch, daß dem Hütten- oder Werkmeister eine überragende und wesentliche Bedeutung für die stilistische Haltung eines Baues zukam, da er den Bau im ganzen, aber auch die Form des Ornamentalen im einzelnen direkt mitbestimmen konnte.

Erhaltene Bauordnungen zeigen, daß einem Meister vor allem aufgrund schon vollbrachter Werke eine neue Aufgabe übertragen wurde. Nach der Straßburger Ordnung mußte er aus einer Hütte hervorgehen. Bei Übernahme eines bereits begonnenen Bauwerks war es dem neuen Werkmeister verboten, ohne Zustimmung des Bauherrn den Plan des Vorgängers abzuändern. Auch sollte er kein Steinwerk abbrechen lassen oder bereits behauene, aber noch unversetzte Steine verwerfen, noch überhaupt die Arbeit eines verstorbenen Meisters »schmähen«.

Verträge mit den Werkmeistern wurden zunächst auf eine bestimmte Zeit, bei gegenseitiger Zufriedenheit dann auf Lebenszeit abgeschlossen. In den Verträgen wird den Werkmeistern verboten, den übernommenen Bau alleine zu lassen, um in anderen Städten weitere Bauten zu übernehmen, es sei denn, der Bauträger hat zuvor eigens seine Genehmigung hierzu erteilt. Durch diese Bestimmung wird zugleich die Unterordnung des Werkmeisters unter den Vertreter des Bauherrn betont.

Die zweitwichtigste Bestimmung betrifft die Entlohnung der Werkmeister. Deren angesehene Stellung läßt sich aus den hohen Einkünften erschließen, die ihnen im Vergleich mit anderen Handwerkern zukamen. Gerade in Zeiten, in denen viel gebaut wurde, waren die Werkmeister die gefragtesten Fachkräfte und nahmen unter den mittelalterlichen Handwerkern eine deutliche Ausnahmestellung ein.

Stellvertreter des Werkmeisters waren die Parliere. Ihre Aufgabe war es, Winkelmaß, Richtscheit und Kehlmaß anzufertigen und die Arbeit der Gesellen zu kontrollieren.

Den Parlieren folgten in der Rangordnung der Steinmetzen die Meisterknechte, »die um Kunst dienen«. Es sind die Gesellen, denen der Meister nach ihrer Lehrzeit (meist fünf Jahre) und nach den Wander-

Wohlgeordnetes Handwerksgerät. *Die Schnitzkunst verlangte gute Werkzeuge und Muße – der Mönch, 1284 von einem Künstler aus Pöhlde geschnitzt, hat beides. Hannover, Niedersächsische Landesgalerie.*

jahren (mindestens ein Jahr) die höhere Kunst des Bauens, zum Beispiel das Zeichnen von Rissen beibrachte. Für solche Gesellen waren auch die Steinmetzlehrbücher bestimmt, wie sich einige aus der Spätzeit der Gotik erhalten haben.

Die Steinmetzgesellen durften erst nach ihrer Wanderschaft in die Hütte aufgenommen werden. Sie arbeiteten meist im Tagelohn, der am Ende der Woche ausbezahlt wurde. Gearbeitet wurde – ausgenommen die zahlreichen Feiertage – an den sechs Werktagen. Die Gesellen sollten morgens um fünf Uhr bei der Arbeit sein und bis sieben Uhr abends arbeiten. Morgens und mittags hatten sie eine, abends eine halbe Stunde Essenspause. Am Samstag war der Feierabend bereits auf fünf Uhr festgelegt; alle zwei Wochen durften die Gesellen samstags bereits um drei Uhr zum Bad gehen, wofür ihnen die Hütte ein »Badegeld« auszahlte. In einigen Hütten – wie in Prag und Wien – wurden die Gesellen im Stücklohn, »im Verding«, ausbezahlt, d. h. ihnen wurden die Steine entlohnt, die sie ausgearbeitet und durch ihre Steinmetzzeichen markiert hatten.

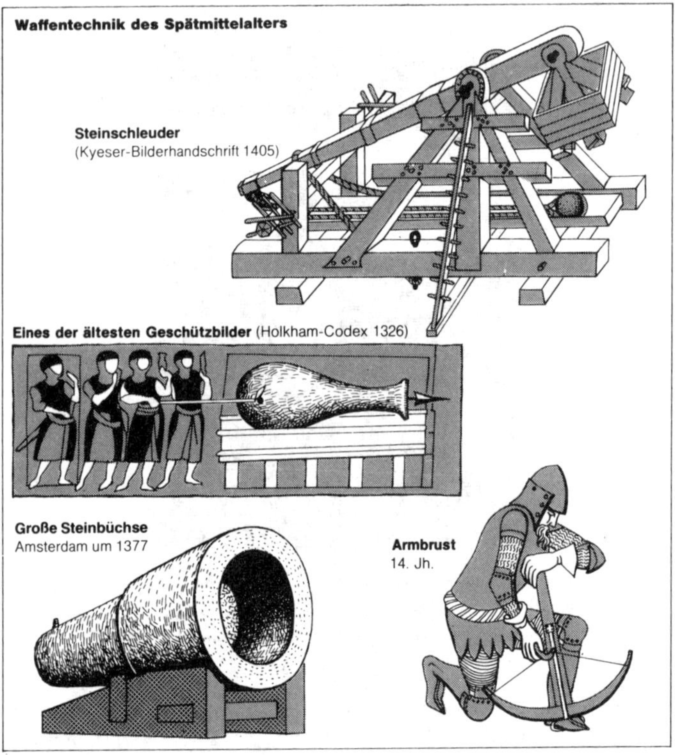

Waffentechnik des Spätmittelalters

Das vielfach benötigte Eisenwerk – Zugbänder, Maueranker, Nägel und dergleichen – stellte der Schmied her. Der Schmied mußte aber auch ständig die Werkzeuge der Steinmetzen neu herstellen oder sie für die Arbeit schärfen. Die meisten gotischen Kirchen wären ohne Eisenarmierungen gar nicht standfähig, und in den Spitzen der Türme macht das Eisen einen beträchtlichen Teil des verwendeten Materials aus. Es ist also verständlich, daß etwa in Straßburg der Schmied der bestbezahlte Mann nach dem Werkmeister war.

Neben den Handwerkern waren eine ganze Reihe Hilfskräfte notwendig: Die Windenknechte förderten die Steine von der Hütte zum Bau und in die Höhe; sie bedienten auch die Lastenaufzüge. In Straßburg und in Schwäbisch-Gmünd haben sich solche Laufräder bis heute erhalten. Aber auch Mörtel, Eisenteile und Werkzeuge mußten befördert werden. Dazu waren in Straßburg beispielsweise beim Bau des Turm-

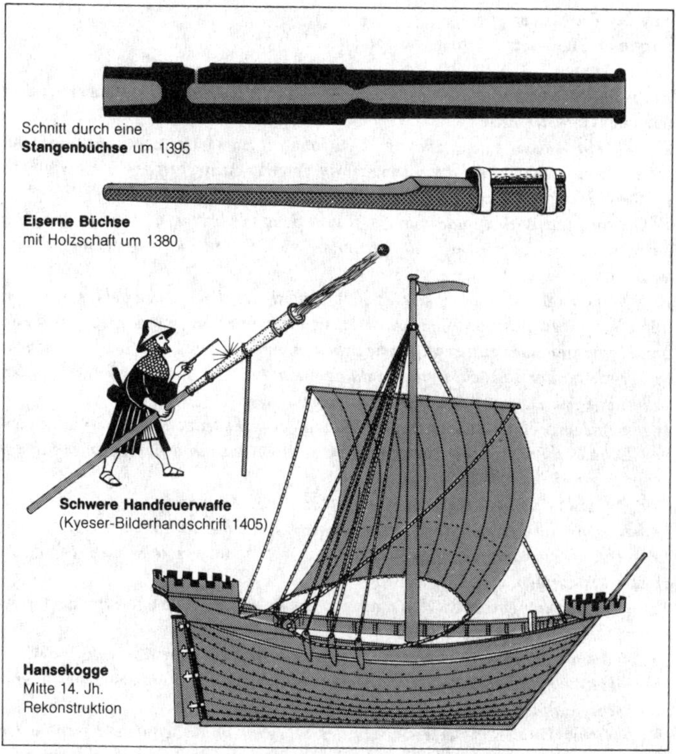

oktogons fast durchweg sieben Leute beschäftigt. Auch Maurer wurden hinzugezogen, die größere, glatte Mauerflächen aufführten, während die Werksteine von den Steinmetzen versetzt wurden. Die Zimmerleute bauten die Gerüste und die riesigen Dachstühle. Diese wurden errichtet, wenn die Langhausmauern standen, noch bevor die Gewölbe geschlossen wurden. Dies war aus statischen Gründen notwendig, brachte zudem den Vorteil, daß der Gewölbebau nun unter dem Schutz des Daches erfolgen konnte.

Bauhütte im weitesten Sinn bedeutet aber auch die Organisation der Steinmetzen. Sie war eine durch die Arbeitsbedingungen nötige, überregional angelegte Zunft. Sie überwachte die Ausbildung und regelte Fragen, wie sie bei großen Baustellen zu allen Zeiten auftreten. Einzelne Bauhütten konnten in diesem lockeren Verband der Hütten eine überlokale Bedeutung erlangen. Als oberste Instanz in Mitteleuropa

Text der Zeit

Aus der Rochlitzer oder
Torgauer Steinmetzordnung von 1462

Ein jeder Meister soll seine Hütte von Zwietracht freihalten, er soll sie reinhalten wie eine Gerichtsstätte.
Es soll kein Meister eine unzüchtige Frau in die Hütte gehen lassen; hat einer mit ihr etwas zu reden, so soll man so weit von der Werkstatt fortgehen, wie man mit einem Hammer werfen kann.
Wenn ein Meister den andern in Spott und Schande bringt, und man kann dem einen nichts nachweisen, so soll der andere vom Steinwerk ausgeschlossen werden.
Es soll auch kein Meister einen Gesellen fördern, der den andern belügt oder ihm unrecht tut und sich mit öffentlichen Frauen umhertreibt, und ebenso die, die in den Herbergen oder Häusern, wo sie arbeiten, mit Frauen und Mädchen unzüchtig sprechen oder Unzucht treiben, und der nicht beichtet oder nicht recht tut, den soll man verweisen und für einen Übeltäter halten.
Wenn ein Polier einen Stein verschlägt, so daß er nicht brauchbar ist, so soll er seinen Lohn verlieren, den er an dem Stein verdient hat, und den Stein bezahlen, wenn er zu nichts mehr nutze ist.
Der Polier soll den Gesellen und den Dienern ein Zeichen unten auf die Steine malen, wenn die Gesellen und Diener das Anschlagen versäumt haben, oder nicht zur rechten Zeit kommen, nach dem Morgenbrot. Nimmt er kein Bußgeld, so soll er es selbst zahlen.
Es soll kein Polier gestatten, daß man Zeche hält in der Hütte unter der Zeit, sonder nur in der Vesperruhe.
Er soll auch nicht gestatten, daß man mehr verzehrt zum Vesperbrot als um einen Pfennig, es wäre denn, daß man Geschenke hätte, daß ein Wandergeselle gekommen wäre, dann kann der Polier eine Stunde feiern lassen.
Ein jeglicher Polier soll der erste sein des Morgens und nach dem Essen in der Hütte, wenn man aufschließt, und der letzte, der herausgeht, es sei mittags oder abends, damit sich alle Gesellen nach ihm richten. [. . .]
Das ist der Gruß, wie ihn jeder Geselle grüßen soll, wenn er zum ersten Mal in die Hütte eintritt: Gott grüße euch, Gott lenke euch, Gott lohne euch, euch Obermeister, Poliere und euch hübsche Gesellen! Dann soll ihnen der Meister oder Polier danken, damit er sieht, welcher der Oberste in der Hütte ist. Dann soll sich der Gesell an diesen wenden und sprechen: Meister, und ihn nennen beim Namen. Der entbietet euch seinen werten Gruß. Dann soll der Geselle umhergehen von einem zum andern, jeden freundlich grüßen, wie er den Hüttenobersten gegrüßt hat.

Nach: H. Thiele, Leben in der Gotik

Schlußstein aus der Metzer Parlerwerkstatt.
Die Sibylle von Tibur weissagt Kaiser Augustus den kommenden Heiland.
Um 1371–1376. Metz, Musées de Metz.

war die Hütte von Straßburg anerkannt; Köln galt als Haupthütte für Norddeutschland, Wien für die habsburgischen Länder und Ungarn, Bern – später Zürich – als Haupthütte der Eidgenossenschaft. Als die große Bautätigkeit an den gotischen Kirchen im 16. Jahrhundert erlahmte und die Hüttenmitglieder mehr und mehr von den zünftig geordneten Handwerkern verdrängt wurden, blieben einige Bauhütten bestehen, um ständig für die großen Bauwerke zu sorgen. In diesen Hütten blieben oft – wie in Wien und Straßburg – erhebliche Planbestände bestehen. Die Bauhütten hatten aber nichts von einem Geheimbund an sich. Solche Momente, die ihnen nachgesagt wurden, kamen allenfalls in später Zeit hinzu und wurden besonders im 19. Jahrhundert nachträglich in das Mittelalter hineingedeutet, als man sich für diese Zeit zu interessieren begann.

Literatur

Bindung, Günther / Nussbaum, Norbert: Der mittelalterliche Baubetrieb nördlich der Alpen in zeitgenössischen Darstellungen, Darmstadt 1978

Booz, Paul: Der Baumeister der Gotik, München / Berlin 1956

Wortmann, R.: Der Westbau des Straßburger Münsters und Meister Erwin, Bonner Jahrbuch 1969

JOHANNES GLANZ

Der Frühhumanismus nördlich der Alpen

Vorboten einer neuen Zeit in Italien: Giotto und Dante – Petrarcas Idee der Erneuerung von Mensch und Gesellschaft – Petrarca am Hof Karls IV. – Johann von Neumarkt als Mittler des neuen italienischen Gedankengutes von Humanismus und Renaissance – Voraussetzungen der Aufnahmebereitschaft für humanistische Ideen – »Der Ackermann aus Böhmen«.

Lexika, in ihren Formulierungen naturgemäß etwas trocken, halten fest, daß in der zweiten Hälfte des 13. Jahrhunderts der Florentiner Maler Cimabue die erstarrten Formen wieder belebt und ihnen natürlichen Ausdruck und Schönheit verliehen habe. Von dieser wahrhaft revolutionären Anregung beflügelt, habe sein Schüler Giotto Anfang des 14. Jahrhunderts den Menschen als beherrschenden Mittelpunkt seiner Bilder neu entdeckt und deshalb das Unverwechselbare der dargestellten Personen mit einfachen Mitteln herausgearbeitet und so jeden einzelnen – auch die Randfiguren – als Zeugen eines Ereignisses ernst genommen. Diese lexikalischen Stichworte wird jeder Besucher der Arena-Kapelle in Padua, der Oberkirche in Assisi und der Kirche Santa Croce in Florenz bestätigen können. Zwar sind die Fresken Giottos thematisch dem religiösen Bereich verhaftet, doch ihm gelingt es als erstem Maler, den sakralen Raum mit menschlichem Leben zu erfüllen: Schmerz, Freude, Mitleid, Erwartung und Sehnsucht gehen über auf den Betrachter und ermöglichen ihm eine unmittelbare, persönliche Teilnahme an dem dargestellten Geschehen.

Das Neue in der Kunst Giottos wurde schon von seinen Zeitgenossen erkannt: So erwähnt ihn der Florentiner Dichter Dante Alighieri – selbst ein revolutionärer Neuerer und Prophet einer Zeit, die mit dem Alten bricht – in seinem Weltschauspiel, das er »La Commedia« nennt und das dem Leser den Weg von der Hölle durch das Fegefeuer zum Paradies in visionärer Anschaulichkeit aufzeigt. Dantes grandioses Szenarium beweist, daß auch die Dichtung dieser Zeit an einer Wende steht: Inhalt und Gedankenwelt bewegen sich im traditionellen kirchlichen Raum, doch der einzelne mit seinem persönlichen Schicksal – der Verdammte, der Büßer, der Selige –, der Mensch in all seinen inneren Dimensionen, rückt in den Vordergrund der Gesamtdarstellung. Dabei steht er im Dienst einer Idee, bleibt deren schöpferischer Vermittler, doch in der Kühnheit und Eigenwilligkeit der Gestaltung tritt er selbst als Richter auf, der in dichterischer Freiheit konkrete, aktuelle Ereignisse beurteilt und Verantwortliche wie Betroffene vor seinen Stuhl zitiert. Die ›Wiedergeburt‹ des Menschen innerhalb einer größeren, göttlichen Weltordnung, die Sehnsucht nach Vollkommenheit und Vollendung, entsprechen kirchlichen Glaubensvorstellungen, spiegeln aber auch antikes philosophisches Gedankengut und persönliches Erleben. Beatrice, Dantes auf Erden unerreichbare Geliebte, erwartet ihn am Tor des Paradieses, das Inbild aller Tugend, Schönheit und Weisheit. Das Bedürfnis, ureigene, persönliche Empfindungen mitzuteilen, erforderte differenzierte sprachliche Sensibilität, die Dante durch Verwendung der italienischen Volkssprache erreichte. So wurde er auch Begründer der italienischen Literatur, als deren Hauptvertreter er bis heute gilt.

Der neue Mensch: Phönix aus der Asche der alten Welt

Während Giotto und Dante die Richtung einer neuen geistigen und künstlerischen Bewegung andeuten, trat mit Francesco Petrarca (1304–1374) eine Persönlichkeit auf, die von ihrer eigenen Lebensweise her und durch ihr dichterisches Werk die neue Lebenssicht repräsentierte und im Einklang mit neuen Tendenzen in Theologie und Philosophie bewußt eine Bewegung entfachte, die das übrige Europa erfaßte. Programmatisch forderte er, daß der »Kern der Dinge sich ändere, das Antlitz der Erde ein anderes werde«. Wie der Vogel Phönix sollten die Menschen sich freiwillig verbrennen, um verjüngt aus ihrer Asche zu erstehen: ein Bild der Wiedergeburt, das die große Bewegung der Renaissance (frz., Wiedergeburt) ankündigt. Hilfe für die Regeneration des nach Ansicht Petrarcas verfallenen geistigen und politischen Lebens fände man im Studium der antiken Klassiker: Augustinus, Cicero und Seneca. Der überkommenen mittelalterlichen Weltanschauung, die mit ihrer Forderung von Askese und Weltflucht dem einzelnen jede persönliche Entfaltung verwehre, sagte er den Kampf an. Wenn der Mensch die Welt in ihrer die Sinne ansprechenden Natürlichkeit ganz persönlich erlebe und sich individuell mit ihr auseinandersetze, finde er aus der Barbarei zu seiner ursprünglichen natürlichen Anlage zurück. Dann breche ein neues Zeitalter an, das schon im Diesseits die Menschen in ein Paradies versetze. Verhaßt waren ihm Art und Weise, wie an den Universitäten die Wissenschaften ›betrieben‹ wurden, gleich ob Jurisprudenz, Medizin oder scholastische

Aristoteles und Seneca. *Die im Frühhumanismus oft gelesenen antiken Autoren zu Füßen der Weisheit (oben), darunter vier der sieben freien Künste: Musik, Arithmetik, Geometrie und Astronomie. Eichstätt, Dominikanerkloster.*

Theologie. Er fühlte sich dem spätantiken Gottsucher Augustinus verwandt, und gleich diesem drängte es ihn zu bekenntnishafter Mitteilung seiner innersten Gefühle. Die zu Phrasen verkümmerte christliche Morallehre erweckte er in seinen lateinischen Schriften durch Einbeziehung der Gedankenwelt Ciceros und Senecas zu neuem Leben. Der Versuch dieser Harmonisierung erinnert an die Arbeiten der alten Kirchenlehrer, wie er auch auf den später wirkenden Humanisten Erasmus von Rotterdam vorausweist. Dieser eruptiven inneren Unruhe entsprach auch ein äußerlich bewegtes Leben, das zwischen engagiertem Auftreten in der Öffentlichkeit und Rückzug in die Einsamkeit wechselte und in Petrarca den ersten typischen Vertreter der neuen humanistischen (lat. humanus: menschlich, menschenfreundlich, gebildet) Bewegung erkennen läßt. Als in Rom gekrönter Dichter war er sich seines Ansehens wohl bewußt und übernahm stolz als Vertreter dieses neuen geistigen Adels diplomatische Aufträge. Auch jenseits der Alpen wurde er als geistige Autorität anerkannt, und sein Auftreten machte auch das übrige Europa mit dem geistigen Aufbruch in Italien näher bekannt.

Der Humanismus und die aktuelle Politik

Als sich Petrarca 1356 ein halbes Jahr als Gesandter der Mailänder Visconti in der Residenz Karls IV. in Prag aufhielt, faszinierte er die intellektuellen Kreise am Hof, während der Kaiser in wohlwollender Distanz verharrte. Karl IV. war hochgebildet und nahm die Förderung kultureller Aufgaben ernst, doch der neue Geist, der aus Italien herüberwehte, war ihm, dem in Frankreich im Sinne der scholastischen Moraltheologie (siehe Seite 125 ff.) konservativ Erzogenen, fremd. Allerdings schätzte er den Umgang mit einer so bekannten und verehrten Persönlichkeit, deren Anwesenheit die Bedeutung seines Hofes erhöhte, während Petrarca sich in Prag »ans Ende der Welt, in die äußerste Barbarei« versetzt fühlte. Herrscher und Philosophen verband der Gedankenaustausch in Gespräch und Brief, worin sich ein Grundzug humanistischer Geisteshaltung äußerte: der Dialog, der die freie Meinungsäußerung voraussetzte, aber nicht um jeden Preis Übereinstimmung verlangte. Zumal im politischen Bereich gingen die Vorstellungen auseinander: Petrarca drängte auf die Wiederherstellung einer starken kaiserlichen Macht in Italien, damit unter ihrem Schutz und unter Führung des Monarchen das von den Barbaren zerrissene Land in nationaler Einheit neu erstehe – eine Idee, die schon Dante begeisterte, für die Cola di Rienzo (siehe Porträt, Seite 179) als römischer

Volkstribun gekämpft hatte, die aber erst im 19. Jahrhundert ihre Verwirklichung finden sollte –, der Pragmatiker Karl IV. dagegen sah die ungemein komplizierten politischen Realitäten in Italien und reagierte gelassen auf die Vorwürfe Petrarcas und anderer italienischer Patrioten, er habe sich wie ein Krämer die Krone in Rom geholt, Italien aber seinen Nöten überlassen. Ebenso verhielt sich der Kaiser, als ihn der politische Phantast Rienzo in Prag aufsuchte, um ihn für seine Pläne zu gewinnen: Dem Schwärmer verschloß er sich, doch die Sprachgewalt seines Gegenübers beeindruckte ihn so, daß er Gespräche nicht ablehnte, den Gefährdeten schützte und mit Cola di Rienzo im Briefwechsel blieb. Die Poesie lag dem Kaiser fern; Petrarca als Verfasser des »Buches der Lieder« wird ihm wohl fremd geblieben sein, wogegen Augustinus, der sogenannte »Seelenführer der Prager Gebildeten«, Anlaß zu manchem Gespräch gegeben haben mag: der von beiden geschätzte Autor, dessen theologische Grundhaltung den italienischen Humanisten wie den deutschen Kaiser gleichermaßen ansprach.

Bindeglied zwischen italienischem Humanismus und deutscher Geisteswelt: Johann von Neumarkt

Den Augustinus hielt der Kaiser auch für den Verfasser eines lateinischen »Gesprächsbuchs der Seele mit Gott«, das man aber später richtig der Mystik des 13. Jahrhunderts zudatierte. Karl IV. bat seinen sprachgewandten Kanzler Johann von Neumarkt (siehe Porträt rechts) um eine Übersetzung ins Deutsche. Das Ergebnis dieser Arbeit zeigt, daß der neue humanistische Geist nun auch hier in Prag spürbar wird. Johann begnügt sich nicht mit der Umsetzung von Worten, sondern bemüht sich in freier, wortschöpferischer Wiedergabe den Charakter des ganzen Textes zu erfassen und auch den rednerischen Schwung des Originals zu erhalten. Für die Empfindsamkeit in der Sprachgestaltung spricht schon der neue Titel »Buch der Liebkosungen«. Diese sprachliche Sensibilität kam nicht von ungefähr. Johann von Neumarkt hatte die römischen Klassiker studiert, besaß selbst eine Handschrift des Livius, las Dantes »Göttliche Komödie« in der italienischen Ursprache, benutzte zu ihrer Interpretation einen Kommentar – kurz, er war ein Humanist, ein Gebildeter. Cola di Rienzo und Petrarca waren seine Vorbilder und wurden seine Freunde; mit ihnen disputierte er, mit ihnen unterhielt er einen regen Briefwechsel. Er ließ sich packen von der Sprachkunst der neuen Bewegung und schulte danach seinen eigenen Stil. Wie Coluccio Salutati, Kanzler der Republik Florenz, durch seine Briefe und Traktate dem jungen Humanismus in

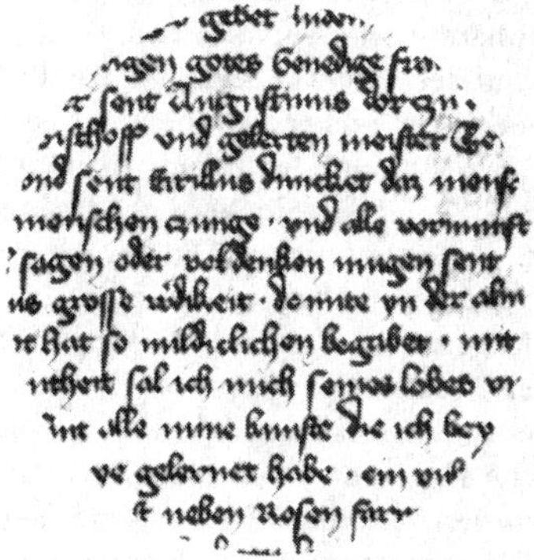

JOHANN VON NEUMARKT

Johann wurde um 1310 in Ostböhmen als Sohn deutscher Bürgersleute geboren. Nach dem Studium der Theologie war er zunächst Pfarrer in Neumarkt, dann Bischof von Leitomischl, später von Olmütz. 1353 berief ihn Karl IV. zum Kanzler. Er starb 1380 und ist in Leitomischl begraben.
Seine Lebensaufgabe sah Johann von Neumarkt darin, zwischen der italienischen Frührenaissance, ihren Erneuerungsbestrebungen und den kulturellen Bedürfnissen des Deutschen Reiches zu vermitteln. Dabei bewies er eine außergewöhnlich wache Empfänglichkeit für die neuen geistigen Strömungen, die über Prag nach Deutschland eindrangen und dort allmählich zu einer Ablösung des mittelalterlichen Denkens führen sollten.
Johann unterhielt Briefkontakte zu den wichtigsten Vertretern der neuen Ära: Cola di Rienzo und Petrarca. Eine Italienreise Johanns und ein Aufenthalt Petrarcas 1356 in Prag vertieften die Verbindung der beiden. Aus Italien brachte Johann eine Handschrift des fälschlich Augustinus zugeschriebenen »Liber soliloquiorum animae ad deum« (lat., »Gesprächsbuch der Seele mit Gott«), das er ins Deutsche übertrug. Dabei glückte ihm eine am Latein orientierte deutsche Kunstprosa, wie man sie bisher noch nicht hatte finden können. Daneben übersetzte er viele geistliche Texte, insbesondere Gebete, und wurde so zum Schöpfer einer neuen deutschen Gebetsliteratur.
Trotzdem war er nicht ausschließlich Schriftsteller, sondern verband mit seinem literarischen Können politische und verwaltungstechnische Energie – eine Vielseitigkeit, die den Renaissancemenschen auszeichnete. Er legte eine Sammlung von Urkunden- und Briefmustern an und verfaßte selbst zahlreiche humanistisch beeinflußte Schreiben. Dies führte allmählich zur Vereinheitlichung des Stils und zu größerer Effizienz der Kanzleiarbeit. Insbesondere die deutschen Entwürfe Johanns bildeten, da sie überall nachgeahmt wurden, eine wichtige Vorstufe für die Herausbildung der neuhochdeutschen Schriftsprache. *(G. M.)*

Italien im staatlich-amtlichen Bereich zur führenden Stellung verholfen hat, so schuf Johann von Neumarkt eine vorbildliche lateinische und deutsche Prosa in der Reichskanzlei. Die von ihm in einer Sammlung herausgegebenen Briefe und Urkundentexte galten als Stilmuster und wurden von Kanzlisten und Schreibern als Lehrbuch verwendet. Johann von Neumarkt vollendete die Vereinheitlichung der deutschen Kanzleisprache, die am Hofe Ludwigs IV., des Baiern, durch den Einfluß flüchtiger italienischer Publizisten schon ansatzweise verwirklicht worden war: Sie hatten den Danteschen Begriff einer ›nationalen‹ Schriftsprache nach Deutschland vermittelt. Die Auswirkungen dieses sprachlichen Läuterungsprozesses auf die sich herauskristallisierende einheitliche deutsche Hoch- und Literatursprache mag wohl manchmal überschätzt worden sein, bleibt aber grundsätzlich unbestritten. Die Kanzlei Karls IV. war jedenfalls zu einem weithin ausstrahlenden Kulturmittelpunkt geworden.

Humanistische Ideen fallen auf fruchtbaren Boden: Verbesserte Buchproduktion, Universitäten und Verwaltungsreform

Die Aufnahmebereitschaft für den neuen humanistischen Geist wurde aber auch durch technische, wirtschaftliche und soziale Faktoren begünstigt. Das in Mengen herstellbare Papier löste nun das rare Pergament ab und erleichterte den Zugang zum Buch. Wer Interesse an Bildung und das nötige Geld hatte, besorgte sich Bücher in kleinem Format, deren Besitz aufgrund ihrer Ausstattung, Schrift und Illustration glücklich und die Lektüre zu einem Vergnügen machte. Literatur eröffnete den Zugang zu einer schönen Welt, und wenn auch die Inhalte meist traditioneller Art waren, so bestand jetzt doch eher eine Chance, zu einer neuen Geisteswelt vorzustoßen. Wer sich bilden mußte, griff nun eher zum Buch. Die Organisation des öffentlichen Lebens wurde zusehends perfektioniert: Reichs- und Stadtverwaltung, aber auch Wirtschaft und Handwerk benötigten Schreibkräfte, von denen geistige Beweglichkeit erwartet wurde, die wiederum eine entsprechende ›höhere‹ Ausbildung erforderte. Mehr Wissen förderte aber auch die Entfaltung der Persönlichkeit und gab den Blick frei über den eigenen engen Horizont in die Weite der Welt.
In diese Zeit fallen die Gründungen neuer Universitäten in Mitteleuropa. Sie erfolgten aus rein praktischen Erwägungen, um den Studenten den Aufwand eines Auslandsstudiums in Frankreich oder Italien zu ersparen. Dabei fällt auf, daß immer mehr Laien in die Hörsäle drängten und die Vorherrschaft der Kleriker abzulösen begannen. Be-

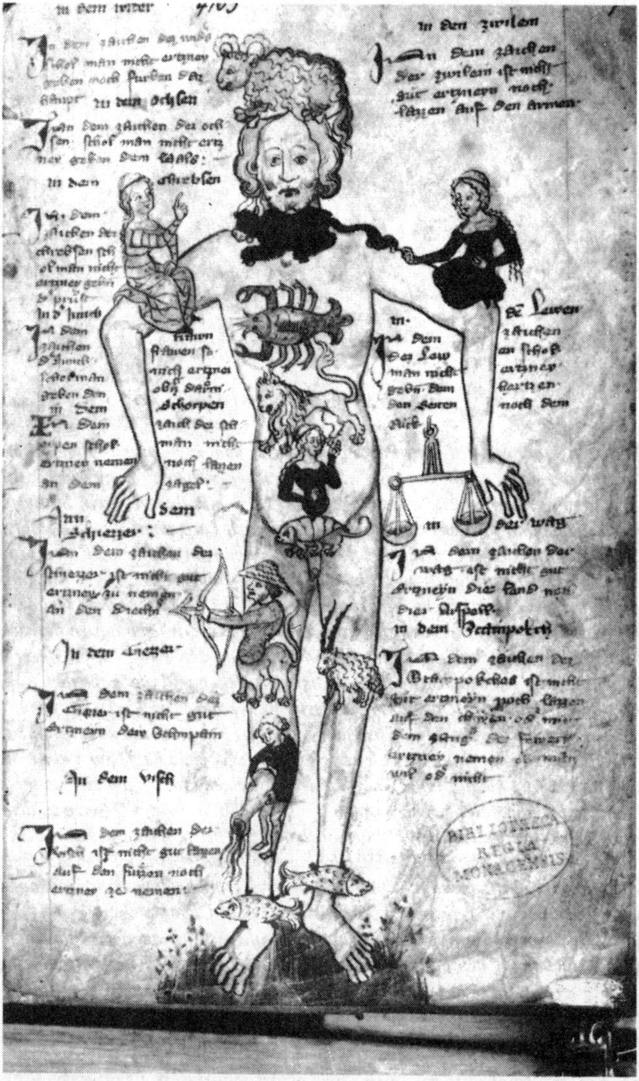

Auseinandersetzung mit Mensch, Körper und Schicksal. *Einer männlichen Figur sind die Tierkreiszeichen, astrologische und astronomische Anweisungen eingeschrieben. Kalenderblatt auf die Jahre 1368–1405.*

MARSILIUS VON PADUA

Rund 200 Jahre brauchte das Pendel, um von dem im Investiturstreit geforderten Vorrang des Papstes vor dem weltlichen Herrscher in die extreme Gegenposition des Marsilius von Padua umzuschlagen! Um 1275 in Padua geboren, studierte er dort Medizin und Philosophie, wechselte 1312 nach Paris über, wurde Rektor der Universität und damit in den Machtkampf zwischen König Philipp IV. von Frankreich und Papst Bonifatius VIII. hineingezogen. Philipps IV. strikte Ablehnung päpstlicher Machtansprüche bestärkte ihn in seinen reformerischen Gedanken, die 1324 veröffentlicht wurden. Der antikurialen Politik des gebannten deutschen Königs Ludwigs IV., des Baiern, sollte darin gegen den Papst, den »Störer des Friedens«, eine philosophische Rechtfertigung gegeben und die Rolle des Staates und das Verhältnis Kirche-Staat neu bestimmt werden. Die Vorstellung von der »Volkssouveränität« ist der entscheidende Ansatz seiner Staatskonzeption: Das Volk als Quelle aller Staatsgewalt kann als gesetzgebende Kraft zur Vermeidung von Anarchie die ausführende Gewalt einem einzelnen übertragen, der seinerseits Friede und Einhalt zu bewahren und auf die Durchführung der Gesetze zu achten hat. Diese Souveränität erstreckt sich auch auf die Kirche, deren Aufsicht dem gewählten Herrscher obliegt. Die Entscheidung in Glaubensfragen und Auslegung der Heiligen Schrift stand in diesem Entwurf nicht mehr dem Papst zu, sondern dem aus Laien und Priestern zusammengesetzten »Generalkonzil«.
Diese Theorien und die Forderung nach Gewaltenteilung zu verwirklichen, war die Zeit noch lange nicht reif. Marsilius' Auffassung von der Kirche als einer dem Staat untergeordneten Institution für Evangelienverkündung und Sakramentenspendung faszinierte das Denken zukünftiger kirchlicher Reformer, ob Calvin, Hus oder Luther. Aufgrund solch ketzerischer Gedanken vom Papst exkommuniziert, floh Marsilius an den Hof Ludwigs IV. nach München, wo er zurückgezogen lebte und 1342 oder 1343 starb. *(M. F.)*

sonderen Zuzug erhielt die juristische Fakultät (Rechtswissenschaften), da für Kanzleibeamte und Schreiber die Basis der Elementarausbildung zu schmal geworden war und juristische Kenntnisse vorausgesetzt wurden. Die neuen Universitäten von Prag, Wien, Heidelberg, Köln und Erfurt waren also zunächst nicht ausschließlich von der Bewegung des Frühhumanismus getragen, wirkten aber langfristig in seinem Sinn als Stätten geistiger Begegnung. Wien setzte von allem Anfang an ein neues Zeichen: Der geistige Vater und Organisator der Universität, Heinrich von Langenstein, entwarf ein Studienprogramm, in dem die mathematisch-naturwissenschaftlichen Fächer einen bevorzugten Platz erhielten, wobei insbesondere die astronomische Forschung im Mittelpunkt stand.

Berührungspunkte für humanistische Ideen nehmen zu, die Alpenbarriere bleibt

Die Aufnahme neuer Gedanken und die Bildung eines neuen Weltbildes wurden zweifellos sehr gefördert durch die unmittelbare Begegnung, die zunehmend nun auch zwischen ›einfachen‹ deutschen und italienischen Menschen möglich wurde. Viele trieb die Abenteuerlust nach Italien, man leistete Kriegsdienste bei verschiedenen italienischen Herren, deutsche Reiter dienten im Heer des Papstes, der Deutsche Ritterorden unterhielt Ordenshäuser in Italien. Süddeutsche und hansische Kaufleute besuchten regelmäßig vor allem Oberitalien, auch Handwerker suchten dort neue Anregungen und organisierten sich zu diesem Zweck im Land zu Brüderschaften. An der Kurie in Rom waren deutsche Beamte und Priester tätig, der Pilgerverkehr nahm zu und deutsche Studenten strömten in die berühmten Universitäten von Bologna und Padua. So wurde man mit italienischem Denken und Fühlen vertraut und wurde zumindest Beobachter des kulturellen Aufbruchs im 14. Jahrhundert.

Trotz allem fand der Frühhumanismus nördlich der Alpen unmittelbar kein nachhaltiges, breites Echo. In der deutschen Literatur findet sich ein einziges Werk, das den neuen Geist in Form und Gehalt widerspiegelt: ein Prosadialog – kein traditionelles mittelalterliches Versepos also! – zwischen Mensch und Tod mit dem Titel »Der Ackermann aus Böhmen«, 1400 verfaßt von Johannes von Tepl (auch von Saaz), der dem humanistischen Prager Kreis entstammt. Der Dichter stellt sein eigenes, bitteres Schicksal dar: Der Tod seiner ersten Frau läßt ihn am Sinn des Lebens irre werden. Wie in einem Prozeß treten der Ackermann als Kläger, der Tod als Angeklagter auf. Der Ackermann steht

Disput über Leben und Tod. *Ohne Mitleid für den Schmerz des Witwers verweist der Tod auf die Nichtigkeit des Lebens. Illustration zum »Ackermann aus Böhmen«.*

dabei als Metapher: der Dichter als einer, der mit der Feder pflügt. Der Witwer fordert Recht auf Leben, verteidigt Ehre und Würde des Menschen, des Ebenbilds der Gottheit, sieht in der Ehe die höchste Lebens- und Glückserfüllung, weil die Frau den Mann zur sittlichen Vervollkommnung führt. Der Tod dagegen verweist auf die verdorbene Natur des Menschen und die Nichtigkeit des Lebens, das er in göttlichem Auftrag zu vernichten habe. So verliert der Text seinen privaten Charakter und wird zu einer prinzipiellen Auseinandersetzung zwischen Leben und Tod, Gefühl und Vernunft. Der Dichter zieht alle Register bei der sprachlichen Darstellung: dem Jammer des Witwers begegnet der Tod mit eiskaltem Spott und glasklarer Argumentation, die sich auf die neuesten philosophischen Erkenntnisse stützt. Bemerkenswert ist das Urteil: Obwohl Gott als Richter zugunsten des Todes entscheidet, der das Naturgesetz der Sterblichkeit auf seiner Seite hat, anerkennt er die »Ehre« des Klägers. Der Dichter steht zwischen zwei Welten: Hinter der mittelalterlichen Gottergebenheit wird die ganze Kraft seiner Leidenschaft spürbar, Vorbote neuzeitlicher, bürgerlicher Lebens- und Denkweisen.

Literatur

Aster, Ernst von: Geschichte der Philosophie, Stuttgart 1975
Schmidt, Heinrich: Philosophisches Wörterbuch, Stuttgart 1978

WINFRIED STADTMÜLLER

Kirche und Volksfrömmigkeit im späten Mittelalter

Krisenzeichen – Die »babylonische Gefangenschaft der Kirche« – Das große abendländische Schisma – Geistliches Proletariat – Kirchlicher Niedergang und Reformversuche – Jenseitshoffnung und Höllenangst – Ablaß und Ewigkeitsvorsorge – Geistliche Versicherungsvereine: die Bruderschaften – Reliquienkult – Wallfahrten – Religiöse Schwarmgeisterei: der Pfeifer von Niklashausen.

Im Morgengrauen des 7. September 1303 überfiel der Kanzler des französischen Königs mit einer Handvoll Söldnern Papst Bonifatius VIII. in dessen Sommerresidenz Anagni (östlich von Rom): Der Papst wurde mißhandelt und gefangengesetzt, sein Palast geplündert. Keine zwölf Monate zuvor hatte derselbe Papst in seiner berühmten Bulle »Unam sanctam« noch feierlich verkündet: »So erklären wir denn, daß alle menschliche Kreatur bei Verlust ihrer Seelen Seligkeit untertan sein muß dem Papst in Rom, und sagen es ihr und bestimmen es« – nie zuvor hatte ein römischer Bischof in solch schroffer Form die Forderung nach päpstlicher Weltherrschaft vertreten. Das ganze christliche Abendland war zwar über das »Attentat von Anagni« entsetzt, es rührte sich jedoch keine Hand, um dem Papst beizustehen. Mit einem Schlag war die tiefe Kluft zwischen dem päpstlichen Anspruch und den tatsächlichen Machtverhältnissen offenbar geworden!
Signale für eine Krise in der Christenheit des ausgehenden Mittelalters waren schon vorher nicht zu übersehen gewesen: Die Bettelmönche des Franz von Assisi und des heiligen Dominikus (siehe *K: Bettelorden, Seite 271)* setzten der zunehmenden Diesseitsorientierung der Kirche und ihrem weltlichen Reichtum ein ›alternatives‹ Leben in urchristlicher Armut entgegen. Einzelne Gruppen von Christen, wie die Waldenser und Katharer, suchten ihren Weg zum Heil außerhalb kirchlicher Lehren; sie wurden jahrelang brutal als Ketzer verfolgt und endeten auf dem Scheiterhaufen (siehe *K: Ketzerverfolgung, Seite 274).*
Seit der ersten Hälfte des 14. Jahrhunderts wurden immer häufiger die Arbeiten an den gotischen Kathedralen eingestellt; die Dome von Köln und Siena etwa – beide enorme Gemeinschaftsaufgaben für ganze Städte – blieben für mehrere hundert Jahre Baustellen: Die Ursachen dafür lagen wohl zum wenigsten in technischen Problemen!

Die Bettelorden

Als »Bettelorden« werden die im hohen Mittelalter entstandenen Ordensgemeinschaften der Franziskaner und Dominikaner bezeichnet. Das Charakteristische dieser Neugründungen bestand darin, daß sie das bisher nur für den einzelnen Mönch geltende Gebot der völligen Armut auf das ganze Kloster ausdehnten; sein Unterhalt mußte nun tatsächlich durch Betteln bestritten werden.
Bettelorden findet man nicht zuletzt deshalb vor allem in Städten.

Franziskaner:	*Die Entstehung des Ordens geht auf den Kaufmannssohn Franziskus Bernardone (1182–1226) aus Assisi zurück, der nach ausschweifender Jugendzeit ein Leben in frommer Weltentsagung führte. Die Franziskaner – auch »Barfüßer« genannt, weil sie ohne Schuhe umhergingen – sahen ihre besondere Aufgabe in der seelsorgerischen Betreuung der niederen städtischen Bevölkerungsschichten vor allem durch die volkstümliche Predigt. Um diese Schichten direkt zu erreichen, legten sie ihre einfachen Klöster vorzugsweise in den Armenvierteln am Rande der Städte an. Noch zu Lebzeiten des Franziskus entstanden erste Niederlassungen auch in Deutschland. In der Auseinandersetzung um das Armutsideal kam es zu verschiedenen Abspaltungen (»schwarze«, »braune« Franziskaner; Kapuziner); später wurde ein Zweig für Laien, der »Dritte Orden«, angegliedert.*
Dominikaner:	*Der Orden wurde 1216 von dem spanischen Adeligen Dominikus (1170–1221) mit der Zielsetzung gegründet, die von der Kirche abgefallenen Häretiker zurückzugewinnen und die verwirrten Christen durch Predigtunterweisung vor dem Abfall zu bewahren. Neben den Franziskanern waren die »Predigerbrüder« die großen Volksseelsorger des Mittelalters. Von seiner Zielsetzung her legte der Orden großes Gewicht auf eine fundierte theologische Ausbildung seiner Mitglieder; aus seinen Reihen sind die größten Gelehrten des Mittelalters hervorgegangen (Albertus Magnus, Thomas von Aquin). Später wurden dem Orden die Inquisitionsverfahren gegen die Ketzer übertragen, einzelnen Mitgliedern kann der Vorwurf des Fanatismus nicht erspart bleiben.*

Andere haben solche Zeichen der Zeit besser verstanden als der machtbesessene Bonifatius VIII.: Sein Vorgänger, ehedem ein frommer Einsiedler, fühlte sich der Verantwortung für die krisengeschüttelte Christenheit nicht gewachsen und trat bereits nach fünf Monaten von seinem päpstlichen Amt zurück; seine Nachfolger stahlen sich bei der Unsicherheit der römischen Verhältnisse aus dieser Verantwortung und verlegten 1309 ihre Residenz nach Avignon in Südfrankreich. Damit begann für die Kirche eine folgenreiche und verhängnisvolle Entwicklung: Die Päpste gerieten in die Abhängigkeit des französischen Königs – bezeichnenderweise wurden jetzt nur noch Franzosen zum Papst gewählt! Treffend sprach man bei den übrigen christlichen Nationen von der »babylonischen Gefangenschaft« der Kirche.

Gras in den Kirchen, Wölfe im Vatikan – Rom ohne Papst

Der päpstliche Hof wußte sich diese freiwillige ›Gefangenschaft‹ recht angenehm zu gestalten: Mit einem ungeheuren Kostenaufwand entfaltete er hier die glänzendste und üppigste Hofhaltung von ganz Europa. Der burgartige Papstpalast von Avignon, luxuriös und gewaltig, legt dafür noch beredtes Zeugnis ab! In scharfen Worten geißelte der italienische Dichter Petrarca diesen päpstlichen Prunk: »Hier sieht man die Nachfolger einer Schar armer Fischer, die ihren Ursprung vergessen haben. Man sagt auch: statt der Apostel sieht man jetzt Satrapen [Statthalter] auf Rossen mit Gold bedeckt, mit goldenen Gebissen und nächstens mit Hufeisen aus Gold, wenn Gott nicht diese freche Pracht demnächst demütigt.«

Inmitten des rauschenden Hoflebens blieben jedoch die Päpste selbst in ihrer persönlichen Lebensführung relativ bescheiden. Sie haben in den Jahren des Exils nie die Kontrolle über die Gesamtkirche verloren. Als Papst Gregor XI. 1377 auf das immer stürmischere Drängen der Christen hin – die Großen der Zeit hatten ihm ins Gewissen geredet, auch der deutsche Kaiser Karl IV. war vorstellig geworden – wieder nach Rom zurückkehrte, begegnete ihm in der Ewigen Stadt das Chaos: In den Kirchen wuchs Gras, in den Gärten des Vatikans, wo er von jetzt an seinen Sitz nahm, heulten die Wölfe. Was die zeitgenössischen Berichte über den Zustand der Kirchen von Rom aussagen, kann sicher – im übertragenen Sinn – auch vom Zustand der ganzen römischen Kirche angenommen werden!

Das Verhängnis des Exils jedoch wirkte weiter: Als 1378 in Rom ein neuer Papst gewählt worden war, erklärten die französischen Kardinäle unter dem Einfluß des Königs die Wahl für ungültig und bestimmten ihrerseits in Avignon einen Gegenpapst: An die siebzigjährige »babylonische Gefangenschaft« der Kirche schloß sich jetzt nahtlos das vierzigjährige große abendländische Schisma (griech., Glaubensspaltung) an. Zwei »oberste Hirten« – später wurde aus der »verruchten Zweiheit« gar eine »verfluchte Dreiheit« – standen nun an der Spitze der Christenheit, unterstützten die einander befehdenden Höfe Europas und bekämpften sich und die gegnerischen Anhänger mit aller Erbitterung: So waren schließlich alle Christen gebannt, die ›Frontlinie‹ verlief mitten durch fromme Klostergemeinschaften; niemand mehr vermochte Papst und Gegenpapst zu unterscheiden, die Verwirrung der Geister war vollständig. Erst das Konzil von Konstanz machte dem größten Ärgernis der Christenheit 1417 (siehe Band 5) ein Ende. Verderbliche Übel aus dieser Zeit aber wucherten weiter.

Kirche und Kapitalismus – Päpstliche Finanzpolitik im Spätmittelalter

Seit dem Exil von Avignon hatte das Geld gefährliche Macht in der Kirche gewonnen. Mit den herkömmlichen päpstlichen Einnahmen konnte der Prunk der Hofhaltung nicht bestritten werden – die Geldnot machte erfinderisch: Der Papst nahm jetzt die Besetzung der hohen geistlichen Ämter in seine Hand und ließ sich seine Gunst großzügig honorieren. Von 287 deutschen Bischöfen und Erzbischöfen, die zwischen 1305 und 1368 ihr Amt antraten, waren nur noch 50 von den Domkapiteln gewählt, wie dies das Wormser Konkordat von 1122 (siehe Band 2) eigentlich vorgeschrieben hatte. Bischöfe und Äbte hatten als Bestätigungsgebühr ein Drittel ihrer Einkünfte an den Papst zu entrichten, die »Ernennungssteuer« der Domherren, Professoren und Pfarrer betrug gar ein ganzes Jahreseinkommen – zahlen mußten letztlich doch die Gläubigen! Außenstände wurden oft mit rigorosen Methoden eingetrieben, Zahlungsunwillige wurden ihrer Ämter enthoben und gebannt; 1328 waren das immerhin fünf Erzbischöfe, 30 Bischöfe und 26 Äbte!

Bei der Verwaltung der eingehenden Gelder entwickelte die apostolische ›Kammer‹ eine Perfektion, die sie zum Vorbild des Finanzwesens in den neuzeitlichen Staaten machte. In kurzer Zeit stieg der päpstliche Hof zur ersten Geldmacht Europas auf. Man könne den päpstlichen Palast nicht betreten, berichtet ein Zeitgenosse, »ohne dort Geistliche zu finden, welche die vor ihnen aufgehäuften Münzen zählten«. Hier gaben sich die »Pfründenjäger« ein Stelldichein, hier blühten auch Korruption und Erpressung. Schließlich wurden schon Anwartschaf-

Ketzerverfolgung

»Ungläubigkeit« war das Schlagwort, mit dem man nicht nur die Kreuzzüge gegen die Araber rechtfertigte, sondern auch die »Missionskreuzzüge« gegen die ungläubigen Pruzzen und Wenden im Elbe-Oder-Gebiet, ja sogar die Kreuzzüge gegen eigene Glaubensbrüder, die von der rechten Linie abgewichen waren. Diese Abtrünnigen gab es vor allem in Südfrankreich, in Oberitalien und im Rheinland: Katharer (die Reinen, dt.: Ketzer), auch als Waldenser (benannt nach dem Gründer Peter Valdus) und Albigenser bezeichnet (nach ihrem Bistum Albi). Diese Häresien (griech. Bezeichnung für die Auffassungen, die der offiziellen kirchlichen Lehrmeinung widersprachen: Häretiker sind Vertreter derselben) unterschieden sich im einzelnen stark voneinander, kannten jedoch auch gemeinsame Ideale: Predigt, Askese und Gebet. Ihre Lehren fanden rasch zahlreiche Anhänger, da ja seit dem 11. Jahrhundert breite Volksschichten eine tiefgreifende Kirchenreform sehnlichst herbeiwünschten und oft nicht unterscheiden konnten, ob die angebotene Lehre nun »reformiert« oder schon »ketzerisch« sei.
Papst Innonzenz III. versuchte es zuerst mit Belehrungen, dann mit Gewalt. Selbst das Eingreifen des französischen Königs Ludwig VIII. brachte insgesamt kein Ende dieser gefährlichen Bedrohung für die katholische Kirche. Da mit Heeren den Häretikern nicht beizukommen war, begannen vor allem die Bettelorden (Dominikaner- und Franziskanermönche) durch eine Neubelebung des Glaubens erfolgreich den Ketzern ihre Anhänger zu entziehen. Besonders hart griff in Deutschland der Inquisitor Konrad von Marburg gegen die Ketzer durch.

ten auf geistliche Stellen verkauft, und man scheute sich dabei nicht, das gleiche Amt gelegentlich zwei oder mehr Kandidaten in Aussicht zu stellen. Den Zuschlag erhielt wohl nur in selteneren Fällen der Würdigste!
Besonders in Deutschland war es üblich geworden, sich in die höheren geistlichen Ämter »einzukaufen«, waren sie doch – als sogenannte Pfründen – in der Regel mit recht ansehnlichen Einkünften verbunden. Der Adel betrachtete die Kirche geradezu als Versorgungsanstalt für seine nachgeborenen Kinder: Nicht zu verheiratende Töchter wurden in standesgemäßen Klöstern oder Damenstiften untergebracht, die Söhne oft schon im zarten Kindesalter auf eine Pfründe gesetzt; »Gottesjunker« nannte der Volksmund boshaft solche Prälaten. Nicht selten zogen sie aus zwei oder mehr Ämtern gleichzeitig Gewinne. Ihre eigentlichen geistlichen Pflichten nahm derweil ersatzweise ein meist schlecht entlohnter und ausgebildeter Kleriker wahr. Diether von

Isenburg, Erzbischof von Mainz, hat in seinem Leben nur eine einzige Messe gehalten – bei seiner Bischofsweihe! Es gab sogar Domherren, die nie ihre Stiftskirchen von innen gesehen hatten.

Übertriebene Erwartungen durften an die Dienstauffassung solcher Geistlicher, denen die »Berufung« gleichsam schon in die Wiege gelegt wurde, nicht gestellt werden: Sie lebten eben das Leben ihrer adeligen Standesgenossen! Zu Recht entrüstet sich der Humanist Johannes Butzbach (1478 in Miltenberg/Main geboren): »Sie errichten prächtige Residenzen, wo sie sich inmitten prunkvoller Gelage Orgien hingeben. Die Güter der frommen Stifter verschwenden sie für Bäder, Pferde, Hunde und gezähmte Jagdfalken.« Gleichwohl darf bei all dem nicht übersehen werden: Aus dieser Schicht wuchsen der Kirche auch jene Männer zu, die aus geistlicher Verantwortung heraus ihre Geschicke in schwieriger Zeit lenkten.

Materiell und geistig unterversorgt, moralisch verkommen: Die niedere Geistlichkeit

Von der Versuchung zum Müßiggang wurden die Angehörigen der »niederen« Geistlichkeit wohl kaum angefochten: Dazu waren ihre Pfründen zu kärglich bemessen – und die Zahl der Anwärter darauf war viel zu hoch. Im 14. und 15. Jahrhundert drängten die Menschen fast massenhaft in die geistlichen Berufe; in einzelnen Städten wie etwa in Worms gehörte praktisch jeder zehnte Bürger dem Welt- oder Ordensklerus an. Die Anzahl der verfügbaren Pfarrstellen stand dazu in keinem Verhältnis; ihre finanzielle Ausstattung lag überdies nicht selten an der Grenze des Existenzminimums – überzogene Geldforderungen für die kirchlichen Dienste (wie Taufe, Letzte Ölung, Bestattung oder Seelmessen) waren die zwangsläufige Folge: leicht konnte so beim geschröpften Volk der Vorwurf der »Käuflichkeit der Sakramente« entstehen. Viele Hilfsgeistliche und Vikare mußten sich mit einem dürftigen Meßstipendium durchschlagen – in St. Marien zu Lübeck zählte man allein 70 solcher »Meßpriester«, an den größeren Domen sollen es Hunderte gewesen sein. Um ihren Unterhalt zu fristen, betätigten sich manche als Weinhändler und Schuster oder verdingten sich bei Bauern; einzelne versetzten sogar wertvolle Altargeräte; ein geistliches Proletariat bildete sich!

Unter solchen Umständen mußte die berufliche Qualifikation dieser Geistlichen notwendig fragwürdig bleiben. Die wenigsten hatten eine solide theologische Ausbildung erhalten; sie konnten zwar die Messe ›lesen‹, verstanden haben sie die lateinischen Texte wohl kaum. In ei-

Beichtpriester. *Die geheime Ohrenbeichte zur Erlangung der Sündenvergebung war oft auch Beratung und Gespräch für den Gläubigen. Sandsteinfigur, um 1200. Regensburg.*

nem Hirtenbrief beklagt sich der Mainzer Erzbischof Uriel von Gemmingen, daß sehr viele Priester seiner Diözese »ungelehrt und unwissend erfunden [. . .], ja völlig untauglich sind, die Sakramente zu verwalten und das Wort Gottes zu lehren.« Deftiger drückte sich Sebastian Brant in seinem »Narrenschiff« aus: »Drum gibt es jetzt viel junge Pfaffen, die so viel können wie die Affen, und Seelsorg sieht man treiben die, denen man vertraute kaum ein Vieh.«
Auch mit dem »ehrbaren Wandel« der Geistlichen war es offenkundig nicht zum besten bestellt. In bischöflichen Verordnungen wurde immer wieder gegen die verbreitete Trunksucht, gegen Rauflust und Spielleidenschaft zu Felde gezogen. »Sie liegen Tag und Nacht in den öffentlichen Wirtshäusern, trinken mit den Laien, werden voll und ungeschickt, daß sie dadurch Aufruhr mit Schlagen und Raufen veranlassen«, heißt es in einer Beschwerdeschrift der baierischen Herzöge an den Erzbischof von Salzburg. Die meisten Prozesse, die vor den geistlichen Gerichten anhängig waren, hatten Verstöße gegen die priesterliche Ehelosigkeit zum Inhalt. Es war eingerissen, daß Pfarrer mit ihren Köchinnen zusammenlebten; bisweilen genierte man sich nicht einmal, solche Frauen – »Seelenkühe« wurden sie hämisch genannt – zu Kapitelsitzungen mitzubringen. Der Zölibat unterscheide sich von der Ehe dadurch, behauptete der Volkswitz, daß der Laie ein Weib habe, der Geistliche aber zehn!

Klosterleben zwischen Ausschweifung und Askese, gesellschaftlichem Engagement und Parasitentum

Auch die Zuchtlosigkeit in den einzelnen Klöstern war geradezu sprichwörtlich geworden – bei den oft wenig geistlichen Motiven, die Männer und Frauen zuhauf in den Ordensstand trieben, durfte das nicht verwundern. Als ein päpstlicher Beauftragter ein besonders berüchtigtes fränkisches Frauenkloster überprüfen sollte, fand er fast alle Nonnen in anderen Umständen. Viele klösterliche Gemeinschaften hatten sich von den mönchischen Idealen des heiligen Benedikt und des heiligen Franziskus meilenweit entfernt. Trieben die einen in Ausstattung und Lebensführung einen ärgerniserregenden Aufwand, so genossen andere die allgemeine Mildtätigkeit; der äußerlich heruntergekommene, umherschweifende Bettelbruder wurde nachgerade zum Inbegriff der Faulheit. Überdies lieferten sich Weltpriester und Ordensklerus oft eine unwürdige ›geistliche‹ Konkurrenz – letztlich um die Einkünfte!
Wenngleich der »Pfaffe« und der »gefräßige Mönch« die verbreitet-

sten Spottfiguren der zeitgenössischen Literatur waren, dürfen ihre Unarten doch nicht überschätzt werden. Aufsehen erregten immer die Verfehlungen; der Durchschnitt der Geistlichen aber war durchaus achtbar. Selbst ein so unerbittlicher Kritiker kirchlicher Zustände wie der Humanist Jakob Wimpfeling räumte ein, daß er unter den Priestern zahlreiche vorbildliche Vertreter ihres Standes kenne. Die vielgeschmähten Klöster blieben auch in dieser unruhigen Zeit die eigentlichen Zentren des geistlichen Lebens; den aufrichtig religiösen Menschen boten sie gerade jetzt Wegweisung, Zuflucht und Heimat. Die spätmittelalterliche Gesellschaft ist ohne die selbstlosen sozialen Dienste dieser Klöster, ohne ihre Armenfürsorge und ihre Krankenpflege, schlechterdings gar nicht denkbar!

Wie schon so oft in der Geschichte der Kirche mobilisierte der deutlich sichtbare Niedergang auch wieder Kräfte und Impulse der Erneuerung und Reform: Eine Reihe von klösterlichen Genossenschaften, Benediktiner- oder Augustinermönche etwa, bekannte sich wieder zu einem Leben der Askese nach den alten Regeln ihrer Ordensgründer. Viele fromme Priester und Laien schlossen sich zu »Brüdern vom gemeinsamen Leben« zusammen; sie verzichteten freiwillig auf Pfründen, durch tätige Nächstenliebe und geistliche Betrachtung strebten sie die »Nachfolge Christi« mitten in der Welt an, wie dies das weitverbreitete Büchlein des Thomas von Kempen verlangte. Mitte des 15. Jahrhunderts bereiste Nikolaus von Kues (Nicolaus Cusanus), der zum Kardinal aufgestiegene Sohn eines einfachen Winzers aus Kues an der Mosel, im Auftrag des Papstes weite Teile Deutschlands, um wieder mehr Disziplin und Regelmäßigkeit in die kirchlichen Verhältnisse zu bringen; dauerhafter Erfolg blieb seinen Bemühungen jedoch versagt – nicht zuletzt wegen des massiven Widerstands von seiten der Nutznießer dieser Zustände (siehe Porträt Band 5). An der Notwendigkeit einer Erneuerung zweifelte niemand – die griffige Formel von der »Reform an Haupt und Gliedern« war in aller Munde; letztlich aber fehlten Mut und Bereitschaft, auch die Konsequenzen zu ziehen.

Unterwerfung, Kritik und Spott – Reaktionen der Gläubigen auf kirchliche Mißstände

Der »gemeine Christ« hat auf seine Weise an den Mißständen in der deutschen Kirche Anstoß genommen – vom bissigen Pfaffenwitz bis zur Revolte gegen drückende Klosterherrschaft. Nie indes richtete sich dieser Protest gegen die Kirche als solche, gegen *den* Priester oder *den* Papst: Der Mensch im Spätmittelalter entzog sich von Fall zu Fall den hierarchischen Institutionen und Autoritäten, stellte diese aber nur vereinzelt in Frage. Vielmehr entwickelten sich gerade inmitten der Erscheinungen kirchlichen Niedergangs im Volke Ausdrucksformen einer tiefen Frömmigkeit, die in ihrer Vielfalt, in ihren Eigenarten, aber auch in ihren Übersteigerungen geradezu zu einem Merkmal der Zeit geworden sind.

Immer noch war der Glaube das Wesentlichste für den Menschen, seine kleine Welt war durch und durch christlich: Die Kirche begleitete alle Stationen seines Lebensweges, die Glocken bestimmten seinen Tagesablauf. Die Feste der Kirche waren zugleich die ausgelassenen Feste des Volkes – gegen Ende des Mittelalters verging kaum eine Woche ohne Feiertag! Die kirchliche Frömmigkeit griff dabei über den Raum des Gotteshauses hinaus: Auf Bittgängen und Prozessionen mit farbenprächtigem Zeremoniell erflehten die Gläubigen Gottes Segen für die Felder und Hütten, für Märkte und Patrizierhäuser. Hier in der freien Natur wurden die ersten Kirchenlieder in deutscher Sprache gesungen, die in der lateinischen Liturgie der Messe noch keinen Platz hatten.

Eindrucksvoll werden die religiösen Vorstellungen auch in den geistlichen Spielen dokumentiert, die sich – wie die weihnachtlichen Krip-

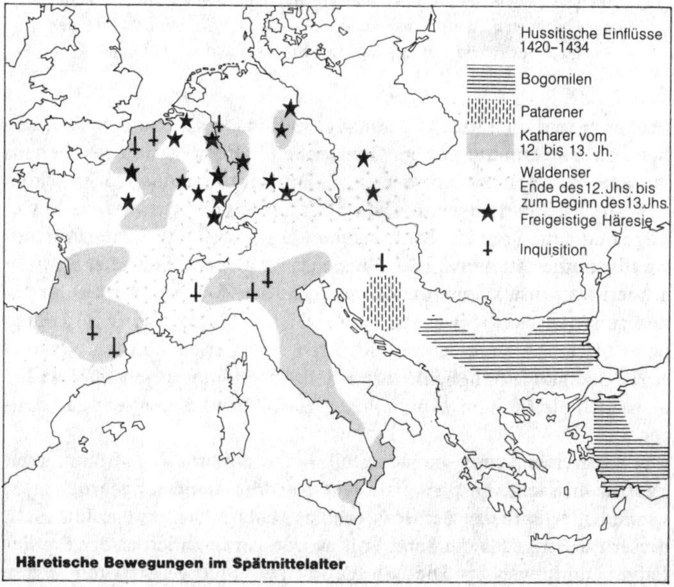

Häretische Bewegungen im Spätmittelalter

Auch ein Weg in den Himmel. *Hedwig von Schlesien wäscht und küßt Leprakranken die befallenen Füße. Schlackenwerther Handschrift der Hedwigslegende. Wien, Österreichische Nationalbibliothek.*

penspiele und die Dreikönigsumzüge in Süddeutschland – bis auf den heutigen Tag erhalten haben. Die Darstellung des Passionsgeschehens auf dem Marktplatz gehörte in einzelnen Städten zu den Höhepunkten des bürgerlichen Lebens; die »Frankfurter Passion« etwa dauerte vier Tage und hatte über 250 Mitwirkende! Diese breit angelegten und aufwendig ausgestatteten Spiele, die mehr und mehr in deutscher Sprache aufgeführt wurden, entsprachen so recht dem Schaubedürfnis der damaligen Menschen: Sie zogen Tausende von Zuschauern an und boten der stolzen Bürgergemeinde mit ihren engagierten Zünften zugleich eine vorzügliche Möglichkeit der Selbstdarstellung; nebenbei wußte man auch die Einkünfte aus solchen geistlichen Spielen sehr zu schätzen.

Bei allem Hang zur Selbstdarstellung war diese Volksfrömmigkeit gleichwohl nicht ›gespielt‹: sie war Ausdruck eines ungebrochenen, spontanen Glaubens, der vom theologischen Gelehrtengezänk nicht berührt wurde. Das einfache Volk wurde vornehmlich in der Predigt religiös unterwiesen. Die wortgewaltigen Predigergestalten dieser

Jahrhunderte – von Berthold von Regensburg bis Johann Geiler von Kaysersberg – hatten massenhaften Zulauf: Mit ihren Beispielgeschichten und ihren bildhaft-eingängigen Darstellungen prägten sie die Vorstellungen der Menschen von Gott und vom Jenseits.
Der Himmel als Ziel aller Sehnsucht unterschied sich danach nicht wesentlich von der irdischen Wirklichkeit – nur war hier alles unendlich viel schöner; im Himmel pflegte der selige Christ vertrauten Umgang mit Gott, mit den Engeln und Heiligen. Die Hölle als Ort der Verdammten dagegen wurde in der Phantasie zu einem wahren Inferno des Grauens und Schreckens ausgemalt; hier mußte auch die erlöste Seele noch ihre »Schuld aus Erdentagen« abbüßen.

Bußen, Ablaßkauf und Beten: Steiniger Weg in den Himmel

Eingespannt zwischen Jenseitshoffnung und Höllenangst, beschäftigte sich der bangende Christ mit der »Kunst des Sterbens« (lat.: »ars moriendi«) – so der Titel einer weitverbreiteten Erbauungsschrift; mit guten Werken wollte er sich den Weg zum Himmel ebnen: Vorsorge für die Ewigkeit wurde zum treibenden Motiv des religiösen Lebens.
Die Kirche förderte solche Einstellungen ganz bewußt. Durch fromme Übungen und Almosenspenden konnte der Gläubige Zuwendungen aus dem kirchlichen »Gnadenschatz« erwerben; um die Dauer des »Reinigungsprozesses« nach seinem Tode abzukürzen, konnte er einen »Ablaß« gewinnen. Der Ablaß war eines der bedeutsamsten Phänomene spätmittelalterlicher Frömmigkeit – vielfach mißbraucht und mißverstanden, wurde er zu ihrem größten Ärgernis. Die versprochenen Nachlässe der Sündenstrafen gegen bestimmte Leistungen in Geld- oder Gebetsform erreichten schon bald astronomische Dimensionen: In Wittenberg etwa brachte das Vorzeigen bestimmter Reliquien einen Ablaß von zusammengerechnet zwei Millionen Jahren ein! Seines eigentlichen religiösen Sinnes entkleidet, wurde der Ablaß in den Händen geistlicher und weltlicher Herren zu einem Werkzeug skrupelloser Beutelschneiderei.
Wohl in den meisten Fällen jedoch flossen die Erträge aus den Ablässen segensreichen Zwecken zu: Mit ihrer Hilfe wurden Kirchen gebaut und gemeinnützige Werke – Spitäler für Kranke und Alte oder Deichanlagen an der Küste – finanziert. Zu keiner Zeit wurde um des Seelenheils willen so viel gespendet und gestiftet: Kapellen und Altäre, Messen und Pfründen, Gaben für die Armen und Kranken. Auf weltliche Ehre verzichtete dabei die Großherzigkeit durchaus nicht: Die Schenkungen wurden mit dem Familienwappen geschmückt, und häufig

schlüpfte der fromme Stifter auf dem Altarbild in das Gewand eines Heiligen. Waren die teuren Stiftungen zunächst nur den Adeligen und reichen Patriziern finanziell möglich, so schufen sich die kleinen Bürger in den »Bruderschaften« eine Einrichtung, die auch ihren religiösen Werken zu mehr Ansehnlichkeit verhalf: Die gemeinsam erbrachten Spenden und die gemeinschaftlich geleisteten frommen Übungen konnten sich zusammengenommen jetzt durchaus sehen lassen, und sie kamen allen Mitgliedern gleichermaßen zugute. Die Bruderschaften bildeten praktisch ›geistliche Versicherungsvereine auf Gegenseitigkeit‹. Dabei waren die religiösen Anforderungen hoch: So verlangte die Kölner »Bruderschaft der 11 000 Jungfrauen« schon als Aufnahmebedingung das Beten von 11 000 Vaterunsern! Die Bruderschaften verbreiteten sich in vielfältigen Formen über ganz Deutschland; allein in Hamburg zählte man über 100. Bedeutsam wurden auch ihre karitativen Leistungen für die spätmittelalterliche Gesellschaft. Neben den gottesdienstlichen Feiern pflegten die »Brüder« in ihren Häusern – oft in enger Beziehung zu bestimmten Zünften – die familiäre Geselligkeit: hier finden sich frühe Ansätze des deutschen Vereinswesens! Einzelne Bruderschaften haben sich bis in die Gegenwart erhalten.

Reliquienkult, Vierzehn Nothelfer und andere Heilige

Nachhaltig wurde durch die Bruderschaften der ausgeprägte Heiligenkult des Spätmittelalters gefördert. Vor allen anderen Heiligen galt dabei die kindlich-überschwengliche Verehrung Maria, der Gottesmutter und Himmelskönigin. In den mannigfachsten Andachtsformen, im »Rosenkranz« vor allem, wurde der Beistand der »mächtigsten Fürsprecherin« angerufen, in den Wirren der Zeit suchten die Menschen Zuflucht unter ihrem »Schutzmantel«. Unzählige Kirchen – besonders in den neuen Siedlungsgebieten des Ostens – wurden »unserer lieben Fraue« geweiht. Gläubige Phantasie erfreute sich an den idyllischen Legenden des »Marienlebens«; in der Darstellung der Madonna erreichte die spätmittelalterliche Kunst ihre Vollendung. Die Marienverehrung wurde zum Höhepunkt der Volksfrömmigkeit schlechthin und war dort so verwurzelt, daß man sie von offizieller Seite aus in den Propagandafeldzügen der Gegenreformation (siehe Band 6) sehr gut als ein Mittel zur Massenbegeisterung einsetzen konnte.

In der Zuwendung zu einem bestimmten Heiligen drückte sich der neue persönlich-individuelle Zug in der Religiosität des Gläubigen aus: Mit diesem Heiligen konnte er menschlich sprechen, von ihm

***Armenbibel.** Eher für ein theologisch gebildetes Publikum waren die Darstellungen aus dem Alten und Neuen Testament. Berlin, Staatsbibliothek Preußischer Kulturbesitz, Handschriftenabteilung.*

fühlte er sich in seinen Anliegen verstanden und beschützt. Jede Zeit entwickelte dabei ihre Vorlieben: Besonderer Verehrung erfreute sich die heilige Anna, die Mutter Mariens; noch Luther bezeichnete sie als seinen »Abgott«! Die Wände vieler Kirchen und Häuser wurden mit dem Bildnis des Christophorus geschmückt: Nach gläubiger Meinung bewahrte sein Anblick vor einem jähen Tod. Noch heute gilt er deshalb als Schutzheiliger der Autofahrer. In den alltäglichen Nöten des Leibes und der Seele wurden vom frommen Volk gerne die Vierzehn Nothelfer angerufen. Länder und Städte, Bruderschaften und Zünfte wählten Heilige zu ihren besonderen Schutzpatronen; in derber Symbolik entschieden sich so die Metzger für den heiligen Bartholomäus, dem im Martyrium die Haut abgezogen worden war.
Im Kult der Reliquien wurde die Grenze zum Aberglauben, zur Abweichung vom offiziellen Glauben, im späten Mittelalter sicher häufig überschritten. Die Verehrung der leiblichen Überreste von Heiligen sollte von alters her die Erinnerung an ihre Tugenden und ihr christliches Leben wachhalten; jetzt begann sie allmählich ihren ursprünglichen Charakter zu verlieren: es wurden ihr magische Kräfte zugeschrieben. Die Reliquienkammern glichen – besonders wenn man sie mit den Augen der aufgeklärten Neuzeit betrachtet – häufig Kuriositätenkabinetten; neben echten Reliquien fanden sich dort: Manna aus der Wüste, Stroh von der Weihnachtskrippe, die Nähausrüstung der Gottesmutter, Ruß aus dem Ofen der biblischen drei Jünglinge oder – gerne zitiert – Milch der Mutter Maria. Das Sammeln von Reliquien wurde zur Leidenschaft: Luthers Landesherr Friedrich III. von Sachsen hatte innerhalb weniger Jahre 20000 »Stücke« zusammengerafft!
Der fromme Reliquienkult war außerdem die Triebfeder für die größten Wallfahrten in Deutschland: die Aachener Heiltumsfahrt, die Verehrung des Heiligen Rockes in Trier und des Dreikönigsschreins in Köln; bis zu 80000 Menschen kamen an einzelnen Tagen in diese Orte. In der gerade im Spätmittelalter weitverbreiteten Andachtsform der Wallfahrt verbanden sich uralte Wanderlust, Pilgertradition und religiöse Sinngebung: Der Wallfahrer erflehte Beistand in schwierigen Anliegen, bei Krankheit und Kinderlosigkeit beispielsweise, oder er stattete seinen Dank ab für Hilfe und Trost; an den Gnadenstätten häuften sich die Votivgaben: schwere Kerzen und bemalte Tafeln für die Erhörung der Gebete, Krücken oder Gliedmaßen aus Wachs als Zeichen für wunderbare Heilungen. Die großen Wallfahrten ins Heilige Land oder nach Rom blieben vornehmlich das Privileg der Begüterten; bei den Nürnberger Patriziern galt es als verpflichtende Tradition, in Jerusalem »Ritter vom heiligen Grab« zu werden. Geistliches und Weltliches waren bei der Wallfahrt nicht zu trennen; auch die

ganz irdischen Vergnügungen wurden nicht ausgespart – die Gaukler, Händler und Schankwirte machten in ihren Buden allemal gute Geschäfte.

Am Ende des späten Mittelalters, in den Zeiten der entsetzlichen Pestgeißel, politischer und sozialer Unsicherheit und Intoleranz, zeigte die Frömmigkeit des Volkes immer stärker hysterische Züge; an die Stelle echten Glaubens trat vielfach überreizte Wundersucht. Einen Höhepunkt erreichten die religiöse Verwirrung und Schwarmgeisterei beim Auftreten des Pfeifers von Niklashausen. Im Jahre 1476 gab sich der Dorfmusikant und Gemeindehirt Hans Böhm als Beauftragter der Gottesmutter aus: Er hielt fromme Marienandachten, er predigte Buße und verkündete Ablässe, er kritisierte den Papst und die Verkommenheit und Gewinnsucht der Pfarrer, er bezeichnete den Kaiser als Bösewicht und forderte gerechte Verteilung des Besitzes. Hier gab einer beredt dem Ausdruck, was vielen nicht paßte. Das Volk strömte deshalb in Massen nach Niklashausen im Taubertal und war so fasziniert, daß es dem Pfeiferhans auch bald Totenerweckungen und Krankenheilungen zuschrieb. Schließlich griff der Bischof von Würzburg ein: Er ließ das Pfeiferhänsle verhaften und als Ketzer verbrennen; die Asche wurde in den Main gestreut – der Volksbewegung jedoch wurde er nicht mehr Herr: Im »Wetterleuchten von Niklashausen« kündigte sich das nahende Gewitter der Bauernkriege und der Reformation an.

Literatur

Andreas, Willy: Deutschland vor der Reformation, Berlin 1972
Bihlmeyer, Karl / Tüchle, Hermann: Kirchengeschichte, Bd. 2, Paderborn 1962
Clemen, Otto: Die Volksfrömmigkeit des ausgehenden Mittelalters, Dresden 1937
Friedell, Egon: Kulturgeschichte der Neuzeit, Bd. 1, München 1976
Hauck, Albert: Kirchengeschichte Deutschlands, Bd. V. 2, Berlin / Leipzig 1953
Kantzenbach, Friedrich Wilhelm: Die Geschichte der christlichen Kirche im Mittelalter, Gütersloh 1967
Kawerau, Peter: Geschichte der mittelalterlichen Kirche, Marburg 1967
Lortz, Joseph: Geschichte der Kirche in ideengeschichtlicher Betrachtung, Bd. 1, Münster 1962
Meckes, Albert: Katholische Kirchengeschichte, München 1952

HEINRICH PLETICHA

Die Mode im 13. und 14. Jahrhundert

Fundgrube für den Forscher – Grundgarderobe der Bauern: zweckmäßig, aber ohne Abwechslung – Allmählicher Modewandel: mi-parti und Rocklänge – Mode am Hof – Kaum entstanden, schon kritisiert: die Damenmode – Farben und Formen, Stoffe und Qualitäten – Bekleidungsproduktion – Modegags werden wichtiger als Zweckmäßigkeit – Das Aufkommen von Kleiderordnungen: sichtbare Klassenunterschiede müssen deutlich bleiben.

Wandfresken in romanischen und gotischen Kirchen, Miniaturen in zahlreichen mittelalterlichen Handschriften, Plastiken wie etwa die Stifterfiguren des Naumburger Domes, Holzschnitzereien gotischer Altäre, Tafelbilder und Grablegen – sie alle bilden ein geradezu unerschöpfliches Bilderbuch, sind Informationsquelle und Anschauungsmaterial aus erster Hand bei der Suche nach Zeugnissen mittelalterlicher Mode. Zu ihnen gesellen sich manche Aussagen in ritterlichen Dichtungen oder Notizen in Chroniken, oft nur kleine, dafür aber um so reizvollere Hinweise zu einem ebenso uralten wie wichtigen Thema. An Bildern und Texten läßt sich gleichermaßen der Wandel der Mode ablesen, der sich im frühen und hohen Mittelalter nur langsam, fast behutsam vollzog, im späten dann schon etwas rascher, wenn auch nicht vergleichbar mit dem hektischen Tanz der Eitelkeiten in unseren Tagen.
Immerhin darf man die Grundregel aufstellen, daß sich für die Bauern, also für rund neunzig Prozent der Gesamtbevölkerung, das ganze Mittelalter hindurch in der Kleidung nur wenig änderte. Dafür sorgten aber Edelleute wie Bürger gleichermaßen für Abwechslung und Modetorheiten.

Leibrock und Kappe, Rock und Hemd – Bäuerliche Kleidung

Zu der Grundausstattung der mittelalterlichen Männerkleidung gehörte der enge leinene Leibrock, der durch einen Gürtel zusammengehalten wurde und meistens bis an die Knie reichte. Manchmal trugen die Männer Hosen ebenfalls aus Leinen darunter, oft genug sparte man diese aber als besonderen Luxus für den Sonntag auf. Ein Stück

Höfische Eleganz, beeinflußt von französischer Mode. *Reicher, fließender Faltenwurf fasziniert am Kleid der adeligen Dame. Ihr gegenüber kniet ein Ritter in voller Rüstung. Beide wechseln die Eheringe. Sandsteinplastik aus dem 13. Jahrhundert (Kopie von 1928) am rechten Treppenturm. Rottweil, Kapellenturm.*

grobes Tuch ersetzte Wams und Mantel, im Winter schützte ein Pelz vor der Kälte. Als Kopfbedeckung diente ein Strohhut, gelegentlich auf Reisen eine Kappe. Ebenso einfach und bescheiden war auch die Frauenkleidung, die gewöhnlich aus einem Oberkleid, aus Rock und Hemd bestand. Das war die Grundform, wie sie auch schon die Franken kannten und wie sie in bäuerlichen Kreisen in den folgenden Jahrhunderten üblich blieb. Seit dem 12. Jahrhundert kam dann bisweilen ein Schultermantel mit Kapuze dazu, wobei die Kapuze schon der adeligen Kleidung abgeschaut war.
Noch zur Zeit Karls des Großen bestand im Zuschnitt zwischen bäuerlicher und adeliger Kleidung kaum ein Unterschied, wohl aber in der Qualität der verwendeten Stoffe. Unter den vielen Geschichten über Karl den Großen gibt es auch eine, die davon erzählt, wie der Kaiser bei einer Jagd seine in byzantinische Seiden gekleideten Höflinge durch Regen und Schmutz hetzte, bis ihre Gewänder in Fetzen herabhingen.
Zu den ältesten, schon seit der ottonischen Zeit bekannten modischen Besonderheiten bei Männern zählt das »mi-parti«, die verschieden eingefärbten, in der Mitte geteilten Kleidungsstücke. Ursprünglich hatte dabei nur jedes Hosenbein eine andere Farbe, seit dem 11. Jahrhundert wurden dann auch die Rockhälften senkrecht geteilt. Diese Mode hielt sich immerhin bis gegen Ende des 16. Jahrhunderts, und es wird noch einmal von ihr die Rede sein.
Allmählich änderte sich die Länge des Rockes, dessen Saum von den Knien bis zu den Knöcheln hinunterrutschte. Nun wurden die Damen herausgefordert, die ihrerseits gleich zwei Neuerungen vornahmen, indem sie einmal den Oberrock so kürzten, daß er zwischen Knie und Knöchel aufhörte, andererseits aber das Unterkleid entsprechend verlängerten, bis es auf dem Boden auflag. Damit aber waren schon die Ansätze zu der für die mittelalterliche Mode kennzeichnenden Schleppe gegeben.

Modische Trendsetter: Adelige und Ritter

Über die Kleidung der höfischen Gesellschaft des 13. Jahrhunderts sind wir gut informiert, bieten doch vor allem die Miniaturen der Manessischen Liederhandschrift einen unerschöpflichen Modealmanach. Verhältnismäßig unkompliziert und gegenüber der früheren Zeit wenig gewandelt bleibt die Herrenmode, während bei den Damen schon einige neue Glanzlichter gesetzt werden. Das Hemd bestand bei beiden Geschlechtern aus feinem Leinen oder gesponnenem Flachs, seine

Ärmel waren abnehmbar und konnten bei Verschmutzung bequem ausgewechselt werden. Und wer nicht genug Hemden besaß, heftete sie einfach an das Unterkleid.
Die Hose der Herren bestand aus zwei Teilen: Einmal dem »bruoch«, ein Kleidungsstück in der Art einer Badehose, daran angebunden wurde die »hose«, eigentlich Strümpfe, die man mit Schnüren oder Riemen am bruoch befestigte. Daher hat sich auch bis heute der uns kaum mehr verständliche Ausdruck »ein Paar Hosen« erhalten. Solche Hosen bestanden aus Wollstoff oder gewebtem Seidenzeug. Sie mußten möglichst eng anliegen und das Bein schön zur Geltung bringen. Es fällt auf, daß nur einige der auf den Miniaturen abgebildeten Herren Schuhe tragen und vielmehr in Strümpfen oder, genauer gesagt, »in Hosen« zu laufen scheinen. Aber wahrscheinlich waren an diesen Ledersohlen befestigt. Doch gab es auch Schnürschuhe aus Leder oder pelzgefütterte Stiefel für den Winter.
Das Untergewand zeichnet sich kaum durch modische Eleganz aus. Bei Männern und Frauen wies es den gleichen Schnitt auf und hing wie ein sich nach unten etwas weitender Sack am Körper. Nur manchmal versuchten die Damen es ›heimlich‹ zu tragen, d.h. durch einen engeren Schnitt die Figur an Brust und Hüften zu betonen. Bei geschicktem Tragen ließ sich aber trotz aller Einförmigkeit mit dem Faltenwurf schon eine gewisse Eleganz erzielen. Accessoires bildeten Broschen und gelegentlich Gürtel, vor allem aber die Ärmel, die, wie wir schon hörten, entweder an das Hemd oder direkt an das Untergewand angeheftet wurden und mit denen gerade die Damen erheblichen Luxus trieben. Sie reichten fast bis zum Boden hinab, waren manchmal aus Seide oder kostbarem Brokatgewebe gefertigt. Die Damen benutzten sie als Schweißtuch oder schlugen sie auch schalartig um den Hals. Diese Mode der langen Ärmel war schon im 11. Jahrhundert aufgekommen und hielt sich bis gegen Ende des 13. Jahrhunderts, dann wurde das Gewand ganz ärmellos. Dafür hatte aber das Oberkleid weite, oft schön mit Borten oder Pelzwerk verzierte Ärmelöffnungen, die von den Männern spöttisch »Höllenfenster« genannt wurden.
Dieses Obergewand hieß Surcot oder Sucenie. Der Name ist wahrscheinlich altslawischen Ursprungs; denn sucno bedeutete im Slawischen soviel wie Gewand oder Oberkleid. Es war ein ärmelloser Rock von gleicher Länge aber anderer Farbe als das Untergewand und oft auf Taille zugeschnitten. War es mit Pelzwerk gefüttert, so hieß es Kursit.
Zu feierlichen Anlässen oder auch zum Tanz trugen die Frauen über den Kleidern noch den »swanz«, eine lange Schleppe. Diese wurde bald zum Ärgernis für prüde Männer oder Modemuffel. So heißt es in

Text der Zeit

Aus der Limburger Chronik:
Mode im 14. Jahrhundert

Die Kleidung von den Leuten im deutschen Lande war also getan [sah so aus]: Die alten Leute trugen weite und lange Kleider [. . .] die Arme waren bescheiden weit, und die Röcke waren an der Brust oben gefaltet und mit Fransen besetzt und waren vorn aufgeschlitzt bis an den Gürtel. Und die jungen Männer trugen kurze Kleider, die waren abgeschnitten auf den Lenden und gefaltet, mit engen Armen. Die Mützen waren groß. Darnach zuhand trugen sie Röcke mit vierundzwanzig oder dreißig Geren [Besatzstücken] und lange Mäntel, die waren geknöpft vorn nieder bis an die Füße, und stumpfe Schuhe. Item [lat., ebenso, auch] etliche trugen Kappen, die hatten vorne einen Lappen und hinten einen Lappen, die endeten sich einem jeglichen an seinen Knien. Die Lappen waren verschnitten und gezattelt [gezackt]. Das hatte manch Jahr gewährt. Item die Herren, Ritter und Knechte, wann sie zu Hofe gingen, so hatten sie lange Lappen an ihren Armen bis auf die Erden, gefüttert mit feinem Pelzwerk, wie es den Herren und Rittern zugehört.
Item die Frauen gingen gekleidet zu Hofe und zu Tanzen mit Parkleidern [Weiberkleid] und darunter Röcke mit engen Armen, und das oberste Kleid hieß Sorkeit und war bei den Seiten unten aufgeschlitzt und gefüttert mit Pelzwerk zum Winter oder mit Zindel [feines indisches Leinengewebe] zum Sommer, darnach es ziemlich einem jeglichen Weibe war. Auch trugen die Frauen, die Bürgerinnen in den Städten, gar ziemliche [mhd., angemessen, passend] Mäntel, die nannte man Felen, und war das kleine Gespinst von Distelsait, kraus und enge beisammen gefalten, mit einem Saum, beinahe einen Spannen breit, der kostete einer 9 Gulden oder 10. [. . .]
Item über ein Jahr, da das Sterben, Geißlerfahrt, Römerfahrt und Judenschlacht ein Ende hatte, da hub die Welt wieder an zu leben und fröhlich zu sein, und machten die Männer neue Kleidung. Die Röcke waren unten ohne Besatzstücke und waren auch nicht abgeschnitten um die Lenden und waren so eng, daß ein Mann nit darinnen schreiten konnte, und die Röcke waren eine Spanne nahe über die Knie. Danach machten sie die Röcke also kurz, ein Spanne über den Gürtel. Auch trugen sie Mäntel, die waren all um rund und ganz, die hieß man Glocken, die waren weit, lang und auch kurz. Item da gingen auch die langen Schnabel an den Schuhen an, und die Frauen trugen weite Hauptfenster, also daß man ihre Brust beinah halb sah. Item in der selben Zeit da vergingen die Platten [Brustharnisch aus Platten] in diesen Landen und die reisigen Leute, Herren, Ritter und Knechte führten alle Jacken, Panzer und Hauben. Item die Jacken hatten bescheidene Länge, und die Ärmel endeten einteils ein Spannen von der Achsel oder zwei Spannen, und einteils hatten nit mehr, denn da man die Arme ausstieß. Und sie hatten seidene Quasten hinten niederhangen. Item die Unterwamse hatten enge Arme und in dem Gelenk waren sie benäht und beheftet mit Stücken von Panzer, das nannte man Museisen.
1389: Item in diesen selben Zeiten gingen Frauen, Jungfrauen und Männer, Edle

und Unedle mit Tapparten [eine Art Mantel] und hatten die mitten gegürtet. Die Gürtel hieß man Dusinge. Und die Männer trugen sie lange und kurz, wie sie wollten, und machten daran große lange weite Ärmel, einteils bis auf die Erden. [. . .] Item auch führten Ritter und Knechte und Bürger lange Schecken [kostbares Wams] und Scheckenröcke, geschlitzt hinten und an der Seite, mit großen weiten Armen und die Pritschen [Einfassungen] an den Armen hatten eine halbe Elle oder mehr. Das hing den Leuten über die Hände. Wann man wollte, so schlug man sie auf. Item die Hundskogeln [Kappen] führten Ritter und Knechte, Bürger und reisige [reisende] Leute. [. . .] Item fürder trugen die Männer Ärmel an den verschiedenen Wämsern, die hatten lange Stulpen beinahe bis auf die Erde, und wer die allerlängsten trug, der war der Mann. Item die Frauen trugen böhmische Hauben, die kamen aus diesem Lande. Die Haube setzte eine Frau auf ihr Haupt und sie stund ihr vorne empor als wie man die Heiligen malt mit einem Schein.

Aus: Limburger Chronik (2. Hälfte des 14. Jahrhunderts).
Bearbeitet nach der Umschreibung von H. O. Brandt

einer zeitgenössischen Moralpredigt: »Die Damen ziehen ihre Schleppen mehr als eine Elle hinter sich her und sündigen damit ganz wunderbar, weil sie mit schwerem Geld sie erkaufen, Christus in den Armen berauben, Flöhe sammeln, in der Kirche die Andächtigen im Gebet stören, den Staub aufwirbeln, die Kirche dadurch verdüstern, die Altäre gleichsam beräuchern, die heiligen Stellen mit Staub beschmutzen und entweihen, und auf eben diesen Schleppen den Teufel tragen und fahren.«

Die Krönung des vornehmen Gewandes bildete der lange, ärmellose Mantel, der als eine Art Überwurf auf der Schulter lag und an der rechten Schulter mit einer Spange zusammengehalten wurde. Sein reicher Faltenwurf reizte vor allem Bildhauer, wenn sie eine majestätische Gestalt darstellen wollten, und die Figuren in den Domen zu Bamberg und vor allem Naumburg bieten schönes Anschauungsmaterial.

Kleiderfarben, Teil der mittelalterlichen Symbolsprache

Alle diese Kleidungsstücke leuchteten in kräftigen Farben, die zugleich symbolische Bedeutung hatten und mit denen die Träger Hoffnungen, Wünsche und Gefühle ausdrücken wollten. Weiß bedeutete Hoffnung auf Erhörung, Grün das erste Aufleben der Liebe, Rot heftige Liebesglut oder auch Kampfeslust, Blau war die Farbe der Treue, Gelb die der beglückenden Liebe und schließlich Schwarz wie auch heute noch die Farbe des Todes und der Trauer.

Auch hinsichtlich Material und Güte der getragenen Stoffe gab es ein breites Angebot. Leinenstoffe waren seit dem 12. Jahrhundert sehr gefragt, sie wurden von Hauswebern aber auch schon in Manufakturen hergestellt, d.h. in Häusern, wo man gleich an mehreren Webstühlen rationeller mehrere Weber einsetzte und größere Mengen produzieren konnte. Aus dem Orient kamen die ersten Baumwollwaren sowie Seide und »Sammet«, letzterer hatte nichts mit unserem heutigen Samt zu tun, sondern war ein besonders festes Seidengewebe. Auch »Purpur« war eine Seidenart aus dem Orient, die es in den verschiedensten Farben, aber auch golddurchwirkt oder gestreift gab. Die besten Schafwollstoffe lieferten die Tuchweber aus England, ebenso den Scharlach, das am höchsten geschätzte Wollzeug. Auch bei ihm war im Gegensatz zu heute die Farbe nicht ausschlaggebend, so kannte man neben dem roten auch blauen, braunen oder grauen Scharlach. Guten Samt bezog man aus Lucca in Italien, unechten aus Venedig.

Daß mit solcher Aufzählung von Importwaren den Modewünschen noch keine Grenzen gesetzt waren, beweist ein Blick in das »Nibelun-

Mit Gürteln, Bändern, Schmuck und modischem Zierat *warb man um die Gunst vornehmer Damen. Dietmar von Aist in der »Manessischen Handschrift«. Heidelberg, Universitätsbibliothek.*

genlied«, wo berichtet wird, wie Kriemhild und die Frauen die Kleider für die abreisenden Könige schneiderten. Diese Textstelle bleibt freilich in doppelter Hinsicht eine Ausnahme; denn erstens zählt der Dichter allen nur erdenklichen modischen Pomp auf, wie er in diesem Umfang aber kaum allgemein gebräuchlich gewesen sein mag, zum andern läßt er die Prinzessin und ihre Damen selbst schneidern. Das war in vornehmen Kreisen nur etwa bis zum Beginn des 12. Jahrhunderts üblich. Allerdings mußten sich zu dieser Zeit auch schon viele Töchter aus verarmten Adelshäusern als Manufakturarbeiterinnen webend und stickend ihren Unterhalt verdienen.

Daneben kamen sehr rasch die Schneider auf. Der erste Gildebrief an Gewandschneider wurde 1152 von Heinrich dem Löwen in Harburg erteilt, und schon innerhalb weniger Jahrzehnte unterschied man dann streng nach Gewand-, Mantel- und Flickschneidern.

Die Männer gingen meistens barhäuptig, doch sehen wir sie auf den Miniaturen gelegentlich auch mit modischen Hüten, mit Pfauenfedern und ähnlichem geschmückt. Jungfrauen trugen den Kopf unbedeckt, manchmal putzten sie sich ähnlich wie die jungen Männer mit einem Kranz frischer Blumen heraus oder mit einem Stirnreif, dem sogenannten Schappel. Verheiratete Frauen banden das Haar auf, trugen Schleier oder Haube, manchmal legten sie auch ein »Gebende« an, eine Art flaches Barett, das mit einem breiten Band um das Kinn herum festgehalten wurde. Das mag ziemlich unbequem gewesen sein; denn wollte die Frau sich zwanglos unterhalten, mußte sie dieses Kinnband abstreifen. Noch unbequemer aber war die Riese, ursprünglich nur ein bis an die Schultern herabhängender Kopfschleier, an dem aber später noch ein zweiter Schleier gehängt wurde, der Wangen, Kinn und Hals bedeckte. Das Ganze wurde dann zu einer unförmigen Leinenhaube weiterentwickelt, die in fast orientalisch anmutender Manier nur noch Augen, Nase und Oberlippe freiließ.

Auf Reisen trug man gern die Gugelhaube. Sie war aus dem Kapuzenmantel hervorgegangen, den die Mode so weit zusammenschrumpfen ließ, bis nur noch ein Kragen mit einer Kapuze daran übrigblieb, deren Spitze allerdings, unergründlichen modischen Gesetzen folgend, sich zu einem Band verlängerte, das weit den Rücken hinunterhing.

»Mehr Körper zeigen!«

Seit der Mitte des 14. Jahrhunderts begann sich die Mode unter vorwiegend französischem Einfluß deutlich zu verändern. Der soziale Wandel im Zusammenhang mit dem Aufstieg des Bürgertums, mög-

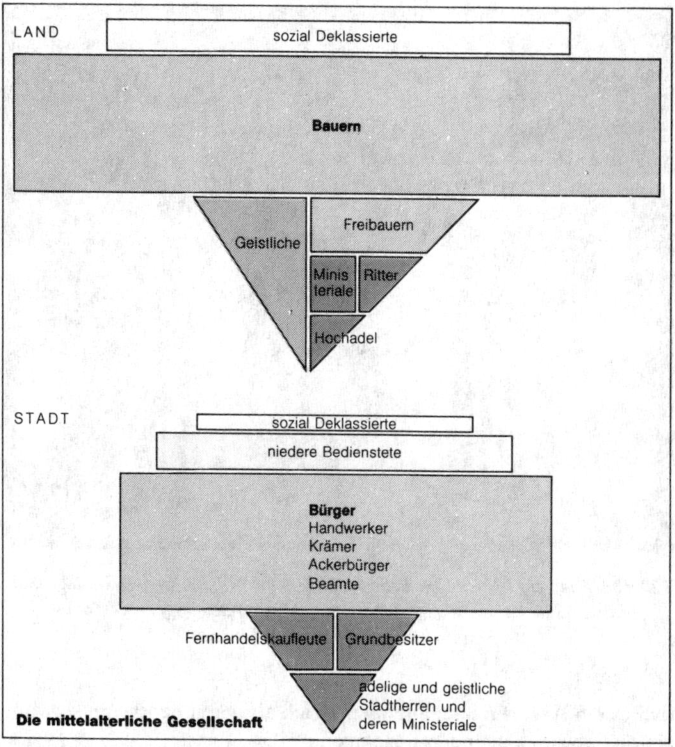

Die mittelalterliche Gesellschaft

licherweise auch der Wandel in der militärischen Ausrüstung, bei dem das alte Kettenhemd durch den Plattenpanzer zurückgedrängt wurde, mögen einen Anteil an diesen Veränderungen gehabt haben. Die langen Röcke der Männer begannen jetzt zu schrumpfen, der untere Saum erreichte um 1350 die Knie und rutschte dann noch weiter bis zu den Hüften hinauf. Damit aber wurden die Hosen und Körperformen der Herren zur Freude der Damen und zum Ärger mancher strenger Sittenrichter deutlich sichtbar. »In jenen Tagen ging die Torheit so weit, daß junge Männer so kurze Röcke trugen, daß sie weder die Schamteile noch den Hintern bedeckten. Mußte sich jemand bücken, so sah man ihm in den Hintern. O, welche Schande!« heißt es in einer Mainzer Chronik des Jahres 1367, und ein böhmischer Chronist ergänzt diese wahrhaft schockierende Feststellung mit dem Hinweis: »Etliche trugen auf der Brust mit Baumwolle gefütterte Brustlätze, auf

***Füllig oder hauteng?** Nach 1390 lieben vor allem die Männer weite Umhänge und Mäntel. Eine Seite aus dem Böhmischen Musterbuch zeigt beide Trends. Braunschweig, Anton Ulrich-Museum.*

daß es ein Ansehen haben mußte, gleich als wann der Mann so wohl gebrüstet wäre als eine Weibsperson [. . .].«
Beide Klagen zusammen vermitteln einen guten Einruck von der spätmittelalterlichen Herrenmode, wie wir sie von zahlreichen Miniaturen her sehr gut kennen. Auffallend waren die engen ›Strumpfhosen‹ und das knapp sitzende, stark wattierte Wams. Modebewußte Stutzer trugen ihr Gewand dann nicht nur im einfachen zweifarbigen mi-parti, sondern buntscheckig gemischt, gewürfelt oder gestreift. Ärmel und Schoß der Jacke wurden lappig ausgezattelt (gezackt), oft wurden dabei mehrere Lappen übereinandergesetzt. Auch die Kopfbedeckung und der Mantel wurden mit solchen Zatteln (Zacken) versehen. Die Mäntel selbst wurden entweder ähnlich verkürzt wie die Jacken oder gelegentlich so verlängert, daß sie Schleppen bildeten. Diese hießen in den Niederlanden Houpelande, in Deutschland Tappert. An die Stelle der früher unter die Strumpfhosen gebundenen Ledersohle traten Schnabelschuhe, deren Spitzen gelegentlich so unförmig lang waren, daß sie ausgestopft und an die Knie hochgebunden werden mußten.

Gewand, Barett und Schuhe waren darüber hinaus bei vornehmen Herren noch mit Goldstickerei besetzt oder mit Edelsteinen und Perlen benäht, an den Säumen hingen Schellen und Glöckchen. An die Stelle der Mützen trat seit dem 14. Jahrhundert der mit Pelzwerk oder Goldborten verzierte Filzhut, dessen oft unförmige Gestalt roh durch die »Sendelbinde« verstärkt wurde, eine lange Stoffbinde, die von der Krempe herabfiel, um die Schulter gelegt wurde und manchmal bis zum Boden reichte.
Selbstverständlich konnten und wollten die Damen ihren Kavalieren in der gewandelten Mode nicht nachstehen. Sie trugen weit ausgeschnittene Hemden, »also daß man ihnen die Brust beinahe halb sah«. Die Oberkleider wurden immer enger und konnten daher nicht mehr über den Kopf gezogen, sondern mußten geknöpft werden. Wir hören von ellenlangen Schleppen, die bis zu fünf Meter über den Boden nachschleiften. Auf den Miniaturen fallen besonders die neuen Kopfbedeckungen auf, vor allem die berühmte »Hennin«, ein tüten- bzw. kegelförmiger Hut von bis zu einem Meter Höhe. Er war mit kostbarem Stoff bezogen und an seiner Spitze hing ein Schleier, der bis zum Boden reichte. Auf populären Darstellungen sehen wir ihn manchmal als *den* Hut der Minnesängerzeit, tatsächlich aber kam er erst zu Beginn des 15. Jahrhunderts von Burgund her in Mode. Ähnlich merkwürdig waren die Hörnerhauben, in denen die Damen nach zeitgenössischen Aussagen »gehörnten Hirschen« glichen. Gelegentlich erreichten sie eine solche Breite, daß ihre Trägerinnen nur noch seitlich zur Tür hereinkommen konnten.

Der Staat greift ein: Kleiderordnungen zur Unterscheidung der sozialen Klassen

Da sich die Modenarren gegenseitig zu übertrumpfen suchten, und die Bürgerinnen anfingen, die Tracht der adeligen Damen zu kopieren, weil sie nicht hinter diesen zurückstehen wollten, ist es kaum verwunderlich, daß die Behörden versuchen mußten, durch Kleiderordnungen diese ›Auswüchse‹ einigermaßen einzudämmen und die Ansätze einer derartigen gesellschaftlichen »Gleichmacherei« im Keim zu ersticken. Allerdings kamen derartige Maßnahmen erst seit der zweiten Hälfte des 15. Jahrhunderts auf, als städtische Magistrate mächtig genug waren, sich in die inneren Angelegenheiten der Bürger einzumischen. Das Vorbild gaben die italienischen Stadtrepubliken, denen dann sehr rasch verschiedene deutsche Städte folgten. Man kann nur staunen, um was sich die Behörden dabei alles kümmerten. Schon

1453 verbot man in Frankfurt am Main den Dienstboten und Handwerksgesellen »gefärbte Schuhe oder Spitzen oder Schnäbel daran« zu tragen. Der Rat von Bern schied fein säuberlich zwischen adeligen und bürgerlichen Frauen und verbot letzteren, besondere und wertvolle Pelze zu tragen.
Straßburg, Ulm, Zürich und München führten eigene Kleiderordnungen ein. Regensburg unterschied 1485 ebenfalls zwischen den einzelnen Ständen und trennte in den Modevorschriften zwischen den Ratsherren und ihren Familien, den ehrbaren Geschlechtern und der übrigen Gemeinde. Grundsätzlich waren dort bei den Männern Perlen an den Kleidern verboten, Samtkleider blieben den Ratsherren vorbehalten. Frauen und Töchter der Ratsherren waren drei Gürtel, jeder vier Gulden im Wert erlaubt, die Frauen der Geschlechter durften nur einen Gürtel besitzen, die einfachen Frauen gar keinen. Diese Vorschriften setzten sich fort bis zum Futter der Röcke und der Länge der Schuhspitzen. Wenn den Frauen der Geschlechter acht Röcke erlaubt waren, kamen sie dabei erstaunlich gut weg; denn der Kurfürst von Sachsen schrieb 1482 beispielsweise den adeligen Damen in seinem Herzogtum vor, daß sie nicht mehr als einen seidenen und zwei gestickte Röcke besitzen sollten. Auch der fränkischen Ritterschaft wurde der Luxus allmählich zuviel. Deshalb erließ sie vor dem großen Turnier in Würzburg 1479 eine Reihe strenger Bestimmungen. Eine ähnliche Ordnung wurde schon 1485 für ein Turnier in Heilbronn erlassen.
Die Verbote und Verordnungen erreichten schließlich einen Höhepunkt, als mit dem Reichstagsabschied (d.h. -beschluß) von Lindau 1497 eine alle Stände betreffende Kleiderordnung erlassen und ein Jahr später in Freiburg noch einmal ausdrücklich bestätigt und ergänzt wurde. Einer Beschränkung der luxuriösen und aufwendigen Moden stand nun von Gesetzesseite nichts mehr im Wege, und es lag bei den Modefans, die Vorschriften einzuhalten oder geschickt zu umgehen.

Literatur

Boehn, Max von: Die Mode. Menschen und Moden im Mittelalter, München 1963
Bruhn, Wolfgang / Tilke, Max: Kostümgeschichte in Bildern, Tübingen 1955
Döbler, Hannsferdinand: Kleidung, Mode, Schmuck, Gütersloh 1972 (auch als Taschenbuch, München 1978)

HEINRICH PLETICHA

Essen und Trinken im Mittelalter

Auch im Mittelalter: die soziale Stellung bestimmt den Konsum – Hauptmerkmale mittelalterlicher Kost: Eintönigkeit und Abhängigkeit von wenigen Konservierungsmethoden – Ungeheurer Gewürzverbrauch in der Küche der Reichen – Die Beilagen – Es geht um die Wurst – Über Eier, Käse und Brot – Trinksitten und Getränke – Bauern- und Fürstenmenü – Seit dem Spätmittelalter zunehmend mehr Vorschriften für das Tischdecken.

Ein Überblick über Essen und Trinken im Mittelalter muß, so merkwürdig das vielleicht im ersten Augenblick scheinen mag, mit einem Hinweis auf die Zusammensetzung der Bevölkerung und die sozialen Verhältnisse beginnen. Fast neunzig Prozent der deutschen Bevölkerung lebten damals auf dem Lande und waren Bauern. Nur wenige von ihnen besaßen große Höfe, die meisten mußten sich mit dem Ertrag ihrer kleinen, bescheidenen Besitztümer begnügen. Von den übrigen zehn Prozent lebte ein Teil in den Städten, der adelige Rest saß auf seinen Burgen und Gütern, an den königlichen Höfen und Pfalzen.

Mehr Quantität als Qualität

Damit aber läßt sich schon Wesentliches über Essen und Trinken aussagen: Die einfache, eintönige Mahlzeit der Bauern bestimmte den Speisezettel der meisten Haushalte, und nur Feste und Feiern brachten gelegentlich Abwechslung vom Einerlei des Alltags. Aber auch dabei unterscheiden sich die Mahlzeiten mehr durch Quantität als durch Qualität von den übrigen.

Das heißt also, daß für den weitaus größten Teil der mittelalterlichen deutschen Bevölkerung Suppe und Brei zu den alltäglichen Hauptnahrungsmitteln gehörten, nur landschaftlich ein wenig unterschieden; denn im Norden dominierte der Gersten- und im Süden der Hirsebrei. Dazu gab es einfaches Hafer- oder Roggenbrot. Ob und wieviel Fleisch auf den Tisch kam, hing wiederum von der wirtschaftlichen Lage des einzelnen Bauern ab. In erster Linie lieferte dabei das Kleinvieh wie Schweine, Schafe und Hammel den nötigen Braten, während das Rindfleisch merkwürdigerweise weniger beliebt war.

Jahraus, jahrein: Brot und Brei, Pökelfleisch und Trockenfisch

Da im Winter stets ein Teil des Viehs wegen Futtermangel geschlachtet werden mußte, gab es dann monatelang überwiegend Rauch-, Dörr- oder Pökelfleisch. Gerade letzteres beherrschte den Speisezettel bis zum Überdruß. Dabei war das Einpökeln keineswegs billig, denn für etwa zehn Kilo Fleisch benötigte man ein Kilo des damals sehr teuren Salzes. Außerdem hatte es den Nachteil, daß es vor dem Kochen noch einmal gewässert werden mußte und trotzdem oft noch stark salzig schmeckte. Auch war es unter den gegebenen Umständen mit der Qualität des Fleisches nicht mehr zum besten bestellt, da oft gerade kranke Tiere zuerst geschlachtet wurden. Die Armen kauften das schlechte Fleisch auf einem abgelegenen Winkel des Marktes, die höfische Gesellschaft bekam es manchmal ohne ihr Wissen. Dies berichtet ein mittelalterlicher Autor: »Am Hofe wird wegen der Menschenmenge das Schlachtvieh ohne Unterschied gesund und krank verkauft, auch die schon vier Tage alten Fische, und doch mindern die Fäulnis und der Gestank nichts vom Preise. Die Dienerschaft kümmert sich nicht um Tod und Krankheit der unglücklichen Tischgäste, wenn sie selbst nur die besseren Gerichte haben.«

In den Küstengegenden mußte der Fisch das Fleisch ersetzen, und der Hering bildete das Hauptnahrungsmittel. Da er als besonders fetter Fisch nach dem Fang bald ranzig werden kann, mußte er rasch eingesalzen werden. Fässerweise wurde er dann über Land transportiert und gehörte gerade während der Fastenzeit auch in Süddeutschland zu den wichtigsten und erschwinglichsten Nahrungsmitteln. Selbst bei Heerzügen wurde er als Proviant mitgeschleppt. Weniger fette Fische wie Kabeljau oder Schellfisch wurden einfach getrocknet und kamen als Stock- oder Klippfisch auf den Markt, so benannt nach den in Skandinavien üblichen Trockenmethoden entweder auf Stockgerüsten oder ausgebreitet auf den Klippen. Der auf diese primitive Weise konservierte Fisch hielt sich jahrelang. Gut war er bestimmt nicht, aber dafür billig. Wenn man alten Stockfisch zubereiten wollte, so hieß es, müsse man ihn erst eine Stunde mit einem hölzernen Hammer klopfen und danach noch mindestens zwei Stunden in warmem Wasser einweichen, bevor man ihn kochen könne.

Wenn es irgendwie anging, wurde die eintönige Kost auch etwas aufgebessert. Den Bauern bot sich dabei vor allem das Federvieh an, und am beliebtesten waren die Hühner, die man gern am Spieß briet. Als Kaiser Friedrich I. seinen berühmten Hoftag in Mainz hielt, wurden gleich zwei große geräumige Gebäude errichtet, um all das Federvieh aufzunehmen, das die anwesenden Fürsten und Ritter verzehrten.

Üppig gedeckt, exotisch gewürzt: Der Adelstisch

So wie sich vor allem an der herrschaftlichen Tafel zum Rinder- und Schweinebraten das Wild gesellte, so kamen zu den zahmen Bewohnern des Geflügelhofes die zahlreichen Arten von Wildvögeln wie Fasanen, Wildenten und Reiher, aber auch Regenpfeifer, Störche, Rohrdommeln, Haubenlerchen, Raben, Schwäne und sogar der recht zähe Pfau. Die heimischen Gewässer lieferten Karpfen, Hechte und Lachse, nicht zu vergessen die Krebse, die von besonderen »Krebsern« gefangen und in Mengen verzehrt wurden.
Während es bei vielen Bauern gerade zum nötigen Salz reichte, gingen Adelige und Bürger mit den Gewürzen höchst verschwenderisch um. Man kann nur staunen, wie stark Fleisch und Fisch gewürzt wurden. Vor allem Pfeffer und Safran spielten eine wichtige Rolle, dazu kamen Ingwer, Zimt, Muskat und Gewürznelken. Es kommt manchmal vor, daß sich alle diese Gewürze gleichzeitig in einem Rezept finden. Neben den exotischen Gewürzen aus fernen Ländern, die entsprechend teuer eingekauft werden mußten, gab es noch die nicht zu verachtenden Produkte der heimischen Gewürzgärten. Schon Karl der Große führte in seiner »Verordnung über die Reichshöfe« an die sechzig verschiedene Kräuter und Gewürzpflanzen für die Gärten auf.
Als Beilagen dienten Erbsen, Bohnen und Kraut. Oft bildete das Gemüse sogar den einzigen Gang, und das Fleisch fehlte. Ein österreichischer Dichter erzählt von einer geizigen Bauersfrau, die einen Brocken Geselchtes an einen Bindfaden festband, ihn mehrfach durch das Kraut zog und dann vor dem Appetit ihres Mannes wieder in Sicherheit brachte.
Merkwürdigerweise ist in mittelalterlichen Quellen wenig von Wurst die Rede. Die einmalige Nennung von »Würstchen« in der erwähnten »Verordnung über die Reichshöfe« bleibt umstritten. Da aber in Kochbüchern des 16. Jahrhunderts Wurstrezepte angeführt sind, dürfen wir annehmen, daß einzelne Wurstsorten wie zum Beispiel Blutwurst, die man schon in der Antike kannte, auch unter den gebräuchlichen Nahrungsmitteln des Mittelalters zu finden waren. Von gerösteter Leberwurst lesen wir in einer Aufstellung über die Einkünfte des Merseburger Domkapitels zu Beginn des 14. Jahrhunderts. Das älteste niederdeutsche Kochbuch kennt eine Wurst aus Hechtrogen. Hartwürste dürften wohl kaum bekannt gewesen sein; denn die Menschen hatten oft schon in jungen Jahren sehr schlechte Zähne, und deshalb wurden auch die Fleischgerichte häufig weichge- oder sogar zerkocht. Beliebt dagegen waren die verschiedenen Sülzen, sowohl aus Fleisch wie auch aus Geflügel oder Fisch. Auch die »Tellersülzen«, wie sie

Festlich gedeckter Tisch. *Tischtuch, erlesenes Geschirr – aber noch nicht für jeden einzelnen Besteck und Teller. Aus einer Handschrift der »Eneit«. Berlin, Staatsbibliothek Preußischer Kulturbesitz, Handschriftenabteilung.*

noch heute vor allem in Süddeutschland sehr beliebt sind, gab es schon. Man legte dafür dünne, gekochte Fleischscheiben in die noch flüssige Sülze ein.

Eiergerichte kannte man in erstaunlicher Anzahl. Wir hören, daß Bernhard von Clairvaux sich einmal in einem Kloster über die dutzendfache Art entsetzte, in der dort Eiergerichte variiert wurden. Den schon erwähnten schlechten Zähnen kamen die Pasteten entgegen, die auf jede vornehme Tafel gehörten, jedoch auch als Reiseproviant der Herrschaften Verwendung fanden.

An der Spitze der verschiedenen Backwaren stand natürlich zuerst einmal das Brot, aber so selbstverständlich wie heute gehörte es keineswegs zu den Mahlzeiten, vor allem nicht bei den Armen, die sich, wie wir hörten, vielfach mit einem Napf Brei oder Grütze begnügen mußten. In den häufigen Notzeiten mußte das Brotmehl auch häufig mit Rüben-, Erbsen- oder Rindermehl gestreckt werden und selbst von Asche ist als Zusatz die Rede. Semmeln aus Weizenmehl gab es schon seit dem 12. Jahrhundert, Brezeln wurden als Gebäck wahrscheinlich

von den Mönchen erfunden, und wo es um feine Backwaren ging, waren auch dem Erfindungsreichtum der Hausfrauen und Köche keine Grenzen gesetzt. Pfannkuchen und Fladen konnte sich schon der Bauer leisten, letztere dienten häufig als Unterlage für Fleisch-, Fisch- und Obstspeisen. Als besonders bäuerliche Delikatesse kennen wir aus einer mittelalterlichen lehrhaften Erzählung, dem »Meier Helmbrecht«, die »Clamirre«: in Schmalz gebackene Semmelschnitten, zwischen die gekochte Pflaumen oder Kalbshirn gelegt wurden. Honig- und Lebkuchen dagegen galten schon als Leckereien für Bürger und Geistliche. Sie waren keineswegs Kindernaschwerk, sondern bei den Erwachsenen sehr beliebt. Die »Pfefferkuchen« enthielten tatsächlich Pfeffer und dienten nicht zuletzt als raffinierte Durstanreger. Kaiser Maximilians I. Lieblingsrezept für Lebkuchen beweist, welche Möglichkeiten der Verfeinerung sich dabei boten. Besonders beliebt waren auch in Schmalz herausgebackene Krapfen, die mit Zimt bestreut wurden. Torten dagegen zierten in erster Linie nur die höfische Tafel. Dabei gab es auch schon »Herrentorten« mit Fleisch- oder Fischfüllung.
Butter verwendete man sehr wenig. Der Käse dagegen war beliebt. »Hat Käse nur der arme Mann, des Reiches Wohl ist gleich ihm dann«, spottet Freidank, während ein anderer Dichter ausruft: »Trag einen alten Käse her, danach läßt sich gut trinken.«

Über die Getränke

Nun, getrunken wurde zumindest viel, wenn auch nicht immer gut. Die armen Teufel mußten sich werktags gewöhnlich mit Wasser oder der recht fade schmeckenden Molke begnügen. Im übrigen bildete in Norddeutschland Bier das Hauptgetränk, im Süden überwog der Most oder selbstgekelterter Landwein. Das Bier wurde ursprünglich nur aus Gerste gebraut, der würzende Hopfen fand erst seit dem 9. Jahrhundert Verwendung. Am Abend trank man es gern warm, versetzt oft mit Honig oder Met. Letzteren, ein aus Honig und Wasser hergestelltes weinähnliches Getränk, kannten schon die Germanen. Im Mittelalter blieb er vorwiegend auf die bienenreichen Gegenden Schwabens, Mittelfrankens und die norddeutsche Heide beschränkt. Besonders gut muß das Bier im allgemeinen nicht gewesen sein; denn im Roman »Iwein« von Hartmann von Aue heißt es: »Ein Becher voll Wein, der gibt, das sei euch gesagt, mehr Redegewandtheit und männliche Haltung als vierundzwanzig mit Wasser oder Bier.«
Beim Wein dagegen bot sich eine reiche Skala, die vom einfachen Most über den Obstwein zu den verschiedenen heimischen Sorten und

Verzierter Gebrauchskrug. *Wein, Bier, Milch oder Wasser mag der bauchige Tonkrug aufgenommen haben. Wellenfuß, Zylinderhals, Kragenrand und Wulsthenkel. Siegburg, 13. Jahrhundert. Düsseldorf, Hetjens-Museum.*

weiter zu den teuren importierten Südweinen reichte. Der Most und die billigen Sorten blieben dabei, wie auch heute üblich, den kleinen Leuten ›vorbehalten‹, die teureren Weine den Herrschaften. Gemeinsam war Arm und Reich nur die Lust am Trinken. Kein Wunder, wenn in den »Carmina Burana« so herrlich aufgezählt wird:

»Bibit era, bibit erus	»Es trinkt die Herrin, es trinkt der Herr,
bibit miles, bibit clerus,	es trinkt der Ritter, es trinkt der Pfaff,
bibit ille, bibit illa,	es trinkt jener, es trinkt jene,
bibit servus cum ancilla	es trinkt der Knecht, es trinkt die Magd,
bibit velox, bibit piger,	es trinkt der Flinke, es trinkt der Faule,
bibit albus, bibit niger,	es trinkt der Weiße, es trinkt der Schwarze,
bibit constans, bibit vagus,	es trinkt der Seßhafte, es trinkt der Fahrende,
bibit rudus, bibit magus.«	es trinkt der Tölpel, es trinkt der Weise.«

(Übers.: J. Eberle)

Nur Walther von der Vogelweide betont demgegenüber ausdrücklich: »Ich trinke gerne, wo man recht mit Maßen schenket.«
Der Weinbau war ja im Mittelalter weit mehr verbreitet als heute, und sogar in Norddeutschland wurde Wein angebaut und gekeltert. Das aber ging vielfach zu Lasten der Qualität. Gewiß gab es im Elsaß, an Rhein, Mosel und Main gute Sorten, aber auch viele schlechte. Wenn letztere auch nicht immer so übel gewesen sein mögen, daß ein Zeitgenosse einmal klagte: »Ich habe zuweilen gesehen, daß so verdorbener Wein vorgesetzt wurde, daß er nur mit geschlossenen Augen und zusammengebissenen Zähnen, mit Schaudern und Widerstreben, eher geseiht als getrunken werden mußte.« Aber vielfach wurden die saueren Weine möglichst ›verbessert‹, d.h. man setzte Honig oder Gemüse hinzu, um sie dem Geschmack anzupassen. Gesüßter Wein war vor allem in Norddeutschland beliebt. Man nannte ihn Würzwein, Claret, Moraz oder Lutertrank, wobei letzterer als Schlaftrunk galt, den sich die Männer noch zur Stärkung vor dem Einschlafen reichen ließen. Häufiger noch wurde der Wein verpfeffert! Man kann sich kaum vorstellen, wie der ›Brand‹, den die meist stark gepfefferten Speisen verursachten, ausgerechnet noch mit einem scharfen Pfeffertrunk hinuntergespült werden sollte.
Ob gesüßt oder gepfeffert – aus dem Wein wurde auf solche Weise schon bald ein Apothekertrunk, und der Minnesänger Steinmar (1250–1300) ruft dem Wirt zu:

»Was du gibst, das würz uns wohl
mehr als sonst man würzen soll.
Daß in uns werd eine Hitze,
daß dem Trunk entgegengeh ein Dunst
wie Rauch von Feuersbrunst,
daß der Mann erschwitze,
bis er wähne, eine Flamme lecke:
Schaffe, daß der Mund nach Apotheke schmecke.
Und verstumm ich dann aus Weines Kraft:
Auf denn – gieß ihn über mich, Wirt, aus Brüderschaft!«

(Übers.: C. Hohoff)

Kein Wunder, wenn unter solchen Umständen echte Genießer, die es sich leisten konnten, dann doch lieber auf die teuren ausländischen Weine zurückgriffen, zu denen die ungarischen, italienischen und griechischen Sorten gehörten. Zypernwein findet sich schon seit dem 12. Jahrhundert auf fürstlichen Tafeln, bei den reichen Bürgern und bei der Geistlichkeit dagegen erst seit Ende des 13. Jahrhunderts.

Speisezettel und Tischgebräuche

Neben mancherlei Einzelhinweisen auf Speisen, Getränke und Eßgewohnheiten sind uns auch Rezepte aus allen sozialen Schichten erhalten, freilich nicht von Alltagsmahlzeiten, sondern überwiegend von festlichen Tafeln. Aus einer Urkunde erfahren wir den Speisezettel einer bäuerlichen Mahlzeit, die einer Schöffengruppe vorgesetzt wurde. Da gab es Erbsen mit Speck, Rindfleisch mit Senf, danach Schweinefleisch mit gelber Brühe und weißem Brot. Was sich ein reicher Bauer am Fasttag leisten kann – wenn auch bestimmt als Ausnahme! – berichtet ein aus dem 16. Jahrhundert überlieferter Speiseplan:

1. Gang: Weißkohlsalat, mit hartgekochten Eiern garniert, dazu Bratfisch. – Ungarische Käsesuppe mit Zwiebeln, frisch gesottene Eier.
2. Gang: Eingemachter schwarzer Karpfen.
3. Gang: Grünkraut mit Backfisch oder gehackten Rüben.
4. Gang: Eingemachter Hering mit Zwiebeln.
5. Gang: Warme Erbsen mit Sauerkraut.
6. Gang: Stockfisch mit Zwiebeln und Milch gekocht, fein weiß mit Butter.
7. Gang: Gebackenes, Kuchen, Hohlhippen, Setzküchlein, Äpfel, Birnen, Nüsse und Käse, alles in einer Schüssel.

Dabei muß man beachten, daß die Gäste keineswegs alles verzehren sollten, sondern nur einzelne Gänge nach Belieben auswählten.

Der gleiche Max Rumpolt, kurfürstlich mainzischer Leibkoch, der uns dieses aufwendige Bauernmenü überliefert hat, stellt in seinem berühmten Kochbuch auch mehrere fürstliche Bankette zusammen, die in ähnlicher Art und bestimmt mit nur wenigen Abstrichen, auch schon im hohen und späten Mittelalter üblich gewesen sein dürften. Wir müssen noch einmal betonen, daß ein großes festliches Bankett auch für die herrschaftliche Tafel eine Ausnahme bedeutete. Aber auch reiche Bürger verstanden zu feiern und zu prassen und es zumindest mit der Menge des Aufgetischten dem beneideten Adel gleichzutun. Kein Wunder, daß die städtischen Behörden, die sich um vieles kümmerten, üppige Festgelage rigoros beschränkten. So durften in Nürnberg bei Hochzeitsmählern nicht mehr als zwölf Schüsseln auf dem Herrentisch aufgetragen werden. Die Ulmer Stadtväter erlaubten sogar nur sechs, die Breslauer dagegen zwanzig.

Im Alltag ging es selbstverständlich wesentlich einfacher zu. Zum Frühstück gab es bei den Ärmeren den Brei oder die Grütze, bei den

***Vornehme Tischgesellschaft.** Haltung, Kleidung und Geschirr verraten den sozialen Status der Teilnehmer. Initial in einem Antiphonar. München, Bayerische Staatsbibliothek.*

Reichen vielleicht noch ein Stück Fleisch oder Brot, auf alle Fälle mußte diese erste Mahlzeit kräftig genug sein, um möglichst lange vorzuhalten; denn das Mittagessen bestand meistens nur aus einem kleinen Imbiß, während die wichtigste Mahlzeit am Abend eingenommen wurde. In den Burgen mußten zum gemeinsamen Essen Bänke und Tische in den Saal getragen werden, letztere sauber mit Leintüchern gedeckt, da es im Spätmittelalter allmählich als unschicklich galt, ohne Tischtuch zu essen. Jeder Gast erhielt eine Serviette. Schüsseln, Krüge und Trinkgefäße entsprachen in ihrer Qualität dem Vermögen des Hausherrn. Während die einen nur über irdenes (Ton-)Geschirr verfügten, besaßen die anderen schon Zinn, und die Tafel der Großen war mit Silber gedeckt.
Die Gerichte wurden in großen Schüsseln aufgetragen. Löffel waren von jeher in Gebrauch, oft mußten sich aber mehrere Gäste mit einem gemeinsamen Messer begnügen. Gabeln verwendete man nur zum Zerlegen des Bratens (die erste zum Mund geführte Gabel tauchte im 14. Jahrhundert in Venedig auf und war eine riesige Sensation!), sonst

ergriff man die Speisen mit den Fingern und schob sich oft gegenseitig die besten Brocken in den Mund. Unter solchen Umständen wurde verständlicherweise Wert auf die Sauberkeit gelegt und vor Beginn des Essens Wasser zum Reinigen der Finger gereicht, so jedenfalls betonen zeitgenössische Aussagen. Daß es trotzdem an solchen Tafeln nicht immer sehr vornehm zuging, beweisen die Anstandsregeln, wie sie im »Welschen Gast« des Thomassin von Zirklare und noch viel drastischer in des »Tannhäusers Hofzucht« gegeben wurden. Da heißt es unter anderem, daß der Gast nicht vor dem ersten Gericht das Brot verschlingen und es nicht mit beiden Händen in den Mund stopfen solle. Kein Edelmann solle mit einem anderen vom gleichen Löffel essen. Bäuerliche Sitte sei es, mit angebissenem Brot in die Schüssel einzutunken. Auch solle man nicht mit dem Mund voller Essen trinken und ihn sich stets abwischen, damit das Fett nicht in den Becher tropfe. »Beim Essen rülpst man nicht und schneuzt auch nicht in das Tischtuch«, heißt es ausdrücklich.
Bei so schlechten Tafelsitten ist es durchaus verständlich, daß Damen und Herren ursprünglich getrennt speisten. Erst allmählich begann man, Vorzüge und Reize des gemeinsamen Mahls zu schätzen. Nach beendeter Mahlzeit reichten Diener wieder Schalen mit Waschwasser und trugen die Tische hinaus. Davon stammt unsere noch heute gebräuchliche Redewendung »die Tafel aufheben«. Während sich die Damen zurückzogen, blieben die Herren dann noch zu gemeinsamem Umtrunk sitzen.

Literatur

Christoffel, Karl: Durch die Zeiten strömt der Wein, Hamburg 1957
Döbler, Hannsferdinand: Kochkünste und Tafelfreuden, Gütersloh 1972 (auch als Taschenbuch, München 1977)
Tannahill, Reay: Kulturgeschichte des Essens, Wien 1973
Wiswe, Hans: Kulturgeschichte der Kochkunst, München 1970

Allgemeine Literaturhinweise

Die folgende Übersicht konzentriert sich vor allem auf einige der wichtigeren neueren Gesamtdarstellungen, die ihrerseits wieder Hinweise auf Spezialliteratur und Fachaufsätze bringen.

Aubin, Hermann / Zorn, Wolfgang (Hrsg.): Handbuch der deutschen Wirtschafts- und Sozialgeschichte, Bd. 1, Stuttgart 1971

Barraclough, Geoffry: Die Einheit Europas als Gedanke und Tat, Göttingen 1964

Bosl, Karl: Die Gesellschaft in der Geschichte des Mittelalters, Göttingen 1975

Elias, Norbert: Über den Prozeß der Zivilisation, 2 Bde., Frankfurt / Main 1976. – Ungemein spannende und unterhaltsame Darstellung des Verhaltenswandels der weltlichen Oberschichten.

Fleckenstein, Josef (Hrsg.): Herrschaft und Stand, Göttingen 1979

Foerster, Rolf Hellmut: Das Leben in der Gotik, München 1969

Grundmann, Herbert (Hrsg.): Gebhardt. Handbuch der deutschen Geschichte, Bd. 1, Stuttgart 1970 (auch als Taschenbuch)

Haller, Johannes: Das Papsttum, Bd. 5, Reinbek 1965

Heer, Friedrich: Mittelalter 1100–1350, Zürich 1961

Heimpel, Hermann: Der Mensch in seiner Gegenwart, Göttingen 1957

Huizinga, Jan: Herbst des Mittelalters, (zahlreiche Ausgaben dieses anregenden Werkes, zum Beispiel) Stuttgart 1969

Le Goff, Jacques: Kultur des europäischen Mittelalters, München 1970

Leuschner, Joachim: Deutschland im späten Mittelalter, Göttingen 1975

Lintzel, Martin: Die Entstehung des Kurfürstenkollegs, Leipzig 1952

Romano, Ruggiero / Tenenti, Alberto: Die Grundlagen der modernen Welt, Frankfurt 1967

Schubert, Ernst: König und Reich, Studien zur spätmittelalterlichen deutschen Verfassungsgeschichte, Göttingen 1979

Seidlmayer, Michael: Geschichte Italiens, Stuttgart 1962. – Wichtig zum Verständnis der Ereignisse in Ober- und Mittelitalien.

Seidlmayer, Michael: Das Mittelalter. Umrisse und Ergebnisse des Zeitalters. Unser Erbe, Göttingen 1967

Seraphim, Peter-Heinz: Deutsche Wirtschafts- und Sozialgeschichte, Wiesbaden 1962

Sprandel, Rolf: Verfassung und Gesellschaft im Mittelalter, Paderborn 1975

Swaan, Wim: Kunst und Kultur der Spätgotik, Freiburg 1978

Thiele, Heinz: Leben in der Gotik, München 1948. – Quellensammlung

Waas, Adolf: Der Mensch im deutschen Mittelalter, Graz 1964

Zimmerling, Dieter: Die Hanse. Handelsmacht im Zeichen der Kogge, Düsseldorf 1976. – Ein populärwissenschaftlicher Überblick.

Sach- und Namensregister

Kursiv gesetzte Ziffern verweisen auf Abbildungen

ABBILDUNGSNACHWEIS

Aus der vollständigen farbigen Faksimilie-Ausgabe der Goldenen Bulle (Codex Vindobonensis 338) der Akademischen Druck- und Verlagsanstalt, Graz 1977, bzw. Thülemeyer/Wolf, Die Goldene Bulle, Graz 1977 (3); Amt für Kulturpflege des Kantons Schwyz, Schwyz (1); Archiv der Hansestadt Lübeck, Lübeck (1); Archiv für Kunst und Geschichte, Berlin (2); Bayerisches Nationalmuseum, München (1); Bayerische Staatsbibliothek, München (2); Bayerisches Nationalmuseum, München (1); Bayerische Staatsbibliothek, München (2); Bibliothéque Nationale, Paris (1); Bildarchiv Preußischer Kulturbesitz, Berlin (3); Bischöfliches Dom- und Diözesanmuseum, Trier (1); Bodleian Library, Oxford (1); Bremer Landesmuseum für Kunst- und Kulturgeschichte – Focke-Museum, Bremen (1); British Museum, London (1); Germanisches Nationalmuseum, Nürnberg (1); Photographie Giraudon, Paris (1); Ruth Hallensleben (1); J. G. Herder-Institut, Marburg (3); Herzog Anton Ulrich-Museum, Braunschweig (1); Historia-Photo, Hamburg (1); Historisches Museum der Pfalz, Speyer (1); Historisches Museum der Stadt, Köln (1); Holle-Bildarchiv, Baden-Baden (1); Landesbildstelle Rheinland, Köln (1); Landeshauptarchiv, Koblenz (3); LEXIKOTHEK Verlag GmbH, Gütersloh (1); Bildarchiv Foto Marburg, Marburg (17); Musèes de Metz, Metz (1); Werner Neumeister, München (16); Niedersächsische Landesgalerie, Hannover (1); Österreichische Nationalbibliothek, Wien (11); Willy Pragher, Freiburg (1); Radio Times Hulton Picture Library, London (1); Rheinisches Bildarchiv, Köln (2); roebild, Frankfurt (2) – Busch (1); Helga Schmidt-Glassner, Stuttgart (2); Toni Schneiders, Lindau (1); Schweizer Landesbibliothek, Bern (1); Wilkin Spitta, Zeitlarn (1); Staatsarchiv Koblenz, Koblenz (1); Stadtarchiv Frankfurt, Frankfurt (1); Stadtgeschichtliche Museen, Nürnberg (1); Stâtni Knihovna CSR, Prag (2); Turisttrafikkomiteen for Bergen og Vest-Norge, Bergen (1); Universitätsbibliothek, Heidelberg (1); Victoria and Albert Museum, London (1).